# 气候变化与国际粮食贸易中的法律问题研究

刘俊敏 著

上海大学出版社

## 图书在版编目(CIP)数据

气候变化与国际粮食贸易中的法律问题研究/刘俊敏著.—上海:上海大学出版社,2018.5
ISBN 978-7-5671-3100-2

Ⅰ.①气… Ⅱ.①刘… Ⅲ.①粮食-国际贸易-贸易法-研究 Ⅳ.①D996.1

中国版本图书馆CIP数据核字(2018)第069174号

责任编辑 傅玉芳
助理编辑 陈 叶
封面设计 柯国富
技术编辑 金 鑫 章 斐

**气候变化与国际粮食贸易中的法律问题研究**
刘俊敏 著
上海大学出版社出版发行
(上海市上大路99号 邮政编码200444)
(http://www.press.shu.edu.cn 发行热线 021-66135112)
出版人 戴骏豪

\*

南京展望文化发展有限公司排版
上海华教印务有限公司印刷 各地新华书店经销
开本 890mm×1240mm 1/32 印张9.25 字数232千
2018年5月第1版 2018年5月第1次印刷
ISBN 978-7-5671-3100-2/D·206 定价 38.00元

# 前　言 | Preface

气候变化与国际粮食贸易相互作用、相互影响，国际贸易增加加剧了全球的气候变化，气候变化也对国际粮食贸易带来了风险。农业是应对气候变化能力最脆弱的行业之一，气候变化导致的农业低产会带来经济损失、营养不良和饥荒。全球变暖使荒漠化和干旱状况加剧，影响粮食作物的种类、种植方式和种植地区，使农作物的种植面积和产量减少，洪涝灾害严重影响农业生产及粮食产量和品质，使部分国家粮食安全和生存环境恶化。气候变化使某些粮食品质降低，这种对粮食营养安全的隐性影响可能导致人类吃得多却吃不饱的"隐蔽的饥饿"。气候变化对粮食产量和品质的影响还会改变国际粮食贸易的规模和走向，继而会影响到国际粮食运输市场，原来的运输线路及运力将会随之发生一定的改变与调整。粮食流通是连接粮食生产与消费的纽带，极端天气的威胁增加了开展国际粮食贸易所依赖的生产、运输和销售链条的脆弱性，进而增加国际粮食贸易的成本，影响全球粮食贸易。此外，极端天气使国际主要产粮大国的粮食大面积减产，客观上推高了国际粮食价格，加剧了全球粮食供求关系的失衡，使发展中国家面临更为严重的威胁，气候变化引发粮食短缺甚至饥荒，使贫困地区更加贫困，甚至导致"气候难民"，而解决难民安置问题会伴生一系列复杂问题，甚至可能出现为争夺资源而引发冲突及公众骚乱现象……气候变化对粮食安全的影响已不单单是一个经济或贸易的问题,还是一个政治问题。当然,气候变化对粮食生产的影响因地理位置、水资源等的不同产生的影响各异,对粮食安全的潜在影响也有积极的一面,如益于高纬度作物的生长发育,但其对粮食安全的潜在消极影响将更为深远。

气候变化对国际贸易带来的负面影响越来越引起国际社会的重视,围绕气候问题国际社会开展了一系列行动,通过碳减排减缓和适应气候变化。各国为了有效缓解气候暖化问题,制定了本国的减排量指标,但贸易政策工具被越来越多地采用,在国际贸易领域引发了许多新法律问题。不可否认,各国应对气候变化的政策具有很强的正外部效应,可以推动全球贸易低碳化,但以应对气候变化为名而采取的单方面贸易措施如碳关税、碳标签、碳标准等会成为潜在的市场准入障碍。随着世界各国经济发展方式的日益"绿色化"和"低碳化",此类单方面贸易措施会不断增加,一些新的绿色贸易壁垒会不断涌现,由此引发的与气候有关的贸易摩擦将不可避免。影响粮食国际贸易的国际公约主要是WTO贸易规则与联合国气候变化应对机制,但其规则的漏洞也决定了不同国家间潜在的贸易纠纷转化为现实贸易摩擦的可能性。因此,探讨两者的关系前景对解决国际粮食贸易中的法律问题有一定的理论意义。

中国是世界粮食生产和消费大国,同时也是粮食进口大国,保障粮食安全,在当前耕地和水资源等短缺的情况下,完全依靠"粮食自给"不经济,会面临粮食生产的环境代价及粮食成本代价,但在国际粮食市场上我国并不掌握定价话语权的情况下,靠"粮食进口"满足13亿人消费也不现实,会导致粮食安全无法有效保障。如何充分利用"两个市场""两种资源"加快我国农业现代化进程,需要深入思考和探索。中国农业存在着产业开放过度、技术落后、农业基因化风险,气候变化对农业的负面影响多于正面影响,都会增加粮食不安全因素。我国现行粮食安全保障法律体系还存在着法律规定过于分散、过多强调食品安全而非粮食安全、有关粮食进出口贸易的法律规定不完善等缺陷。作为全球第一大碳排放国家,在国际贸易中还可能遭遇发达国家的碳壁垒。

  本书运用实证分析法、比较分析法和文献分析法等研究方法,梳理与总结了国际化背景下影响粮食安全的种种因素,分析了气候变化对国际粮食贸易的影响尤其是带来的挑战,阐述了现行直接和间接影响国际粮食贸易的公约在应对气候变化和国际粮食贸易方面的优势和不足,重点分析我国在气候变化影响下粮食贸易所受的影响及我国相关法律制度的制约瓶颈,并提出新的形势下我国应对气候变化、保障粮食贸易与安全的法律对策,本研究具有针对性和实用性。气候变化与贸易的关系问题是全球关注的前沿问题,许多问题尚无定论,亟待从理论上加以分析,国际社会应对气候变化带来新的法律问题的表现形式及其影响,也需要我们特别关注并分析,提出应对策略,本研究具有学术价值和应用价值。当前,应对气候变化的国际贸易新规则正在逐步形成共识,我国如何在联合国气候应对机制及 WTO 框架下发挥作用,需要进一步研究。

作 者

2018 年 1 月

# 目录 Contents

**第一章 国际化背景下国际粮食贸易与粮食安全问题** ………… 1

  **第一节 国际粮食贸易现状及其特点分析** ………………… 2
   一、国际粮食贸易现状 …………………………………… 2
   二、国际粮食贸易特点分析 ……………………………… 10

  **第二节 "被遗忘的危机"——国际化背景下的粮食安全问题** ………………………………………………………… 17
   一、故意污染：农业恐怖主义 …………………………… 18
   二、粮食帝国的粮食武器化战略：粮食即权力 ………… 20
   三、生物能源战略对全球粮食安全的影响 ……………… 26
   四、农业基因化对粮食安全的风险 ……………………… 32

  **第三节 对国际化背景下粮食贸易与安全问题的理性思考** ………………………………………………………… 40
   一、国际化背景下"非农因素"主导国际粮食价格 …… 41
   二、发展中国家的粮食主权被削弱 ……………………… 45

**第二章 气候变化与国际粮食贸易风险分析** ………………… 51

  **第一节 气候变化对国际粮食安全的影响** ………………… 51

一、气候变化对粮食生产的影响——直接影响 …… 52
　　二、气候变化对粮食营养安全的影响——隐性
　　　　影响 ……………………………………………… 58
　　三、气候变化影响国际粮食安全的特点分析 ……… 63
第二节 气候变化对国际粮食贸易带来的风险及对贸易
　　　　规则的挑战 ……………………………………… 67
　　一、气候变化对现行国际粮食贸易带来的风险 …… 67
　　二、气候变化对国际粮食贸易规则带来的挑战 …… 71

**第三章　现行国际公约对国际粮食贸易的法律规制** ………… 74
　第一节 WTO多边贸易体制——直接与国际粮食
　　　　贸易有关的协议 ………………………………… 74
　　一、《1994年关税与贸易总协定》环保例外条款 … 75
　　二、WTO《实施卫生与植物卫生措施协议》……… 77
　　三、WTO《与贸易有关的知识产权协议》………… 79
　第二节 联合国气候变化多边体制——间接影响国际
　　　　粮食贸易的公约 ………………………………… 82
　　一、《联合国气候变化框架公约》………………… 82
　　二、《〈联合国气候变化框架公约〉京都议定书》… 87
　　三、联合国气候谈判的困境与粮食安全问题 ……… 91
　第三节 WTO贸易规则与国际气候变化应对机制的
　　　　关系发展前景 …………………………………… 96
　　一、国际气候变化应对机制的不足 ………………… 96
　　二、国际气候变化应对机制纳入WTO的可行性
　　　　分析 ……………………………………………… 100

三、对 WTO 贸易规则与国际气候变化应对机制之关系的看法 …………………………………… 103

**第四章 气候变化对国际粮食贸易带来的新法律问题** ……… 109
第一节 气候变化影响国际粮食贸易引发的新法律问题 ………………………………………… 109
一、边界碳调整政策：加征碳关税 ……………… 110
二、农业碳标签制度：潜在的技术贸易壁垒 …… 116
三、环境标准：新气候保护主义的政策手段 …… 125
四、气候变化与粮食危机：植物新品种的法律保护问题 ………………………………… 131
第二节 国际粮食贸易中的新法律问题解决之策 …… 143
一、世界各国对转基因农产品/粮食的法律规制 ………………………………………… 143
二、后巴黎时代气候变化问题的全球应对 ……… 158
三、以新的贸易规则创造公平的国际粮食贸易环境 …………………………………… 163

**第五章 我国的粮食贸易与安全问题及应对气候变化的法律路径选择** ………………………………………… 172
第一节 国际化背景下我国的粮食安全问题 ………… 172
一、粮食外贸依存度高给粮食安全带来不确定因素 …………………………………… 173
二、产业开放过度危及国家粮食安全 …………… 175
三、气候变化加剧我国粮食危机 ………………… 179

  四、耕地数量减少质量下降影响国家粮食保障 …… 182
  五、其他影响我国粮食安全的因素 ……………… 190
 第二节 气候变化对我国粮食安全的影响…………………… 194
  一、相关概念："极端天气气候事件"与"农业气象
    灾害" ……………………………………………… 194
  二、影响我国粮食生产/安全的农业气象灾害及其
    危害 ………………………………………………… 196
  三、气候变化对我国粮食安全负面影响的具体
    体现 ………………………………………………… 198
 第三节 我国现行相关法律规定及其存在的问题 ………… 206
  一、国际化背景下我国粮食安全法律保障体系 …… 206
  二、我国应对气候变化的法律机制 ………………… 216
 第四节 我国应对气候变化与解决粮食国际贸易问题的
    法律对策 ………………………………………… 227
  一、国际上：寻求责任与能力的平衡 ……………… 227
  二、在国内：应对气候变化和粮食安全带来的双重
    挑战 ………………………………………………… 239
  三、解决气候变化与国际粮食贸易法律问题的具体
    法律对策 ………………………………………… 250

**主要参考文献** …………………………………………………… 271

# 第一章
# 国际化背景下国际粮食贸易与粮食安全问题

粮食是国民经济基础之基础,是人类赖以生存的必要物品。我国传统上的粮食有狭义和广义之分,狭义上的粮食是指谷物类,亦即禾本科作物,主要包括稻谷、小麦、玉米、大麦、高粱等,即国际上所称的"谷物";广义上的粮食是指谷物、豆类、薯类的集合,包括农业生产的各种粮食作物。从1953年起,我国每年公布的粮食产量均采用广义的粮食概念,据2001年国家统计局的统计指标解释:粮食除了包括稻谷、小麦、玉米、高粱、谷子及其他杂粮以外,还包括薯类和豆类。2008年11月国家发展和改革委员会公布的《国家粮食安全中长期规划纲要(2008—2020年)》中所定义的粮食为:"主要指谷物(包括小麦、稻谷、玉米等)、豆类和薯类。"这是我国政府正式使用的、与国情相适应的定义。大多数学者也把粮食从"谷物"扩展到包括"豆类"和"薯类"[1]。国内也有学者从生物和医学的角度提出"大粮食"的概念,亦即粮食包括谷物、豆类和薯

---

[1] 肖国安、王文涛著:《中国粮食安全报告:预警与风险化解》,红旗出版社2009年版,第9页。

类以及一切能维系人类生命、保证肌体正常发育、补充营养消耗的各种动植物产品、养料和滋补品等①。

联合国粮食及农业组织(Food and Agriculture Organization of the United Nations,以下简称 FAO)将粮食界定为谷物,包括麦类、粗粮和稻谷类三大类。曾在中国被归类为粮食的大豆,FAO 将其归类为油料。从 20 世纪 90 年代起,我国在公布粮食总产量时另列了谷物总产量,以便与国际接轨②。本书所称粮食主要涉及稻谷、小麦和玉米三大粮食作物,这是我国最主要的粮食作物。

粮食是人类安身立命之本,粮食安全问题关乎国计民生,全球粮食安全问题还关系到世界和平与安全。粮食生产分布呈现总体上分散、局部集中的特征,而人类对粮食的消费却具有普遍性和常年性,因此要满足世界上不同地区的人对粮食的需求,必须通过流通(即贸易)来弱化因粮食生产的地域性和季节性特点而造成的对人类消费的影响。国际粮食贸易是实现粮食互通有无的主要渠道,也是满足世界各国居民对粮食多样化需求的手段。

## 第一节 国际粮食贸易现状及其特点分析

### 一、国际粮食贸易现状

(一)国际粮食贸易市场概况

世界粮食产区主要集中于北美洲南部、亚洲东南部、澳大利亚南部、欧洲西部、大西洋及地中海沿岸等地,其中谷物种植分布较为集中,其余则分散在非洲中低纬度、南美洲大西洋沿岸、欧洲中

---

① 参见张胜兵:《我国粮食供求矛盾及平衡战略》,《现代经济探讨》2001 年第 4 期。
② 联合国粮食及农业组织每年公布的世界粮食总产量只是谷物,不包括豆类和薯类,它所说的粮食共包括 17 种谷物,如稻谷、小麦、玉米、大麦、黑麦、燕麦、小米、高粱和混合粮食等;而中国在统计粮食产量时,除谷物外,还包括豆类和薯类。双方在统计口径上差别很大。

部等地。粮食出口国主要分为两种类型：一类是欧美等发达国家；另一类是在某些产品上具有要素禀赋优势的发展中国家。粮食进口国主要分为三类：一是区域产业贸易额度不断提升的发达国家；二是像日本这样人多地少、农业资源不足的国家；三是如非洲诸国这些农业资源未得到充分利用的国家。

以 2013 年为例，根据美国农业部网站 Production, Supply and Distribution(PSD) Online 数据显示①，2013 年全球粮食出口主要集中在美国、阿根廷、欧盟、澳大利亚、加拿大、乌克兰、泰国、巴西、哈萨克斯坦、越南等国家和地区。美国凭借其丰饶的土地、高度发达的农业科技以及完善的农产品营销体系，成为世界上最大的粮食出口国，2013 年出口粮食 7 685.00 万吨(只包括小麦、玉米和水稻)，占全球粮食出口总量的 24.59%；乌克兰具有可耕地数量多、黑土广布、水力资源丰富等优势，其粮食生产及出口能力较强，2013 年出口粮食 2 850.00 万吨，占全球的 9.12%；欧盟则因为地缘优势和区域自由贸易安排的制度优势，其内部成员之间粮食贸易量巨大，2013 年欧盟诸国出口粮食 3 120.00 万吨，占全球的 9.98%②。

2013 年，世界粮食进口的集中化程度也比较高，亚洲和非洲是世界粮食进口的主要区域，日本、中国和埃及位列前三。日本是世界最大的粮食净进口国，人均耕地较少，粮食供给能力较低，加之人口数量增加、粮食需求增长，2013 年进口粮食 2 240.00 万吨，占全球粮食进口总量的 7.35%；中国由于近年来自然灾害尤其是旱灾较为严重，导致水资源匮乏，粮食库存下降，2013 年进口粮食 1 690.00 万吨，占世界的 5.55%；埃及 2013 年进口粮食 1 670.00

---

① United States Department of Agriculture (USDA), http://www.fas.usda.gov/psdonline/psdHome.aspx. 最后浏览日：2014 年 4 月 16 日。
② 数据翻译整理自：美国农业部 PSD Online 数据库，http://www.fas.usda.gov/psdonline/psdHome.aspx.

万吨,占世界的 5.48%①。

(二) 国际粮食商品结构

世界粮食作物种类繁多,小麦、玉米和稻谷最为重要,其中贸易量最大的粮食商品是小麦。

1. 小麦

小麦是全世界种植面积最大、分布范围最广、产量最高的粮食作物之一。从国别看,世界小麦主要产于中国、印度、美国、俄罗斯、加拿大、澳大利亚和阿根廷等国家,七国小麦产量占世界总产量的 57%②。在西欧诸国中,法国、德国和英国的小麦产量较大。中国是世界小麦产量和消费量最大的国家,与印度一样,种植的小麦基本用于国内需求。

小麦也是全球贸易额最多的粮食作物之一,小麦、小麦粉以及面包、面点和小麦麸等加工品是主要的小麦贸易产品。其中,小麦和小麦粉的出口主要集中于美国、加拿大、澳大利亚、法国、阿根廷、德国以及哈萨克斯坦、印度、乌克兰、英国、土耳其等国家和地区,面包、面点的出口则主要集中在欧盟国家、美国和加拿大等国家和地区,而小麦麸的出口国主要是欧盟国家和印度尼西亚、阿根廷、美国和加拿大等。美国、法国、加拿大、澳大利亚、阿根廷和俄罗斯等国家在世界总出口量中的比例相当高,它们都有种植小麦的技术和经验优势,而且美国和加拿大的耕地资源充裕,而法国和澳大利亚小麦的国内需求不足,因此,世界小麦主要出口国的分布格局短期内不会有太大变化。但受天气变化等因素的影响,不同时期粮食主要进出口国家的进出口情况可能会稍有变动。

相较而言,世界小麦的进口国比较分散,埃及、意大利、阿尔及利亚、巴西、印度尼西亚、日本、沙特阿拉伯、韩国、摩洛哥、伊朗、菲

---

① 数据翻译整理自:美国农业部 PSD Online 数据库,http://www.fas.usda.gov/psdonline/psdHome.aspx.
② 数据来源:《环球时报》2008 年 5 月 7 日第 005 版。

律宾、墨西哥等国是小麦进口数量较多的国家,而欧盟和阿尔及利亚、中国、美国、尼日利亚等国家和地区小麦粉进口较多,世界面点、面包进口较多的国家和地区为欧盟和美国、加拿大等,小麦麸进口较多的国家和地区则是欧盟和韩国、日本、美国、中国等。我国在20世纪90年代中期之前,常年进口1 000万吨左右小麦,约占世界小麦进口总量的10%,一直是世界上最大的小麦进口国之一。之后随着国内小麦产量的提高,小麦进口量开始逐渐减少,甚至在2002年和2003年出现了出口量大于进口量的情况。同时随着国内农业结构战略调整的展开,适于制作面包的强筋小麦和适于制作饼干、糕点等食品的弱筋小麦①的种植面积在1998年以后迅速增加,到2006年,全国专用小麦种植面积已占全国小麦种植总面积的46.8%,在一定程度上也抑制了小麦的进口②。当然,我国小麦的进口量会随着国内对优质小麦需求、国际小麦价格下跌、天气变化等因素的变化而调整,如继2004年、2005年出现小麦进口剧增后,2007年我国成为小麦净出口国,2009年以后又出现进口增速。

2. 玉米

玉米是"二战"后发展最快的农作物。其原因在于:第一,畜牧业的发展对精饲料的需求急剧增加;第二,杂交玉米良种的培育成功和推广大大提高了单位面积产量;第三,玉米种植适应性强,种植面积不断扩大;第四,玉米适于机械化的播种和收割,各国农业机械化程度的不断提高,有利于扩大玉米生产。在世界三大粮食作物中,玉米的用途最为广泛,它不仅可供人类食用,而且还可作为饲料用于养殖业,被称作"饲料之王",同时它还是部分工业

---

① 强筋小麦的角质率不低于70%,加工成的小麦粉筋力强,适合于制作面包、拉面、饺子皮等食品。北方优质强筋小麦占中国优质小麦产量的90%左右;弱筋小麦的粉质率不低于70%,加工成的小麦粉筋力弱,适合于制作蛋糕和酥性饼干等食品。湿面筋含量等于或小于22%。

② 窦然主编:《国际贸易地理》,复旦大学出版社2009年版,第407页。

(比如生产淀粉、生物乙醇等)的重要原料。另外,玉米在全球三大谷物中,总产量居于世界首位,从单位面积产量来看,玉米也远高于大米和小麦。

世界玉米生产相对比较集中,欧洲、亚洲和北美洲是世界三大玉米种植地带,北美产量最多,约占世界总产量的一半,其中美国的玉米产量占世界总产量的42.5%。中国是世界第二大玉米生产国,玉米产量占世界总产量的比重在20%左右,但单产水平不高,2012年,中国玉米总产量20 812万吨,比历史最高的2011年增加1 534万吨,增长8.0%[①],玉米产量首次超过稻谷产量成为我国第一大粮食作物品种,玉米大幅度增产使我国粮食生产结构得到进一步改善,2014年始,我国超过美国成为全球玉米种植面积最多的国家。巴西玉米产量居世界第三位。欧盟国家中法国和意大利玉米产量最大,罗马尼亚也是重要的玉米生产国。

玉米是国际粮食贸易中贸易量仅次于小麦的品种,其贸易标的主要是玉米,玉米油、甜玉米、玉米面等的出口量较少。美国是世界第一大玉米出口国,其出口量占世界玉米总出口量的55%以上。尽管其国内乙醇生产的需要增加了玉米的需求,但其玉米出口总量仍稳定增长。2007年,美国的玉米出口量超过6 000万吨,占世界玉米出口总量的比重达到了66%[②]。可以说,很大程度上是美国决定着国际玉米市场的走势。阿根廷和巴西则是世界第二和第三大的玉米出口国,其他玉米产品的出口国家和地区主要为:玉米油的出口主要集中在美国、欧盟、巴西和加拿大,甜玉米的出口主要集中在美国、欧盟、匈牙利、加拿大和泰国;玉米面的出口主要集中在美国、欧盟、南非及匈牙利等;玉米麸的出口主要集中在美国、欧盟、乌克兰、加拿大、中国以及匈牙利、巴西等;玉米饼的出

---

① 国家统计局分析报告,http://www.stats.gov.cn/tjfx/fxbg/t20111202_402769587.htm.
② Grain: world Markets and Trade, United States Department of Agriculture (USDA), Dec.11, 2011.

口则主要集中在美国、欧盟、巴西,其他主要出口国还有阿根廷、南非、中国等。可见,美国、欧盟是玉米产品出口的主要集中地。

相比而言,进口玉米的国家要多于出口的国家,中国、日本、欧盟、韩国、墨西哥、埃及、伊朗、加拿大、马来西亚、哥伦比亚和阿尔及利亚等国家和地区进口较多。尽管世界玉米进口量逐年增长,但进口国家和地区结构却变动较大,而且进口国的市场集中度要远远小于出口国,属于典型的卖方寡头垄断市场。进口其他玉米产品的主要国家和地区为:玉米油进口较多的是欧盟、土耳其、墨西哥、沙特阿拉伯王国、阿拉伯联合酋长国、中国、利比亚、科威特等,甜玉米进口较多的主要有欧盟、日本、韩国、中国、美国等,玉米面进口较多的有欧盟、莱索托、加拿大、墨西哥、以色列等,而欧盟、中国、马来西亚、美国等则是玉米麸的主要进口国家和地区,玉米饼和玉米芽的进口主要是欧盟。由此可见,欧盟是世界玉米及产品的主要进口地区。就中国而言,1985年以来,玉米基本处于净出口状态,2003年出口数量达到峰值,但直到2009年仍属于玉米出口大国。2010年由于国际玉米市场低迷、进口玉米价格出现阶段性明显优势等因素,我国玉米进口量激增,首次成为玉米净进口国①。

3. 大米

水稻是世界上最主要的粮食作物,为全球二分之一人口提供了赖以生存的口粮。亚洲大多数国家以大米为主食,大米在国际农产品市场中占有重要地位。全世界种植水稻的国家有110多个,中国、印度、印度尼西亚、孟加拉国、越南、泰国、缅甸、菲律宾、巴西和日本等国家名列前十。中国和印度稻谷的种植面积最广,

---

① 第三方机构卓创资讯数据,2006—2010年,中国每年进口玉米量在35万—80万吨之间,从2010年开始,玉米进口量突飞猛进,在2012—2013年度已达521万吨。参见:《2013年中国玉米进出口数据分析》,中国产业洞察网:http://www.51report.com/free/3026700.html.最后浏览日:2014年12月2日。

中国大米的产量占世界总产量的 30% 左右，印度是世界稻米的第二大生产国，其产量增长也比较快。近年来，印度与中国产量之和一直占了世界总产量的 50% 以上。此外，印度尼西亚、越南、泰国、缅甸等国的大米产量也在千万吨级以上。

泰国、越南、美国、印度、巴基斯坦是大米的主要出口国。泰国素有"东南亚粮仓"之美誉，自 20 世纪 80 年代以来，泰国占据着全球最大大米出口国的地位长达 31 年之久；2012 年，印度超越泰国和越南，成为全球第一大大米出口国；2014 年，泰国、印度角逐世界第一大米出口国地位，越南稳居第三位。美国是除了东南亚国家外最大的大米出口国，其交易量占到全球的近 10%。大米进口国主要有尼日利亚、中国、日本、菲律宾、孟加拉国、伊朗、巴西等国家，中国已成为世界上最大的大米进口国。与大米出口国相比，世界大米进口国家和地区的分布相当分散，非洲与中东是主要的大米进口地区，精/糙米的进口集中于欧盟和日本，碎米的进口主要集中在欧盟、印度尼西亚、日本等，水稻的进口主要集中在欧盟、巴西、土耳其、墨西哥等国家和地区，充分表现了粮食进口市场高度分散的市场特征。

大米的生产历来以就地消费为主，亚洲大米产量虽多，但多作为居民口粮，商品率低，出口量少，如中国作为全球最主要的稻米生产国之一，绝大部分大米用于国内消耗，仅有少部分用于国际贸易。欧美等国虽然产量少，但国内消费少，反而是大米的出口国。因此，尽管大米的产量仅次于小麦，是世界第二大粮食作物，但其贸易量却是三大粮食作物中最少的。

4. 大豆

大豆是重要的粮油兼用农产品，在维护全球粮食安全中发挥着重要作用。大豆原产于中国，20 世纪初美国从中国引种，20 世纪 60 年代以后传播至巴西、阿根廷等拉美国家。世界大豆种植主要集中在美国、巴西、阿根廷、中国和印度等国家，其他国家如巴拉圭、加拿大、印度尼西亚等也是大豆主要生产国,集中度非常高。其中,美国是世界上大豆产量最大的国家,其次是巴西,阿根廷和中国排在第三和第四位,四国产量占世界总产量的近90%。中国是亚洲最大的大豆生产国,在20世纪90年代中期之前,曾经是世界第三大大豆生产国,大豆产量和种植面积在近十几年来都有一定程度的增长[①],大豆单产水平比较低,但中国种植的多是非转基因大豆。除了大豆外,世界大豆产品还主要包括豆粕和豆油,豆粕生产主要集中于北美发达国家和南美、亚洲发展中国家,其区域分布较之大豆生产分散。豆粕产量最大的国家主要为中国、美国、阿根廷、巴西。

世界主要的大豆出口国是美国、巴西和阿根廷,其中,美国是世界上最大的大豆出口国,阿根廷是全球最大的豆粕和豆油出口国。目前中国是全球最大的大豆进口国,长期以来,大豆的进口主要是来源于这三个国家。20世纪40—50年代,中国是世界上最大的大豆生产国和出口国,1995年大豆国际贸易开始出现逆向发展,1996年首次成为大豆净进口国,2000年跃升全球最大的大豆进口国,进口量突破1 000万吨,根据海关公布的数据,近年来我国大豆进口呈现逐年上升趋势。相比于大豆出口国的相对集中,全球大豆的进口国相当分散。除中国外,大豆主要进口国还有荷兰、日本、德国、墨西哥和西班牙,而泰国、比利时、韩国、印度尼西亚、意大利、巴西和英国等进口较少。全球豆粕的需求国家也较多较分散,中国、欧盟、美国、巴西是豆粕消费量最大的国家和地区,欧盟是全球第一大豆粕进口地区,其次是亚洲新兴市场国家。在豆粕的国际市场上,主要由阿根廷、巴西、美国等几个出口豆粕的国家在角逐。

---

① "Oilseeds: World Markets and Trade", USDA, Dec.11. 2011.

## 二、国际粮食贸易特点分析

从总体上看,二战后国际粮食贸易发展迅速,贸易量的增长速度快于生产增长速度。进入 21 世纪以来,国际粮食贸易呈平稳上升态势,除了个别年度由于受气候影响粮食严重减产导致贸易下滑外,国际粮食贸易并无明显波动。国际粮食贸易呈现出如下特点:贸易渐趋活跃,贸易量趋于上升;世界粮食分布不均,进出口区域相对集中,美洲和欧洲是主要的出口区域,粮食出口国相对集中,主要集中在美国、加拿大、法国、澳大利亚等十几个国家,控制了世界粮食出口量的 80% 左右,而进口国则多达百余,多在亚洲和非洲,中国、日本、埃及、韩国等国粮食进口规模大;小麦、玉米、大米及大豆是主要的贸易商品,小麦的贸易量最大;快速增长经济体的消费需求增加,国际粮食贸易会扩大,而由于一些地区的自然资源日益稀少且部分商品的产量增长率不断下降、农业市场与能源市场联系的日趋紧密及气候灾害的发生频率增多等,又增加了粮价波动的风险。除此之外,国际粮食贸易在经济全球化背景下还呈现出以下一些特点:

(一) 跨国公司集科研、生产、加工、销售、技术服务于一体,控制全球粮食贸易

目前全世界大部分的粮食贸易控制在少数跨国公司手中,掌握全球粮食生产运销的四家跨国公司是:美国的 ADM(Archer Daniels Midland)、邦吉(Bunge)、嘉吉(Cargill Inc)和法国的路易达孚(Louis Dreyfus Corp),被称作"ABCD"四大粮商。它们掌控着世界粮食交易量的 80%,控制了全球谷物贸易的 90%,大豆贸易的 80%,小麦贸易的 75%,并在玉米、高粱等其他粮食作物的贸易上占有主导地位[1]。全球粮食生产、加工和销售等全产业链条基

---

[1] 徐胥:《中粮打造国际水准粮油食品企业》,《经济日报》2013 年 11 月 5 日第 13 版。

本被其控制。在中国,被称为国际粮商五巨头的"ABCD"四大粮商和益海嘉里全面布局粮食领域,分别把控粮食种植、原料仓储、物流运输、科研以及粮油加工、粮食销售等产业链各环节。

依据经济学原理,初级产品的充足供应可以维持低价并降低成本,跨国公司往往采用纵向一体化方式直接控制原料生产以获取稳定而大量的初级产品供应。除了自建生产基地外,控制上游原料来源的最主要的方法是从上游的农业生产者那里获得原料。譬如,邦吉非常注重从农场到终端的全过程,其在南美拥有大片农场,一边向农民售卖化肥一边向农民收购粮食,然后再进行深加工或出口到其他国家。靠着各自独特的经营理念,四大粮商已牢牢掌握了全世界的农产品原料,如南半球的优质大豆玉米、北半球的优质水稻小麦等。由于发达国家的农业有资本渗透,故而能够以大规模产业化、专业化、标准化的形式向世界拓展,在这场与跨国农企的不公平竞争中,处于明显劣势的以传统型农业为主的发展中国家的弱小农民和小型企业,转而生产有利润的其他经济作物或者种植跨国粮商所需的作物,这为跨国公司对农产品的控制提供了便利。

跨国农企在控制原料来源后,下一步即对下游销售或市场进行整合,通过掌握产业链下游的市场销售分享更多的利润。它们非常重视技术研发和品牌建设,在原料的获取以及加工环节的把控上更为科学和严格,使品牌粮更具竞争优势和更大的溢价空间。知识产权制度和转基因技术成为其保证初级产品供应的利器,美国已将植物品种纳入专利的范围,通过专利权,跨国公司合法取得了对植物基因资源的所有权,通过对占有、使用、收益和处分权的行使获取了垄断地位,致使许多农民流离失所,失去食物安全保障,成为此类有争议技术的实验品。跨国种业公司在极力推广转基因种子的同时,还将转基因作物的杀虫剂、除草剂等做"一揽子"销售,实现对作物的完全控制权以获取更大利润。转基因食品工业的发展也使发展中国家的粮食安全蒙上阴影。总之,跨国公司通过研发投入掌握了先进的技术,涉足从农场到市场的每个环节,通过集中控制他国的粮食流通渠道垄断国际粮食贸易,从而达到控制全球粮食贸易的目的。

(二)国际粮食贸易规则由美国粮食战略主导

现代科学技术在农业领域的不断运用,大大降低了发达国家的粮食生产成本,使那些原本依靠廉价劳动力的发展中国家逐渐丧失了其竞争优势,失去了其在国际粮食贸易中的话语权。通过掌控国际粮食市场以实现霸权战略是美国粮食战略的最终目标,凭借其天然丰厚的耕地资源和政府对农场的巨额财政补贴,美国廉价的农产品对世界各国的农业带来程度不同的冲击。美国主导的世界贸易组织(World Trade Organization,以下简称WTO)贸易规则以及相关国际粮食贸易规则,为其实现粮食战略最终目标扫清了制度上的障碍,并在实践中将其运用得炉火纯青。

国内支持和保护农业最主要、最常用的政策手段是农业补贴,美国通过与欧盟等盟国制定WTO《农业协议》为其国内补贴留下充足的制度空间。WTO《农业协议》并非禁止所有补贴,"绿箱"补贴,即WTO成员政府通过服务计划,提供对贸易没有或仅有微小的扭曲作用,且未对农产品的生产产生较大的影响以及未对生产者提供价格支持的农业支持补贴,是合法的补贴,WTO成员不需要承担削减及约束义务。如由公共基金或财政所提供的一般性农业生产服务、粮食安全储备、自然灾害救济和粮食援助补贴、农业环保补贴,等等。而"黄箱"补贴,即属于"黄箱"政策范围的农业补贴。WTO成员政府为支持国内农业而对农产品的直接价格干预和补贴,这种政策措施容易引起农产品贸易扭曲,WTO成员必须做削减和约束承诺。譬如,休耕补贴、对农产品的价格补贴诸如对农产品生产资料、种子、肥料、农用薄膜、灌溉等农业投入品补贴和农产品营销贷款补贴等。为了满足欧美的要求,WTO又提出了

"蓝箱"补贴,一些与生产限制计划有关的直接支付的"黄箱"补贴,可以放在"蓝箱"补贴中得到免除减让而不受《农业协定》的限制①,如休耕地差额补贴。"蓝箱"的设置给"黄箱"政策支持以额外的执行灵活性,欧盟和美国、日本、挪威等发达成员运用得比较充分。如美国将其1995年差价支付纳入"蓝箱"来免除减让,差价支付(deficiency payments)即美国政府为缓和农产品过剩危机并拓展市场而推行的、在限制生产的同时提高农场主收入的一项国内支持政策。美国是世界上最大的农产品出口国,每3公顷农业用地中就有1公顷地的产品用于出口,一直以来,美国对国内的农业生产提供数目庞大的经济援助,一方面对其谷物、小麦、玉米、水稻、高粱等基本粮食作物以种种名目给予补贴,另一方面还为粮食出口提供各种形式的出口补贴和出口信贷,对农业的高额补贴严重扭曲了国际粮食贸易。在WTO《农业协议》框架下,美国通过不公平的国内支持等规则维系其粮食的国际竞争力。

WTO《与贸易有关的知识产权协议》也是在美国、加拿大等西方国家极力推动下得以在WTO框架下达成的,它规定了各成员有义务通过专利制度或者专门的特别制度或两者的组合对植物新品种进行保护,从而为转基因种子及技术获得专利扫清了制度障碍,为保护美国孟山都、先正达、陶氏化学和杜邦等公司转基因农作物种子、农药及相关技术等的专利垄断地位提供了法律依据,也使其控制了许多发展中国家的粮食生产,威胁到发展中国家农民的生计。

此外,WTO争端解决机制也已成为美国实施粮食战略的有力武器。例如,欧美转基因农产品贸易争端第一案,美国希望借助

---

① 根据《农业协议》第6条第5款规定,一些与生产限制计划相联系的直接支付的"黄箱"政策支持可以放在"蓝箱"的特殊政策中得到免除减让。其条件为须满足下列要求之一:(1)按固定面积或者产量提供的补贴;(2)享受补贴的产品数量不超过基期(即1986—1988年)平均生产水平的85%;(3)按牲口的固定头数所提供的补贴。

WTO争端解决机构确立转基因产品的合法地位,该案的裁决结果一定程度上达成其愿。

（三）国际粮食贸易中的保护措施与国内粮食安全密切相关

农业是第一产业,事关一个国家最基础的民生问题,粮食贸易具有极大的政治经济敏感性。粮食的丰缺直接影响着国家的社会稳定和其他产业的发展,任何一个国家都不会把粮食安全置于他人掌控之下。因此,无论是发达国家还是发展中国家都非常重视本国农业生产和保护粮食市场。

1. 对农业进行补贴以稳定粮食生产和提高本国粮食竞争力

农业补贴是获取粮食价格竞争优势的手段,补贴额度的多寡会影响到作物的播种面积和产量,会进一步影响到粮食的市场价格,因此,对粮食生产进行补贴是稳定粮食生产和提高本国粮食竞争力的重要措施。

欧美是典型的实行农业补贴的发达国家。欧盟每年数百亿欧元的农业补贴占年度预算的40%左右,是一项庞大且最具争议的一项预算支出。经过长期的调整改革形成了完善的农业补贴政策,通过采取出口退税,对谷物、稻米等产品实行出口补贴等措施维持其农产品的国际竞争地位。同样,美国凭借其雄厚的经济实力,长期对其农业实行高额补贴,以确保农业的稳定性,扩大国际竞争力。美国始终拒绝取消农业领域的高额补贴也是WTO谈判难以推进的一个重要原因。据悉,1995—2002年间美国提供了1 140亿美元的农业补贴,年平均142.5亿美元[①]。农业法案是美国农业补贴制度化的主要形式,1933年颁布了《农业调整法》,之后国会每五年左右制定一部农业法案,通过法律手段对国内农业政策进行系统性调整,形成了一整套系统而全面的价格补贴体系。从1933年开始实施农业支持政策起算,80多年来美国农业补贴

---

① 参见周立:《美国:这场世界粮食危机中在干什么》,《华夏星火》2008年第5期。

政策不断演化,五类补贴——贷款差额补贴、直接收入补贴、反周期补贴、资源保育补贴和农产品贸易补贴,在不同时期发挥着各自不同的作用,农业补贴政策的支持领域随着国内外经济社会形势的变化而不断调整。如:2008年《食品、环保和能源法案》增加了对环境保护的投入,相关预算分配中自然保护仅次于农产品支持计划,占补贴总量的19%;2014年《食物、农场及就业法案》取消了饱受诟病的每年约50亿美元对农民的直接支付补贴,同时扩大了农作物保险项目的覆盖范围和补贴额度,加强了农村污水处理与利用、垃圾处理等农村基础设施建设项目的支持力度,等等。美国的农业补贴政策的不断演进,保证了美国在国际粮食贸易中的价格优势最大化。

发达国家扭曲的高额粮食补贴极大增强了其粮食的国际竞争力,其价格优势冲击了发展中国家的农业生产,恶化了其贸易条件,使其在粮食贸易中处于从属地位,不能自主地发展本国农业,成为农业弱国、穷国。以大豆为例,由于政府的巨额补贴,美国大豆得以低廉的价格"倾销"国际市场,致使国际市场大豆价格不断走低,一些大豆出口国的大豆生产不断萎缩,转而成为大豆的进口国,我国就是典型。WTO总干事拉米也不否认,认为富国的农业补贴,扭曲了粮食贸易价格,伤害了发展中国家的粮食生产[①]。发达国家高额补贴粮食生产和粮食出口,扭曲了国际粮食定价机制,导致国际粮食贸易竞争的不公平。发展中国家为了保护本国的粮食生产,也施行一些保护策略,但由于财力有限,农业补贴起步较晚,且主要是为了实现国家的粮食安全。

2. 设置贸易壁垒以应对国际粮食市场价格波动

世界粮食价格上涨影响着各国的粮食消费,也影响着贫困国

---

① 参见谭树森:《追溯全球粮食危机根源》,新华网专稿,2008年5月1日,http://news.xinhuanet.com/world/2008-05/01/content_8086165.htm. 最后浏览日:2014年7月6日。

家的生活水平,甚至影响国际局势的稳定与安全。气候变化、能源价格上涨等因素推高了粮价,使国际粮食市场价格产生波动,各国政府通过设置关税壁垒和配额、许可证、质量标准、检疫等非关税壁垒来保障本国的粮食安全。例如,2007—2008年粮食危机发生时,面对粮价的狂飙突进,各国政府纷纷采取措施控制出口、鼓励进口,如:印度率先于2007年10月宣布对其大米出口施加限制;阿根廷随后于11月宣布调整大豆、小麦和玉米的出口关税,前者的出口关税从27.5%提至35%,后两者的出口关税从20%分别提至28%和25%;俄罗斯也于12月宣布将小麦的出口关税由10%提至40%,并持续到2008年4月底。我国也采取了一系列限制粮食出口、稳定国内粮价的措施:从2008年1月1日起,对小麦粉、玉米粉、大米粉等粮食制粉实行临时性的出口配额许可证管理,且从2008年1月1日到12月31日,对小麦、玉米、稻谷、大米、大豆等原粮及其制粉一共57个8位税目产品征收5%—25%不等的出口暂定关税,以防止国际粮价高涨的风险通过出口环节被传递到国内。除了出台限制出口措施,鼓励进口的政策也相继出炉,如2007年12月,欧盟27国表示将暂停征收大部分谷物的进口关税。2008年全球粮价上涨在30多个国家引起粮食危机,甚至引起一些国家的政局动荡,这些粮食出口国为稳定本国或地区的粮食价格相继采取的出口限制措施,极大地损害了缺粮国的粮食安全。

(四) WTO及其部分政策影响发展中国家的粮食安全

WTO掌握着全球贸易的规则制定权和争议裁量权,在协调各成员的贸易政策、平衡国际贸易关系、减少贸易摩擦等方面发挥着举足轻重的作用,其组织原则和规则覆盖了96%以上的全球贸易,非歧视性、自由贸易、公平竞争等多边贸易体制的主要原则对国际经济秩序具有普遍的指导意义。但由发达国家主导的WTO重在推进贸易自由化,发展中国家也已把实行农业贸易自由化作为国内总体改革的一部分以刺激经济增长和减少贫困,而实际上,在贸易自由化进程中发展中国家面临了更多的挑战与风险。

2001年WTO第四届部长级会议上启动的多哈回合谈判,农业问题贯穿始终,十多年来激烈的讨价还价从未减弱。在农业议题谈判中,各利益方互不相让:作为农业净进口方的欧盟主张维持高补贴和高关税;作为世界第一农业大国的美国极力主张实行农产品贸易自由化,要求欧盟等大幅度削减关税和农业补贴,提高农产品市场准入;农产品出口国澳大利亚、新西兰、巴西等国家力推农产品贸易自由化,主张欧美应取消农产品出口补贴和关税保护;农产品主要进口国日本、韩国、挪威等则强调高度保护其国内农产品;作为发展中国家的中国、印度等则要求发达成员取消出口补贴,削减国内农产品支持,等等。出于不同的利益考虑,不同成员站在不同的立场提出不同的诉求,表现为发达成员和发展中成员,以及处于不同发展阶段的发展中成员之间主张的分歧与冲突。2013年12月在印度尼西亚巴厘岛举行的第九届部长级会议上,多哈回合历时12年终于达成"巴厘一揽子协定",内容涵盖了允许发展中国家在粮食安全问题上具有更多选择权、协助最不发达国家发展贸易等内容。据印度媒体报道,印度政府将在WTO推动粮食安全议程,以寻求为公共储备提供农业补贴而不受处罚的永久解决方案[①]。可见,在农业问题上,WTO协议的导向将会对发展中国家的粮食安全问题带来重大影响。

## 第二节 "被遗忘的危机"
### ——国际化背景下的粮食安全问题

粮食安全是个大概念,它不仅包括最基本的数量安全,更强调

---

① 参见:《印度教徒报》2014年3月11日报道,http://www.indiacn.com/news/jingji/25490.html.最后浏览日:2014年5月6日。

质量、结构、交易安全,在国际经济全球化背景下,粮食安全成为国际全局战略的重要组成部分。国际粮食贸易一方面可以解决粮食资源分配的不均,使世界粮食得到合理的供需分配,维护世界粮食格局的稳定、安全,另一方面可以带动世界经济的发展。但国际粮食贸易也易受许多因素的影响,存在着重大粮食安全隐患。本节之所以称为"被遗忘的危机",是因为这些"危机"曾是不同时期的不同表现方式,有的虽已远去甚至被人淡忘,但不能保证它不会卷土重来,有的虽然时而延续,但人们似乎已经熟视无睹,或者又出现了新的危及粮食安全的问题分散了人们的注意力。但不管怎样,这些"危机"对粮食安全带来的负面影响是不容忽视的。

## 一、故意污染:农业恐怖主义

### (一)"恐怖主义"与农业恐怖主义

对于什么是"恐怖主义",国际上没有一个公认的定义。纵观国内外学者对恐怖主义的研究,无论是对概念的界定,还是对其根源、影响等的探讨,人们主要关注的不是"恐怖",而是恐怖的一个表现形式——暴力,大都过分强调恐怖主义是为实现某种政治目的或经济利益的暴力行为。国外相关立法对于恐怖主义的界定也莫不如此,例如,英国1974年的《防止恐怖主义法》,将恐怖主义界定为:"为了政治目的使用暴力,包括任何为了使公众或其任何部分陷于恐怖而使用暴力。"[1]《美国法典》的定义是:"恐怖主义是指经过预谋的、有政治目的且针对非军事目标的,由非国家的集团或秘密组织进行的暴力活动,其目的通常是影响大众。"[2]"911"事件、洛克比空难、巴厘岛爆炸案等传统意义上的恐怖主义事件是现代国际社会对恐怖主义研究的主要对象。随着现代科学技术的发

---

[1] 参见何秉松、廖斌:《恐怖主义概念比较研究》,《比较法研究》2003年第4期。
[2] 王逸舟:《如何界定恐怖主义》,《现代国际关系》2001年第10期。

展,恐怖主义已不再是简单的以暴力为核心的表现形式,而是围绕"恐怖"而展开的各种危害性行为;也不再是常规意义上的有组织、有计划的行为,个人完全可以成为恐怖主义的策划人、实施者。比如信息恐怖主义、生物恐怖主义等,而人们对于农业恐怖主义也并不陌生。

农业恐怖主义(Agroterrorism)是生物恐怖主义被应用于农业领域而形成的。它对粮食安全的威胁不像常规意义上的数量威胁,而是粮食质量威胁,目前尚未对其有个完整的概念界定。粮农组织和世界卫生组织给故意食品污染下的定义是,为造成公民伤害或死亡和/或破坏社会、经济或政治稳定目的,使用化学和生物制剂或放射性核材料来故意污染供人们消费的食品的一种行为或威胁[①]。这里的故意可分为直接故意和间接故意,直接故意是指行为者本身主观上就是以实施恐怖活动为目标,利用能在人与动物之间传染或人畜共患的感染媒介物(细菌、病毒、真菌等病原体),制成各种生物制剂或通过食品(粮食)传播,对既定对象进行攻击,致使人畜大量感染疫病甚至死亡或农作物感染植物病害,造成重大经济损失,或引起社会的恐慌、动乱等;间接故意是指为实现行为者自身经济利益或产品数量上的增长以满足人们基本需求,而使用相关生物产品间接危害人体、动植物健康的行为,如对有害食品添加剂的应用。

(二)农业恐怖主义的危害

农业恐怖主义主要手段是通过导入外来病毒体,使动植物原本机构发生改变或免疫能力下降,或直接使其感染疫病虫害从而造成农畜牧业损害和相关部门的经济损失。它不仅对食物安全造成现实威胁,扰乱食物生产、运输、销售等环节,影响食物贸易,疫

---

① 参见粮农组织/世卫组织第二次全球食品安全管理人员论坛:"预防及处理故意污染",2004年10月,泰国曼谷。http://www.fao.org/docrep/MEETING/008/J3110C.HTM.最后浏览日:2013年12月6日。

病可能还会通过动植物传染到人身上。农业恐怖主义采用疫病虫害主要有三类,分别是:① 农作物疫病虫害。如水稻稻热病,一旦感染水稻将大量减产甚至颗粒无收,穿孔线虫、地中海果实蝇等也是农作物的主要天敌。② 畜牧疫病。如口蹄疫,主要侵害偶蹄兽,偶见于人或其他动物。③ 人畜共患疫病。如炭疽病、禽流感、疯牛病等。一旦农业恐怖主义手段被直接或间接实施,将对地区经济及世界经济带来致命打击。在现代生物技术背景下,应对一个农业生物病毒引发的恐怖威胁要比一起"暴力"恐怖事件消耗更多的资源。

美国"911"恐怖事件后,美国乃至全球范围内出现了不同程度的动植物疫病,给各国农业带来了沉重打击,人们开始对反恐进行全方位定位,农业恐怖主义也成为其重点防范领域。美国2012年2月发布的一号文件《农业恐怖主义:对美国经济和食品供应的威胁》强调"911"以前的农业恐怖主义多以病菌散布和毒药投放为主要实施方式,随着转基因技术在农业领域应用的深入,更具规模和悄无声息的转基因农产品或食品将成为当下及未来农业恐怖主义实施的主要手段,转基因粮食出现为农业恐怖主义提供了新的实施平台。该文件将转基因粮食与农业恐怖主义联系到一起,尽管随着时间的推移,国际社会对农业恐怖主义的关注度有所降低,但它对粮食安全的威胁并未消除。对转基因粮食而言,国人对其争议聚焦于它本身的安全性及其对粮食安全带来的风险,而未涉及转基因商业化背后的农业恐怖主义危机。

## 二、粮食帝国的粮食武器化战略:粮食即权力

美国前国务卿亨利·基辛格曾说过:"如果控制了石油,就控制了所有国家;如果控制了粮食,就控制了所有的人。"粮食、石油和武器作为一个国家最主要的三大战略物资,历来被当作国家安全的基本保证,其中当以粮食为最。世界粮食分布不均,粮食生产

主要集中在亚洲、欧洲和北美,而粮食出口国主要有十几个国家,他们当中有的坐拥广袤的耕地资源,凭借着先进的技术,生产了"过剩的粮食",于是粮食援助被其当作外交工具以及拓展出口市场的途径。美国的粮食武器化战略主要表现为粮食援助和粮食自由化下的政治外交。换言之,美国实施其粮食武器化战略主要靠的是粮食贸易和粮食援助。

(一) 粮食补贴与粮食贸易自由化

美国是一个以农立国的国家,其农业发展在200年内实现了高度发达。长期以来,美国的农业起着国民经济坚实基础的作用,即使是在高度工业化的今天,其农业在国民经济甚至在世界经济中依旧举足轻重。作为粮食大国,美国有着异于世界各国的粮食政策主导力量,正如其在世界经济、军事、政治领域享有霸权一样,在粮食贸易等领域,美国也有着无可辩驳的霸权地位。

除了自然条件优越外,政府制定和实施的有关农业的法令、政策等对促进农业的发展功不可没。美国自1933年第一部农业法案问世以来,迄今已有近20部农业方面的法律,形成了一套完善的农业法律保障体系,内容涵盖土壤保护、国内配额、农产品贸易发展与援助、农业安全、食品与农业贸易保护以及农村投资等方方面面,成为美国农业发展的一大特色。例如,美国1996年的《农业自由化法案》取消了直接供给管理,赋予农民在农业种植的类别和规模选择上以更多的自主权,并使国内农产品价格与世界价格挂钩。2002年的《农业安全与农村投资法案》新增了反周期补贴,使农民能够获得农产品目标价格与固定差额支付之间的差价,它与"销售贷款补贴"和"直接补贴"一起形成农民收入的安全保护网。由于2002年农业法案通过大幅度增加补贴、为农民构建收入安全网的商品补贴,影响了世界农产品市场,因而被当作贸易壁垒饱受诟病。2008年的《食品、环保和能源法案》又增加了"平均作物收入选择补贴",提高了农业补贴的范围和标准,将补贴范围从对玉米、小麦、大麦、大豆等主要农作物的补贴扩及专业农作物如水果及蔬菜等。需要说明的是,直接支付、反周期补贴和平均作物收入选择补贴等项目,均在 2014 年美国新农业法案中被取消,美国 2002 年、2008 年农业法案中确立的以高补贴为主的农业支持保护得以逆转。美国农业的另一个主要特点是农作物种植和农产品生产集团化。雄厚的经济实力和政治资本使得农场主、运输集团、跨国贸易公司等利益集团在美国农业政策制定中发挥着重要作用。美国高额农业补贴的 80% 流入到农场主和农作公司,且分配结构极不均衡,越大的农场补贴越高,小型农场则微乎其微,甚至没有任何补贴①。美国农场主和农作公司依靠其强大资本成就美国粮食霸权,打压国际范围内的小农经济。在美国的国家利益和农业集团利益的共同作用下,建构起了农业贸易自由化。

粮食毕竟不同于其他贸易品,它关乎一个国家的安危,关乎国计民生。在"粮食即权力"的美国,通过推行农业贸易自由化来打击其他国家农业生产能力是其粮食武器化战略的一种实现手段。对粮食生产予以高额补贴,因而粮价比一般国家低,再凭借着低廉的粮食价格争夺国际粮食市场,其粮食武器的威力便不断显现:美国只要通过增加或减少粮食供应量,就可以主导世界粮食市场价格的走向。靠着巨额农产品补贴政策,美国成功地挤垮了许多发展中国家自给自足的粮食生产体系,在粮食贸易自由化下,由粮食巨头和国家政权结合而成的"粮食帝国"掌控了他国的粮食主权,控制了世界粮食的价格和供给,而发展中国家的小农经济则进一步被边缘化,大量农民和小规模农场主失业。

(二)粮食援助

美国是全球最大最重要的粮食对外援助国,一年援助额将近 20 亿美元,其中"粮食换和平"计划规模最大。

---

① 参见周立:《美国:这场世界粮食危机中在干什么》,《华夏星火》2008 年第 5 期。

20 世纪 50 年代,粮食援助被一些发达国家用于处理剩余农产品。美国水土资源丰富,农产品过剩一向是其难题。二战后,作为主战场的亚欧地区农业遭受重创,粮食短缺,粮食援助成为战后美国外交中的一种有力"武器"。1950 年,美国实施所谓的"粮食换和平"计划,开始把粮食援助服务于自己的政治外交。1954 年的《农产品贸易发展和援助法》授权以无偿与有偿援助等方式向外国政府提供粮食,目的是增加美国农产品在国外市场的消费以排挤其他农产品输出国,并通过援助改善美国的对外关系以控制亚、非、拉等发展中国家。美国在建立粮食援助之初即强调援助对象为美国的"友好国家",根据粮食受援助国是否满足其政治需求确定粮食援助额度,粮食援助的目的已被政治化。作为国际上首个将国际性的粮食援助制度化的法律,该法是美国政府通过政治与经济的手段,用无论如何都将堆积的粮食来实现国内的政治目的[1]。该法案因实现了人道主义援助而广受支持,也因其破坏了受助国当地的农业生产并使其对美国附加政治条件的农业援助产生依赖而备受批评。

基于政治利益的考量,美国对外粮食援助服务于国内政治与国际外交,被当作称霸世界的一种有效的外交武器而运用自如:冷战时期,美国以停止和恢复粮食援助为筹码,迫使印度亲美远苏;1971 年,美国对葡萄牙的粮食援助,延长了美国军事基地亚速尔群岛的使用期;20 世纪 70 年代,美国通过粮食援助控制了伊朗的农业主权,迫使其购买美国牲畜;20 世纪 90 年代,中东地区饥荒,美国在中东地区实行粮食援助,换取低价的石油;1999 年,美国对俄罗斯提供了粮食援助,附加的条件是以后的"任何额外援助"都必须与俄罗斯的农业改革政策相"挂钩"……"粮食即权

---

[1] See Stephen S. Rosenfeld, "The Politics of Food", *Foreign Policy*. No. 14. 1974, p.18.

力",当出现粮食短缺或饥荒时,依赖美国粮食的国家急需援助,此时粮食权力效用最大①。被认为很成功的马歇尔计划为二战后灾难深重的欧洲供给粮食和生活必需品,但也规定了受援国必须购置一定数量的美国货,尽快撤除关税壁垒,取消或放松外汇限制,使用美援要受美国监督,削减同社会主义国家的贸易,放弃"国有化"计划等限制。"911"事件之后,美国又将粮食援助与反恐、国家安全联系起来,例如,2012年4月,因朝鲜不顾美国反对进行了"导弹发射",美国表示停止对朝的粮食援助,不再履行与其先前达成的向朝鲜提供24万吨食品援助的协议,粮食援助被赋予了新意义。

粮食援助本是出于人道主义援助,但是却产生了诸多负面影响:

1. 粮食受援国沦为援助国附庸

粮食援助改变了受援国的农业生产体系,对受援国当地的农业生产者带来冲击,导致该国农业丧失独立性,进而形成对援助国的经济依赖与政治依赖。例如,美国在1955—1971年间对柬埔寨的粮食援助,价格比本地低50%的上百万吨的小麦的进入,削弱甚至取代了当地农民可以自己生产粮食的能力和作用,使柬埔寨的小麦产量减少67%,进口粮食增长了8倍,丧失了在粮食市场中的地位②。又如,非洲的诸多国家为满足"为美国生产香蕉、可可等经济作物"这一接受粮食援助的前提条件而荒废了自己的粮食生产,进而沦为附庸。非洲国家由于历史上殖民统治导致单一经济,传统的农业生产结构遭到破坏,尽管独立后的许多非洲国家努力发展粮食生产,但因生产水平不高,粮食单产低,加上气候变

---

① Robert L. Paarlberg, "Food as an Instrument of Foreign Policy", Academy of Political Science, Vol. 34, No. 3, Food Policy and Farm Programs, 1982, p.26.
② 参见张永宏、胡立耘:《美欧粮食援助政策对非洲粮食安全的影响》,《世界农业》2010年第2期。

化等其他因素影响,粮食产量波动性更大,粮食自给率不断下降,"粮荒"现象严重。而满足带有政治意图的美国粮食援助的条件,无疑会使当地的粮食生产雪上加霜。

2. 粮食援助扭曲粮食市场

相比大多数采用资金援助形式的其他援助国,美国更青睐实物形式,尽管不同形式的援助均有可能导致一定的粮食市场扭曲,但显然实物援助更易导致这一现象出现,美国也确实从中受益。美国2008年的农业法案虽然增加了一定的现金援助项目,但比例甚微,无法从根本上改变以实物援助为主的状况。直到2013年,奥巴马当局提出一项重要建议,将美国海外粮食援助从食品实物援助改为部分现金转移。

3. 援助"食品"的安全性隐忧

以转基因食品为主的粮食援助在2000年就已开始。拉美的玻利维亚、危地马拉都是"转基因食品"的援助对象国,但非洲的赞比亚和津巴布韦则拒绝接受国际转基因食品的援助。2002年8月27日FAO发布的《联合国关于转基因作物用于南部非洲地区粮食援助的声明》指出,鉴于目前国际上还没有关于转基因粮食的贸易及食品援助的协定,联合国的方针是接受转基因粮食捐赠与否应由接受国决定。世界粮食计划署的方针是:捐赠的食品须同时达到捐赠国和接收国双方的食品安全标准,以及其他所有适用的国际标准。美国2009年为支持全球粮食安全与营养而创立的计划——"保障未来粮食供给"的实施将为非洲带去庞大数量的转基因食品。欧盟指责美国海外转基因食品援助并非单纯的人道援助,而是另有所谋[1]。

可见,"粮食帝国"美国已形成了完备的农业出口与粮食援助

---

[1] 陈亚芸:《WTO框架下国际粮食援助与公平贸易——后多哈时代展望》,《世界贸易组织动态与研究》2013年第4期。

法律政策体系,并加以广泛运用实现其政策目标:通过推行粮食自由贸易为本国"过剩"粮食的倾销找到出路,既排挤了竞争对手,又控制了进口国的食品链;通过粮食援助控制发展中国家的农业,达到其政治目的,使粮食安全不再仅仅是个农业问题,而是关系到一个国家的经济安全、社会安定等的国家安全问题。

## 三、生物能源战略对全球粮食安全的影响

石油、煤炭、天然气等化石能源是目前全球消耗的最主要能源,也是不可再生资源,对它的过度利用使其成为气候变化与环境污染的"罪魁祸首",而发展生物能源既可以减轻对石油资源的依赖,又可以减少环境污染,还可以推动农业产业链的发展,在风能、太阳能等新型能源未能得到全面普及和应用的情况下,生物燃料被认为是解决全球能源危机的最理想途径之一,发展生物能源成为各国缓解能源危机的直接途径。

生物能源(Bioenergy)又称绿色能源,有广义与狭义之说。广义是指由自然界植物及有机质形成的各种能源,包括诸如秸秆燃料、沼气等人类早期利用能源的一些形式;狭义是指以某些农副产品为原料,借助工业手段转化而获得的能源产品,比如生物乙醇、生物柴油等[①]。

### (一) 生物能源产业发展对粮食安全的挑战

生物能源的出现,起初是为了消耗过剩粮食。二战后,美国为了缓解库存粮食带来的农业压力,将多余粮食进行必要的加工转换,既利于平衡粮食与能源供应,又有助于增加就业、保障农民收入。由于生物能源本身的环保性以及对能源危机的缓解,以生物能源作为可再生能源的国家纷纷采取措施积极鼓励生物能源产业的发展,粮食大国的生物能源发展进入了系统化阶段,成为获取能

---

① 参见李晓俐:《保障粮食安全与发展生物能源》,《世界农业》2012年第4期。

源的重要手段。但由于生物乙醇主要是由玉米、甘蔗、甜菜和甘薯等转化而成,生物柴油用油菜籽、大豆、棕油和向日葵等转换而成①,将大量的粮食和油料作物投入到生物燃料产业,致使粮食供给的压力增大,恶化了世界粮食短缺的境况,进一步引发粮价攀升。美国、巴西和欧盟是生物燃料的主要生产国和地区,其余则为中国、印度、泰国等。

巴西是开展生物燃料研究最早的国家之一,甘蔗是其生物燃料的主要原料,用以生产生物乙醇,而蓖麻籽、大豆、棕榈油、棉籽等则用以加工生物柴油。巴西约有 80 多年生产生物乙醇的历史,到 2004 年其乙醇的年产量一直居世界首位。巴西也是最早大规模使用生物燃料的国家之一,其车用汽油均需添加一定比例的燃料乙醇,也有大量使用纯燃料乙醇的汽车。巴西甘蔗产量居世界第一,原料丰富、产量高、成本低的优势,为巴西成为以甘蔗为原料的燃料乙醇第一出口大国创造了条件。尽管生物乙醇产业在巴西生物燃料产业中占据着主导地位,因其原料主要是甘蔗而非粮食,所以发展生物燃料产业对其农产品出口影响不明显,但一些原本用于种植粮食和油菜的土地被转为种植甘蔗,间接影响了粮食供应。

美国是世界上最大的生物燃料生产和使用国,2005 年乙醇产量超过巴西,成为世界上最大的乙醇燃料生产国,但其生物柴油的生产规模相对较小,玉米和大豆分别是其生产生物乙醇和生物柴油的主要原料。作为世界上最大的粮食生产国和出口国,美国的玉米出口约占世界市场的 70%,由于生物能源战略的实施,导致了土地利用的转变,三分之一的玉米产地转为生物能源基地,将粮食转化为乙醇燃料,并限制农作物出口。仅 2005 年 8 月新的《能

---

① 陈戎杰:《欧美生物燃料战略与东南亚粮食贸易困境》,《东南亚研究》2008 年第 6 期。

源政策法案》签署后的2006年一年,美国就消耗了4 200万吨玉米用来生产乙醇,这相当于1.3亿人一年的口粮。生物能源产量的增加导致其生产原料玉米及其他谷物的需求日益紧张,联袂带动其他农作物价格的上涨。

生物燃料工业在欧洲国家的发展始于20世纪90年代,以生物柴油为主,主要原料是油菜籽,其他原料还有葵花子油、大豆油等。欧盟诸国中,德国和法国是生物柴油生产的领头羊,其次是西班牙和意大利,德国一直位居世界生物柴油产量第一。相比之下,生物乙醇仅占欧盟生物燃料生产总量的20%,其生物燃料的主要原料是甜菜和小麦,法国和德国在欧盟乙醇产业中占据主要地位。亚洲的主要生产国是中国和印度。目前,中国的生物能源产量已仅次于美国、巴西和欧盟,对粮食市场所产生的效应也日渐显现[1]。世界银行报告认为,生物燃料造成世界粮食价格上涨75%。

(二) 政策法律对生物燃料产业发展的助推作用

各国的相关法律法规和政策对生物能源的发展起到了极其重要的推动作用。

美国已经建立起了完整的生物能源法律框架。早在1978年卡特政府颁布的《能源税法》里就规定了生物燃料关税,通过100%减免混合乙醇汽油的燃料税,鼓励国内发展生物燃料替代石油。进入21世纪后,美国大力推广和加速发展生物能源。《2005能源政策法案》对生物柴油生产厂商规定了减免税费的优惠政策,之后,美国开始大量用粮食生产生物能源,由于其在国际上举足轻重的农业大国地位,该法案对国际市场上粮食供应格局带来了重大影响。其实,在该法案颁布之前,美国还颁布了《2000生物质研究与开发法案》《2002农场安全及农村投资法案》和《2004美国创造就业机会法案》等与发展生物燃料有关的法律。2007年的《能

---

[1] 李晓俐:《保障粮食安全与发展生物能源》,《世界农业》2012年第4期。

源独立和安全法案》,首次以立法的形式对汽车工业的能耗标准和可再生燃料的年产量做出规定。该法案鼓励大规模生产可再生能源,以达到彻底改变美国使用能源方式的目的。美国新能源法案要求大幅增加乙醇等生物燃料的添加比例,减少石油进口,标志着美国的能源战略从依赖进口能源和能源供给扩张,转向依赖节能与新能源开发和能源需求管理。而把用于出口的粮食转化为乙醇燃料,进一步扩大了对玉米的工业需求,也推高了玉米价格,扩大了国际粮食供求矛盾,世界第一粮食大国牢牢掌控了全球农产品贸易的主导权,生物能源计划成为美国"粮食武器"的"新面孔"。美国不但有完整的生物能源立法,还制定了一系列生物能源发展规划,在资金投入上也处于领先地位,在完备的配套制度下,美国并未因全球金融危机而阻拦生物质能源开发的进程,生物质资源能源化仍是其经济复兴和再投资计划的重要组成部分[1]。美国生物能源计划中最主要的就是"能源农场计划",以农场式生物能源发展供应美国能源市场是美国发展生物能源的根本目标,大量的转基因玉米用于研发生物能源。此外,美国政府的许多机构如能源部和农业部也不断协调与合作,环境保护署制定规则来管理可再生燃料标准的执行等,为美国发展生物燃料产业形成合力。

巴西将发展生物能源作为一项重要的经济、科技、能源政策,为发展生物乙醇和生物柴油产业制定了详细的法规,规定生物能源在化石燃料中的含量比例,对不执行者予以相应的处罚,还陆续出台了一系列优惠政策,鼓励生产和使用生物能源。巴西是世界上最早通过立法手段强制推广燃料乙醇的国家,早在1931年就颁布法令规定国内使用的汽油中必须添加燃料乙醇2%—5%,1975年的"国家乙醇燃料计划"要求提高乙醇在混合汽油中的比例(达

---

[1] 参见孙勇、姜永成、王应宽、郭君、Richard Griffith、Min Min:《美国生物质能源资源分布及利用》,《世界农业》2013年第10期。

20%),并且鼓励开发专门以含水乙醇作燃料的汽车。在计划实施期间,巴西当局采取补贴、设置配额、统购乙醇燃料、调整价格以及行政干预等一系列措施,鼓励国民使用乙醇燃料,还为企业取得国际金融机构的贷款提供帮助。该计划为30年后巴西乙醇产业领先世界创造了必要的条件。尽管巴西的生物柴油起步较晚,2004年12月,联邦政府推出"生物柴油计划",并出台了相应的鼓励政策措施推进计划的实施。其中最有强制执行力的措施是将政策法律化,即颁布国内第一个生物柴油销售法令——2005年《生物柴油法》,将汽油中添加乙醇燃料的比例以法律形式确定下来。

欧盟的农业政策和交通燃料政策里均有促进生物燃料发展的内容。如1997年的《未来的能源:能源的可再生来源》白皮书提出了欧盟可再生能源发展目标,2003年的《生物燃料条例》要求生物燃料使用比例到2005年和2010年分别达到燃料市场的2%和5.75%。2007年,欧盟委员会提出的能源和气候一揽子政策决议,目标为:到2020年可再生能源利用达到20%,其中生物燃料占总燃料消费的比例不低于10%。2008年的"气候行动和可再生能源一揽子计划"法律文件和2009年欧盟的《可再生能源指令》均强化了上述目标,使其成为欧盟法律[1]。制定具有法律约束力的可再生能源目标,强调推行生物燃料,欧盟的做法旨在减少对外部进口燃料的依赖,带动欧盟经济向节能减排方向转型,并引领新的全球化工业革命时代。欧盟在加强温室气体的减排力度、扩大可再生能源在能源市场的占有率等方面的举措在全球气候谈判中树立了"全球气候变化领导者"形象。2014年,欧盟委员会发布了"2030气候与能源框架",提出到2030年将可再生能源在能源消费市场中的份额提高到至少27%(或达到30%)的目标。欧盟尤其重视交通运输的生物燃料,出台的政策法规主要有:鼓励生物

---

[1] 陈敬权:《欧盟可再生能源政策研究》,《全球科技经济瞭望》2012年第1期。

燃料同成本相对低的矿物燃料进行竞争的欧洲议会和欧盟理事会第 2003/30/EC 号法规、允许给予生物燃料优惠税收减免第 2003/96/EC 号法规以及欧洲议会和欧盟理事会对第 2003/17/EC 号法规所做的修正。此外,欧盟还颁布了其他法规如《可再生能源指令》。从指导性的生物燃料消费目标到法律的强制性约束,欧盟的政策法律对发展生物燃料起到至关重要的作用,使欧盟成为世界上生物柴油最大的生产者和消费者,仅次于美国、巴西和中国的世界排名第四的生物燃料乙醇的生产者。

(三)生物能源战略实施的威胁:机器与人争粮

现代生物能源技术的出现和发展,给人类解决化石能源短缺与可耗竭问题提供了新的绿色途径,但发展生物能源产业需要消耗大量的粮食,会使世界粮食供应产生大的缺口,加剧粮食市场供需矛盾,出现"机器与人争粮"的现象。美国"地球政策研究所"曾得出这样的结论,美国消耗 1.39 亿吨粮食制造乙醇却只满足美国汽车燃油需求的 6%,生物能源的发展招致谷物价格升高,威胁粮食安全保障和全球的政治稳定[1]。实际上,粮食资源化利用已经引发了国际农产品的价格上涨,例如:美欧、巴西等大量使用玉米、棕榈油等作为生物能源的原料,拉动了全球饲料及农牧产品价格大幅上涨[2];美国大规模用玉米来生产生物乙醇、用豆油来生产生物柴油导致国际玉米价格暴涨,直接提升了国际市场豆油的价格;巴西、墨西哥等用甘蔗来批量生产生物乙醇也使得国际食糖价格走高、砂糖价格暴涨,等等,不胜枚举。由于世界多个国家因大旱粮食歉收甚至有的国家发生粮食危机,这种"与人争粮"的做法广受非议。有分析说,燃料乙醇热将造成世界 8 亿机动车主与 20

---

[1] 参见马涛、冯冰、高自立:《再起纷争:生物能源 VS 粮食安全》,《生命世界》2009 年第 9 期。
[2] 参见胡新成:《生物能源对粮食安全的影响分析——中外学者观点之比较》,《农村经济与科技》2009 年第 3 期。

亿贫困人口争夺粮食①。联合国某官员说,在世界上尚有10亿人口处于饥饿状态时,大规模利用粮食生产燃料加入汽车烧掉,简直是在犯罪②。

与农争地,大规模利用生物能源将导致全球农业生产和农产品贸易格局的变化,改变国际粮食市场固有的价格波动周期,引起粮食价格在长时间内保持上涨。从理论上来说,发展生物能源并加以补贴等优惠措施,会增加农民收入,创造更多的就业机会,但在美国,受益的却依旧是农场主等大集团,2011年,美国240亿美元的能源补贴中超过60亿美元流向了生物燃料行业,主要分配给埃克森美孚、荷兰皇家壳牌和英国石油等精炼商,更增强了"强者"的市场竞争力。美国补贴式生物能源发展政策在影响国内经济平衡的同时也威胁着世界粮食安全。自奥巴马政府以来,大力发展玉米乙醇等生物质能源,美国连续四年逐步控制玉米出口。政府引导什么时候土地休耕、什么时候进行农业生产,又在全球粮食需求不断增长的环境下,择机推出其生物质能源计划,改变部分粮食的食用用途,威胁世界粮食供应,加剧世界粮食短缺,极大影响了贫困地区的粮食安全。不仅提高了粮食的战略地位,而且提升了美国在国际粮食市场上的主导地位,还可能催生新的"粮食武器"。可见,生物燃料触及的不仅是能源问题和环境问题,还有国际贸易问题、社会问题以及其他许多问题。

## 四、农业基因化对粮食安全的风险

1983年,人类首例转基因生物问世,但从其诞生之日起质疑之声便不绝于耳,有人称其为"最悲剧的发明",认为食用转基因食品会置人的健康于风险之中。尽管转基因农产品已大量进入市

---

① 李晓俐:《保障粮食安全与发展生物能源》,《世界农业》2012年第4期。
② 刘文元:《生物能源大跃进威胁世界粮食安全》,《上海证券报》2008年4月9日第B05版。

场,转基因食品也早已端上餐桌,但人们对转基因食品的看法始终褒贬不一,科学界也一直没有权威的定论。

(一)争议下的转基因作物种植在全球的迅猛发展

自 1994 年美国第一例转基因番茄被批准商业化生产以来,全球已有玉米、大豆、棉花和果蔬类的木瓜、茄子以及土豆等 10 多种转基因粮食和纤维作物获得了批准和商业化种植,主要集中于美国、巴西、阿根廷、印度、加拿大和中国。美国的转基因作物种植面积居全球之首。根据国际农业生物技术应用服务组织(International Service for the Acquisition of Agri-biotech Application,ISAAA)①的报告,2009 年全球总共 1.34 亿公顷的转基因作物中美国就占到 47.8%。美国也是世界上最大的转基因产品消耗和出口国。相比之下,欧盟对转基因食品一直持非常谨慎的保守态度。2009 年欧盟的种植面积不到全球的 0.3%,至 2011 年也仅有 8 个国家在种植转基因作物,而且种植面积都很小。法国更是三度禁止种植 MON810 转基因玉米②,该玉米也曾被奥地利、保加利亚、波兰、德国、卢森堡、希腊、匈牙利和意大利禁止种植。

总体看,种植转基因作物的国家在不断增加。由 1996 年的 6 个增至 2000 年的 13 个,再到 2005 年的 21 个,2011 年达到 29 个

---

① 国际农业生物技术应用服务组织(ISAAA)是一个促进生物技术应用的非营利性小规模的国际组织,成立于 1991 年,总部设在美国纽约州伊萨卡的康奈尔大学内。旨在推广在农业上的生物技术应用,特别是为资源匮乏的发展中国家提供援助,该组织本身也和联合国以及美国政府合作,从事一些帮助发展中国家发展生物科技的项目。该组织每年 2—3 月发布关于全球生物技术状况的报告——转基因全球数据。

② 由美国孟山都公司研发的 MON810 转基因玉米,在自然生长过程中能产生一种 Bt 毒素,可杀死害虫玉米螟,但其安全性一直是科学家以及法国乃至欧洲民众争论的焦点。2008 年,法国政府暂停其在国内的种植,三年后法国最高行政法院判决该禁令无效;2012 年 3 月,法国农业部等机构再次声明暂停该转基因玉米的种植,2013 年 8 月再次被法国最高行政法院判决禁令无效;2014 年 3 月,法国政府第三次禁止在法国国内销售、使用和种植 MON810 转基因玉米种子。参见:《法国三度决定禁止种植 MON810 转基因玉米》,http://world.people.com.cn/n/2014/0315/c157278-24645016.html。

国家,其中有 19 个发展中国家和 10 个发达国家。一些贫穷国家也开始涉足该领域,如亚洲的孟加拉国 2013 年批准了 Bt 茄子的种植,非洲的喀麦隆、埃及、加纳、肯尼亚、马拉维、尼日利亚和乌干达等国家,对水稻、玉米、小麦、高粱、香蕉、木薯和甘薯等进行了田间试验。2013 年,作为亚洲唯一一个种植转基因玉米的国家菲律宾表示,已经完成了转基因大米的稻田试验,将成为转基因大米合法化、"转基因主食"长期食用的第一个吃螃蟹的国家。此外,发展中国家的转基因作物种植量比例正在提高,至 2015 年,发展中国家转基因作物的种植面积已连续四年超过了发达国家。

我国于 1997 年批准了转基因植物耐贮藏番茄的商品化生产,成为全球第三个将转基因番茄投放市场的国家。我国在生物技术研究领域与发达国家的距离不断缩短,尤其是对转基因农作物的研究,已走在世界前列。迄今为止,我国已经批准了转基因生产应用安全证书且尚在有效期内的作物有棉花、水稻、玉米和番木瓜。农业部于 2009 年 11 月批准发放了转基因抗虫水稻"华恢 1 号"及杂交种"Bt 汕优 63"和转植酸酶基因玉米 BVLA430101 的生产应用安全证书。这是我国首次为转基因粮食作物颁发安全证书,成为世界上第三个批准转基因水稻安全证书的国家,但至今未实现商业化种植。依照《种子法》《农业转基因生物安全管理条例》和《主要农作物品种审定办法》等法律法规的要求,获得安全生产证书后,转基因作物还必须通过严于普通作物品种审定的区域试验和生产试验,且在获得种子生产许可证及经营许可证后,才可进入商业化种植。换言之,对任何转基因作物,其制种、试验及种植,都要经过严格的审批程序,否则未经批准任何公司或个人种植、销售转基因作物都是违法行为。

农业生物技术还在发展,争论也依旧进行。ISAAA 报告称,转基因作物对粮食安全、可持续性和气候变化做出了贡献。例如,巴西通过种植转基因作物实现增产、节约农药,进而促进了粮食安全、可持续发展和减缓气候变化。从经济角度而言,转基因作物的经济效益很明显,但从安全角度来看,目前还无法打消社会对转基因农产品安全性的疑虑,转基因粮食问题仍旧是广受民众关注的敏感话题,处理不好,有时科学问题会演变为社会问题。不管怎样,转基因农业技术正在对全球农业的种植结构、生产方式乃至经济与贸易产生重要影响,并由此改变着世界农业的发展方向。但保障转基因粮食作物的产业化推广和运用的安全性,除了要符合法律法规的规定外,还要有一整套科学评价机制、多部门配合的监管链条做保障。

(二)转基因食品对粮食安全和贸易带来的风险

从纯技术层面看,转基因技术属中性,无所谓好坏。抛开基因污染对粮食安全带来的风险及转基因食品营养安全等潜在风险尚需进一步做出科学定论不谈,至少下面的风险应当密切关注并加以防范。

1. 转基因专利对粮食主权带来的风险

种子是一切植物生长的根源,有别于传统农产品,由于知识产权保护的原因,转基因农产品不能从收成中留种,转基因种子解决了农民短期内收益增加的问题,但却使农民长期依赖跨国公司,必须每年向其购买新的种子。"大多数农业生物技术发明都是利润驱动型的,而不是需求驱动型"[①]。孟山都、先正达、陶氏益农、拜耳和杜邦等跨国公司拥有世界领先的技术研发能力,掌握着转基因技术的多数专利,通过对转基因作物和种子产品的市场绝对控制权,获取了高额的经济利益。孟山都公司是全球最大的转基因种子公司,全球种植的基因改良农作物约 90% 使用了其技术。据悉,该公司每年通过出售种子、除草剂和杀虫剂所得数十亿美元,仅转基因玉米产品获取的高额利润每年即达 4 亿美元。由于转基

---

① 约翰·马德莱著:《贸易与粮食安全》,商务印书馆 2005 年版,第 141 页。

因作物背后蕴含着丰厚的经济效益,几乎所有跨国种业公司都在利益驱使下涉足该领域。这些跨国公司强强联合,投入巨资进行转基因技术研发,垄断了转基因种子核心专利并借专利的垄断权实现其在世界粮食市场上的垄断地位,通过种子专利控制整个食物链,进而控制全球粮食。据统计,到2000年为止,孟山都、先正达、拜尔、杜邦、巴斯夫和道氏等六家美国大型农业生物化学技术公司已控制了全球98%的转基因农产品市场和70%的农药市场。印度的一些专家指出,六家大公司控制着转基因技术,并利用转基因种子和作物的专利权把发展中国家的农民逼入困境。"印度的农民……认为转基因作物威胁他们的营生,并使各个公司的控制力超过他们所能承受的范围。他们每年不得不从这些公司购买转基因种子。公司控制了种子,也就控制了食物供应"[①]。农民要为种子支付专利费用,且不能自留种子。据说,孟山都公司确定PCT专利申请目标国的原则是:哪里进行生产(种子的种植)、哪里进行制造(种子的生产)、向哪里出口以及竞争者是否在该地生产、制造、出口。

跨国公司收回其高昂的研发成本并获收益的途径之一便是出售其转基因种子,收取专利费或"技术许可费"。据悉,孟山都的专利费占其购买成本的30%,依照美国的法律规定,对未经许可播种其种子的农民每公顷可以处以1 200美元的罚款。当转基因玉米种子"初到"阿根廷时,孟山都对市场上"盗版"种子的交易以及农民私藏种子再次种植的行为不闻不问,等转基因玉米市场份额占到了99%、阿根廷的玉米市场被其全面控制之后,孟山都才行使其种子专利权,索取高额的专利赔偿费。同样,孟山都正式向农民提出为种子支付"延期专利费"的要求也是在阿根廷引入转基因大豆三年后的1999年,几番较量,2004年,阿根廷政府与孟山都

---

① 约翰·马德莱著:《贸易与粮食安全》,商务印书馆2005年版,第129页。

公司达成协议,农民要支付转基因大豆销售额1%的专利使用费①。2005—2009年,孟山都针对进口阿根廷大豆粉的欧洲进口商提起了一系列的诉讼。因其转基因大豆在欧洲享有专利权,阿根廷农民每出口1吨转基因大豆需支付15美元的费用②;孟山都用同样的"剧本"在巴西重复上演。跨国公司通过控制转基因种子的专利权来控制种子市场,进而操控全球农业生产,为种子使用国尤其是技术落后国家埋下粮食安全隐患。生物技术发展越迅猛,对技术落后国家竞争力的冲击越严重,贫困而不得温饱的人群将越发贫困,那些因转基因种子专利权被拖入诉讼的农民将面临巨额赔偿。2013年5月,美国最高法院裁定一位印第安纳农民侵犯了孟山都的种子专利权;在此之前的孟山都诉加拿大农民油菜种子诉讼中,加拿大法院最终也是判决孟山都胜诉③。

1998年,美国一家生产单季种子的公司DPL(该公司已被孟山都公司兼并)和美国农业部联合申请了一项被国际农业促进基金会称为"终止子技术"的专利并获批准,这种专利技术能够自动杀死种子的胚胎使得作物无法留种,也"终止"了农民保留种子供来年生产的古老行为习惯,可以保证农民每年购买专利权人的种子,确保权利人巨大的商业利益,但是因为从外观上难以分清"终止子技术"所生产的种子,"通过出售或交换不能发芽的种子,播种后可能会对生产造成难以弥补的损失;通过花粉非故意传播会造成不育基因在种植地大肆传播,会导致当地农业崩溃"④。该项专

---

① 参见[美]威廉·恩道尔著:《粮食危机》,知识产权出版社2008年版,第161页。
② 参见姜晓晓、李玲:《警惕粮食转基因的"专利陷阱"》,《农药市场信息》2009年第14期。
③ 参见云无心:《转基因巨头孟山都起诉农民再次获胜的启示》,人民网2013年5月24日,http://opinion.people.com.cn/n/2013/0524/c363826-21605507.html. 最后浏览日:2014年8月10日。
④ 那力、何志鹏、王彦志编著:《WTO与公共健康》,清华大学出版社2005年版,第362页。

利的授权在美国国内、一些国际组织,尤其是在发展中国家引起巨大反响。发展中国家认为该项技术是"种子的灾难",国际农业研究磋商小组指出,终止子技术必须禁止,否则可能给全球食品保障带来危机。因为该项技术将会对传统的留种进行限制、对遗传多样性有负影响,从另一角度看,这项技术可能带来另一种生物安全危机。

总之,跨国公司通过转基因种子专利谋求全球粮食市场垄断地位,逐步控制全球农民及全球农业谋求经济利益,会给其他国家带来"粮食灾难",甚至可能危及一个国家的粮食主权。粮食问题并非是简单的市场经济问题,而是国家安全和政治战略问题。对转基因粮食安全性的疑虑也不仅限于其生物安全性问题上,更是对一个国家粮食主权安全和国家政权稳定的担忧,基因科学已由一个自然科学问题演变成了一个社会经济问题。

2. 转基因粮食贸易引发的贸易风险

伴随转基因作物种植面积的不断扩大而来的是转基因粮食的国际贸易量的不断增加。由于各国对转基因农产品的敏感度不同,转基因粮食的国际贸易易受世界各国转基因粮食政策的影响,由此引发贸易争端。如何寻求一个恰当的贸易政策平衡点来发展转基因粮食国际贸易成为许多国家面临的挑战。一方面,如果国门大开任由转基因粮食自由越境,转基因粮食带来的生态与健康风险将由一个国家的问题迅速扩大为全球性问题,一国政府将完全失去独立管控能力;另一方面,如果听任各国对转基因粮食采取不同的进口限制措施,贸易保护主义则可能重新抬头,甚至阻碍非转基因粮食的正常贸易。

实际上,因转基因农产品引发的贸易争端早已出现。2003年5月13日,美国、加拿大和阿根廷等三个全球最大的转基因作物种植国就欧盟针对转基因农产品的"事实上的暂停"向WTO提起申诉,此即转基因农产品WTO争端解决第一案——"欧共体影响生物技术产品许可和销售措施案"。所谓"事实上的暂停"包含三方面指控：第一，欧盟从 1998 年 10 月起对转基因农产品准入申请的"事实上的"总体性暂停；第二，欧盟对某些特定转基因产品批准程序方面的延误；第三，欧盟成员国奥地利、法国、德国、希腊、意大利、卢森堡等对一些已通过欧盟批准程序的转基因产品采取的禁止其进口和销售的"国内措施"。美国等起诉方认为，欧盟对转基因农产品的做法违反了 GATT1994、SPS 协定和 TBT 协定等规定的义务。欧盟认为其根本不存在任何所谓的"事实上暂停"了转基因产品进口的申请、同意和批准的措施，提出、审理转基因产品案件时，不但应考虑 WTO 下的相关规范，还应当考虑 WTO 体制之外的国际规范，并批评了起诉方关于"转基因产品的国际贸易只应根据 WTO 规则来裁判，而无需考虑其他与转基因生物的特殊性直接相关的国际公法规则"的主张[①]。2004 年 3 月 DSB 成立专家组，2006 年 9 月专家组裁定欧盟对转基因上市申请审批的"事实上暂停"等措施在程序上构成"不适当的迟延"（undue delay），"未说明充分理由的长期延误在某些情形下可以推断其为不当"[②]，不符合 SPS 协议相关条款，构成了对美国、加拿大和阿根廷等国利益的损害。DSB 于 2006 年 11 月通过了专家组的报告，并于次年 6 月同意了欧盟暂缓执行裁决的请求，裁定欧盟自 2007 年 11 月 21 日起执行。该案的裁决结果使美国想借助 WTO 争端解决机构削弱欧盟转基因农产品政策影响的目的一定程度上得以满足，阻止了其他国家对欧盟采取类似措施的效仿，也为美国等在全球推广其转基因种子和农产品以及有效控制国际粮食生产提供了可能。

---

① See WTO: "European Communities — Measures Affecting the Approval and Marketing of Biotech Products", interim report from the Panel, Paragraph 7.49.
② "European Communities — Measures Affecting the Approval and Marketing of Biotech Products", Reports of the Panel, Part 5, September 29, 2006.

此外,随着转基因技术的发展和转基因农产品贸易的不断增加,由此引发的专利技术和产品侵权纠纷也会越来越多,孟山都和杜邦系列专利纠纷即是例证。2009年5月,孟山都控告杜邦,称其未经授权擅自使用Roundup Ready抗除草剂技术,同年6月杜邦针对孟山都的专利诉讼提起反诉,向联邦法院主张其将转基因大豆与孟山都的Roundup Ready相结合的做法并无不妥,孟山都的做法是一种垄断行为,双方对簿公堂;2012年6月,孟山都起诉杜邦公司及其下属的农业作物部门,诉其盗用孟山都关键性的新作物育种技术,要求法庭发布永久性禁令,并要求被诉方支付"有意侵害"造成损失的3倍赔偿;2012年8月,美国圣路易斯联邦法院认定杜邦旗下种子公司先锋良种侵犯孟山都专利权,判决其赔偿10亿美元,这是美国历史上第四大金额的专利相关诉讼赔偿⋯⋯

总之,转基因技术和转基因粮食在满足人类更高水平的需求的同时,也潜藏着巨大的健康风险和生态风险以及知识产权垄断给其他国家带来的粮食主权风险等。科学地看待并加以利用,既不能神化也不能妖魔化,同时加强对转基因粮食的法律监管,取其利而避其害,更好地将生物技术造福于人类。

## 第三节　对国际化背景下粮食贸易与安全问题的理性思考

如何正确处理国际粮食"贸易利益"与"粮食安全"的关系问题,其实是如何处理粮食出口大国的贸易利益与粮食进口国的粮食安全问题。在国际化背景下,这一问题时常困扰着粮食进口国尤其是那些缺粮国家,让人们不得不去正视并进行深入思考。

## 一、国际化背景下"非农因素"主导国际粮食价格

粮食安全始终是用粮大国的隐忧,国际市场粮食价格问题时时牵动着人们的神经。粮食问题本质上是自然平衡与人为平衡博弈的一个典型例子①,当人为平衡和自然平衡严重失调时,粮食供应也就发生本质性改变。

(一)国际粮价飙升背后的推手

据北京时间 2014 年 3 月 4 日的《华尔街日报》报道,乌克兰的动荡局势让买家担心俄罗斯占领克里米亚地区后乌克兰是否还能维持大量的小麦和玉米出口。乌克兰是全球第五大小麦出口国和第三大玉米出口国,由于投资者担心俄罗斯与乌克兰的冲突可能影响黑海沿岸港口的出口,小麦和玉米价格均大幅上涨,玉米价格创下五个月新高。局势动荡,乌克兰格里夫尼亚贬值也促使农民惜售粮食。

粮食价格不断上涨易引发全球粮食危机。按照 FAO 的统计,国际粮食价格 2006 年上涨了 12%,2007 年上涨了 24%,2008 年前八个月涨幅超过 50%②。世界银行的统计数据显示,自 2010 年 10 月至 2011 年 1 月,国际粮价上涨 15%,与一年前相比飙升 29%,已逼近 2008 年"粮食危机"时创下的历史最高水平③。一般认为,曾在全球 30 多个国家引发骚乱的 2007—2008 年的粮食危机,是由欧美国家大力推行的生物能源政策、气候因素的影响导致全球粮食主产区粮食减产影响全球粮食供应、俄罗斯发布粮食出口禁令、进口国家囤积以及大宗商品贸易缺乏适当监管等种种效

---

① 杨培垌:《粮食金融化背景下粮食安全问题研究》,《世界农业》2013 年第 3 期。
② 参见《2008 年国际粮食危机》,食品商务网,http://www.21food.cn/html/news/12/412096.htm. 最后浏览日:2014 年 8 月 10 日。
③ 《全球粮价"飞"发展中国家新增 4 400 万人陷入赤贫》,《人民日报(海外版)》,2011 年 2 月 24 日,转引自新华网 http://news.xinhuanet.com/world/2011-02/24/c_13746630.htm. 最后浏览日:2014 年 8 月 10 日。

应叠加所造成。生物燃料的迅速发展使"机器与人争粮"导致粮食改变用途造成人为供应紧张,极端天气事件频发可能导致粮食歉收或绝收,这些都增加了粮食供给的不确定性,成为推动粮价上涨的可能性因素,亦都可以解释为由于粮食供应减少而导致的粮价上涨,如同 2012 年"美国大旱,全球粮贵"易被人理解一样。而 2011 年世界粮食供应达到了历史性高位,可粮价却一直居高不下,出现了"有粮却买不起"的现象,就颇令人费解。究其原因,粮食属性"金融化"和游资炒作可能是粮价上涨的最大推手。

粮食金融化是 21 世纪以来的一个新概念。2008 年次贷危机以后,美元大幅贬值,为应对当时的经济形势,美国采取了量化宽松的货币政策,其实就是通过印钞来增加流动性,以达到刺激就业、加速复苏的目的,美国 2010 年第二轮定量宽松政策更标志着"印钞机"全力开动。为确保资金的安全性,人们开始寻求新的财富积累形式。金融衍生品被各国大量使用,全球金融市场资金充足,流动性过剩。在美国量化宽松货币政策的鼓励下,大量的国际投机货币进入粮食贸易市场,炒作粮食期货甚至囤积现货,粮食变成资本逐利的金融投资乃至投机品,某种程度上实现了粮食由单一的商品属性向商品属性与金融属性双重并重的角色转换。金融衍生品市场的充分发展加剧了粮食金融化发展趋势,使国际粮食市场与金融市场紧密地联系在一起。特别是在全球量化宽松时代,粮食作为"白金"已经成为继主权货币、黑金(石油)等之后新的泛货币化的价值符号[①]。粮食贸易金融化已成为某些财团通过金融途径而非贸易和商品生产途径获取利润的渠道。粮食作为农产品期货,在一定时间内被大量热钱肆意炒作,粮价基本不是由供求关系所决定而是由资本和货币所决定,放大了粮食的实际价格,加剧了粮食本身供求关系转变的不确定性和粮价的波动性,尤其是

---

① 李素琴:《中国农产品资本化的分析》,《经济问题探索》2011 年第 12 期。

在全球流动性泛滥的情况下,资金推动国际粮食价格屡创新高。

(二) 粮食金融化对粮食价格的影响

粮食价格形成机制的改变是粮食金融化对粮食价格最直接的影响,粮食金融化导致国际粮价更易波动。粮食本来是一种商品,是人类生存最基本的生活消费品,尤其是在发展中国家。当粮食成为全球投机资本追逐的重要目标,大量热钱来炒作农产品期货,必然会进一步加剧全球粮食市场价格波动风险。既然是"炒作",就难免加入人为操纵因素,当农产品期价反作用于现货价格、掩盖或扭曲真实的粮食供求关系时,粮食价格波动的不确定性就会增加。如前所述,粮食具备了商品属性和金融属性,在商品属性下,粮食价格主要取决于供求关系,气候变化影响着粮食产量高低进而成为粮食价格的影响因素;在金融属性下,粮食价格已经脱离了供需关系和生产成本,货币成为主要的粮食价格影响因素。当粮食的金融属性大于商品属性时,投机资本就会推动粮价虚高,金融投机活动成倍地放大了由于正常的供求波动所带来的国际市场粮食价格的变化,甚至会出现不是真正的"粮荒"而是缺乏购买粮食的"钱荒"引起社会动荡的现象。随着世界经济一体化的不断推进,粮食的金融属性已经超过了其商品属性,国际粮价取决于金融资本对粮食的"需求"而非人类对粮食的食用需求及全球粮食供应能力,粮价的变动取决于金融资本的流动而非粮食本身的供需关系。联合国贸易和发展会议经济学家比凯蒂表示,气候异常不再是初级农产品价格飞涨的唯一原因,农产品市场的金融化是重要原因[①]。粮食生产与定价体系在一定程度上为粮食的金融化特质所左右。可以说,粮价已不只是商品的价格,而是变成了金融产品的价格[②]。国

---

① 左永刚:《85%的农产品期货投机者是推高粮价的罪魁祸首》,《证券日报》2012年8月24日第A03版。
② 参见李东卫:《我国应对粮食金融化危机的对策与思考》,《粮食问题研究》2011年第3期。

际金融市场的不断演变,粮食作为金融衍生品也像其他金融产品一样遵从"杠杆原理",金融资本可以将局部的涨价通过金融杠杆放大成全面的粮价飙升,放大国际粮食价格的波动范围,而且粮食的金融属性越强,价格波动就越明显,有时会大幅度偏离其价值。亦即粮食被金融化后,粮食价格的影响因素已从单一转向复杂,一些"非农因素"如粮食期货市场、能源价格、货币供应、主要储备货币汇率、市场心理预期等主导着国际粮价的走向,粮食价格背离了粮食实际上的供求,媒体炒作的因素与人们的心理因素也会呈现放大效应。粮食这一传统产业受到了非传统的威胁[①]。

粮食金融化主要是通过粮食衍生品市场的价格对粮食现货的影响,造成粮食现货市场价格失真的现象。粮食价格受到国际利率、美元汇率的影响,世界粮食市场的美元定价机制使得汇率变化对市场参与者的交易行为产生影响[②]。在国际金融期货市场上,与其他大宗商品均以美元定价相同,全球粮食金融化也由美元主导。由于美国仍然控制着国际金融体系,所以粮食贸易的"金融化"实际上就是美元资本通过金融方式介入全球粮食贸易的过程[③]。全球粮价已经脱离了供需关系和生产成本,粮食成为一个围绕美元运转的金融产品,其价格与美元流动性的丰歉联系紧密,存在美元量化宽松则粮价上升,美元紧缩则粮价走低的趋势,粮食金融化成为美国经济霸权的一个组成部分,也已成为威胁粮食安全的主要因素。

总之,在被公认为国际粮价的幕后推手中,"非农因素"如国际农产品市场的金融化、粮食的能源消费需求的扩张等推高了国际粮食价格,在粮食金融化的背景下,粮食衍生品价格对粮食价格起关键作用。

---

① 李淑湘:《我国当前粮食安全问题的成因分析与对策研究》,《马克思主义研究》2011年第11期。
② 李援亚:《粮食金融化:界定、背景及特征》,《金融理论与实践》2012年第10期。
③ 周寂沫:《粮食贸易"金融化"趋势分析及对策研究》,《社会科学辑刊》2011年第2期。

## 二、发展中国家的粮食主权被削弱

(一) 全球种业商业化破坏发展中国家自给自足的粮食生产体系

种子产业作为农业产业链中的源头,是国家粮食安全和农业持续发展的基础产业,失去种子主权,粮食生产就会受控于他国。转基因粮食对人类产生的威胁不仅仅在于粮食本身安全与否,而且还涉及基因工具化背后的危机。如果说控制国际粮食贸易或设置有关贸易壁垒是粮食帝国的常规性粮食武器的话,那么转基因农产品则是粮食武器中更具杀伤力的"非常武器",是粮食帝国在利益集团操控下实施粮食霸权战略的新型"核武器"。

以农业高科技手段控制他国农业种子来源以获取丰厚的利润是跨国种业公司的目的,例如,受到美国最高政治权威偏袒的孟山都公司的长期目标是:把全世界一切植物种子都转基因,专利权掌握在自己手里,并通过专利控制整个地球全部农作物的种子[①]。世界第三大转基因作物生产国阿根廷,是仅次于美国的对华大豆供应国,但其种子和生产技术均来自美国,自身不具有自主知识产权,每年不得不向美国公司支付专利费用。不可否认,转基因农作物有着产量高、抗虫性强、传统农药化肥消耗低等优点,但是转基因农作物也离不开专用化肥、农药和除草剂,它们往往是和转基因种子配套使用的,一旦转基因粮食产业化种植后,生产者的收益完全取决于种子生产者的意图,由于人为因素的影响,种子成了粮食产量的决定性因素。农业巨头利用其转基因技术和农产品打破了一些发展中国家自给自足的粮食生产体系,使其种子、化肥、除草剂等高度依赖跨国公司,不可持续的种植方式为其粮食安全蒙上一层阴影。全球种业商业化加强了跨国利益集团对使用者国家农

---

① 参见段红梅、夏青:《转基因专利技术:利益与阴谋》,《中国发明与专利》2011年第5期。

业的控制,它们除了赚取高额的利润外,还轻易控制了他国的粮食安全线,进而控制整个国家的经济命脉。

中国是转基因作物种植大国,目前,90%以上的甜菜种子来自国外,向日葵种已完全被国外种子垄断,来自美国的"先玉335"玉米种子在吉林已占到八成以上的份额①。如果没有独立的知识产权,一旦实行大规模转基因农作物种植,就必须向握有转基因专利技术的公司支付高昂的种子费。我国又是一个人口大国,粮食需求量大,以何种方式解决粮食问题成为我国选择的关键,事关我国未来的发展。国际社会已经将转基因粮食消费指向了中国市场,2004年12月美国耶鲁大学"全球化文明研究中心"发表学术报告指出,美国的许多转基因食品开发商都认为转基因食品最大的潜在市场在中国,都期望去那里淘金,并纷纷通过自己的学者前去诱劝中国②。业界普遍担心,一旦外资控制玉米、水稻等大田作物,我国农业的"脖子"被人家掐住,可能会对国家粮食安全造成威胁③。对此,我国必须完善相应的粮食立法,建立健全法律维护机制,以做好应对的准备。

转基因问题不仅是纯科学技术问题,还是一个贸易问题,甚至还涉及社会学、伦理学等,需要更多的专业人士和更多的部门研究、参与。我国启动了转基因研究重大专项资金,预计到2020年,总投入将达到240亿元人民币④。借助重大专项的支持,我国已经建立转基因国家安全监管体系、安全服务体系和平台。有学者说,我国农业生产面临各种困难和挑战,需要通过发展科技(转基因技

---

① 王晓雁:《坚决禁止转基因主粮商业化审批》,《法制日报》2013年3月6日第007版。
② 顾秀林著:《转基因战争:21世纪中国粮食安全保卫战》,知识产权出版社2011年版,第3页。
③ 王晓雁:《坚决禁止转基因主粮商业化审批》,《法制日报》2013年3月6日第007版。
④ 参见许智宏:《揭开"转基因"神秘面纱——转基因植物专刊序言》,《生命科学》2011年第2期。

术)方能有效解决,但前提是要把握核心技术知识产权,否则将粮食安全寄托于转基因技术势必提升我国粮食安全风险系数,应该慎重对待。要把国家粮食安全问题从确保基本生存需求和经济社会稳定发展的层面,上升到确保民族安全和种族安全的高度[①],充分维护我国粮食主权,确保粮食安全。

(二)粮食金融化推高国际粮价困扰着发展中国家

粮食话语权掌控在发达国家手中,美国作为世界主要的粮食供应国,对整个粮食金融市场有主导和控制的能力。在粮价上涨的背后反映的是以农业利益集团和金融资本为代表的垄断资本主义在全球的经济扩张,是美国国家利益的实现[②]。话语权的掌控决定了粮食收入的垄断,发达国家主导国际农产品金融交易市场,通过强大的国际粮商猎取全球粮食收入,拉大了本已存在的贫富差距,国际粮食价格飙升所带来的粮食危机已成为困扰世界的难题。

国际粮价的不规则变动加剧了粮食的短缺,对某些发展中国家而言,粮价不断上涨已成为其难以承受之重,自 2007 年以来全球的贫困国家中因无力购买粮食而面临生存危机的民众不断出现。2008 年的粮食危机曾在全球 30 多个国家引发骚乱,对国际社会稳定和经济增长构成威胁,贫困者成为粮食危机的受害者。例如,在撒哈拉沙漠以南的非洲地区,许多国家的粮食需求严重依赖进口,生活在日均消费 1 美元贫困线以下的人口多达 3 亿人。国际粮价的不断上涨,导致了喀麦隆、布基纳法索、塞内加尔等部分国家相继发生"粮食骚乱",致使人员伤亡;在非洲,一些贫穷国家的民众几乎将微薄收入全都用于吃饭上,粮价上涨引发的社会

---

① 钟庆君:《以与时俱进的粮食安全观看农业转基因问题》,《农药市场信息》2011 年第 13 期。
② 陈律:《美国粮食安全战略对中国的影响及应对之策》,《湖南人文科技学院学报》2012 年第 2 期。

问题尤为严重。2011年以来,因粮食问题引发的北非国家的骚乱也已演化成席卷整个中东地区的局势动荡;在拉丁美洲,粮食危机引发的社会动荡迫使海地总理下台……国际货币基金组织总裁卡恩称,粮食价格高涨将把世界上数以万计的人置于忍饥挨饿的境地。世界银行的统计数据显示,自2010年6月以来,国际粮价飙升致使发展中国家陷入贫困的人口多达4 400万人。更为严重的是,世界本不缺粮而是缺少买粮的钱,形成粮食过度囤积局面。在现代化大生产和现代金融化条件下,抢购粮食引起的粮食恐慌、价格上涨,不仅仅会引起如以前的饥荒,还可能会引起更多的金融套利,这就是粮食金融化的危害与后果①。

在经济全球化下,粮食的能源化和金融化的发展态势也使我国的国内粮食价格复杂化。2010年下半年以来,"豆你玩""辣翻天""蒜你狠""姜你军"等热词的流行,从侧面反映了国内农产品价格上涨给民众带来的压力,我国粮食价格的不稳定因素中也有粮食金融化的影子。我国农民原本就处于信息获取相对弱势的地位,大蒜、绿豆等小品种被恶性炒作,价格产生波动,农民并非获益者,如果再引入资本炒作,农产品价格由炒作方决定,农民将整体上成为利益受损者。尽管有人认为大宗商品最终价值的决定性因素是供应和需求,受资本炒作影响农产品期货价格飙升可能只是暂时现象,但全球粮食危机时刻提醒我们重视粮食安全、重视粮食金融化问题,要将其上升到国家战略高度,加强宏观调控,在粮食产、供、销重要领域和环节完善产业链,着手培育现代化、资本化、金融化的粮食龙头企业,完成全局性的关键布点和掌控能力,并强化政府的调控能力②。同时,加强国际金融合作,促进粮食信息交流,实现全球粮食的多层次安全。总之,建立国际粮食公平、公正

---

① 参见杨培垌:《粮食金融化背景下粮食安全问题研究》,《世界农业》2013年第3期。
② 参见李东卫:《粮食金融化:对策与思考》,《中国粮食经济》2011年第5期。

的贸易新格局、新秩序至关重要,提高发展中国家在国际粮食市场的金融定价权和话语权尤为重要。

(三) 不公平竞争恶化了贫穷农业国家的贸易条件

美国、日本和欧洲等发达国家和地区一直坚持高额农业补贴政策,加剧了国际粮食市场上的不公平竞争,严重冲击了发展中国家的农业生产,恶化了其贸易条件,导致贫困的农业国家更加贫困。在美国,由于资本渗透进农业,攫取了政府的大量补贴,跨国粮商在全球推销低价粮食,使得许多发展中国家逐渐丧失了粮食自主权。以大豆为例,亚洲国家曾盛产大豆,但自从1995年美国农场主凭借政府的巨额补贴廉价出口大豆以来,国际市场上大豆价格一路走低,不公平的竞争行为导致亚洲国家的大豆生产逐渐萎缩,一些大豆出口国反成为大豆进口国,全球大豆的生产中心也从亚洲地区转移至美洲地区。中国大豆即是典型,以1996年为时间界限,之前中国是大豆净出口国,从该年起中国开始进口大豆,且进口量逐年增加,2016年进口8 391.3万吨,目前大豆的自给率只有13%,且大豆话语权尽失。粮食大国的农业补贴,达到了通过压低全球粮食价格打击其他国家农业生产能力的目的。按照非洲联盟委员会主席科纳雷的说法,农业是引领非洲脱贫的唯一途径,却遭受发达国家产品入侵的毁灭。他们对农业的补贴削弱了我们的经济,让农民变得愈发贫穷。WTO前总干事拉米也坦言,发达国家的农业补贴政策扭曲了农产品贸易,极大伤害了发展中国家的粮食生产。

总体来看,发达国家的农业补贴、粮食金融等战略,都会让粮食出口大国受益,让农业领域的国际巨头发"横财",攫取高额利润。相反,有些发展中国家不重视粮食生产、重工轻农、重外贸轻自给,降低了抵御粮食危机的能力。粮食依赖于进口,会导致发展中国家的粮食安全无法有效保障;走粮食自给自足之路,又面临着粮食生产的环境代价及粮食成本代价,尤其在气候变化影响粮安全的今天,缺粮国家面临在"粮食自给"与"粮食进口"之间做出艰难抉择。但是针对发达国家在农业领域的精心布局,发展中国家必须自力更生,增加农业投入提高农业科技水平,积极利用现代信息和通信技术不断缩小与发达国家的"技术鸿沟",提升发展中国家应对粮食危机、保障本国粮食安全的能力。

# 第二章
# 气候变化与国际粮食贸易风险分析

## 第一节 气候变化对国际粮食安全的影响

联合国粮农组织曾经有过三次关于粮食安全的定义。1974年11月,第一次世界粮食首脑会议上首次提出"Food Security"的概念,指的是保证任何人在任何时候都能获得其为了生存和健康所需要的足够食物。1983年4月,联合国粮农组织粮食安全委员会通过了总干事爱德华·萨乌马提出的粮食安全新概念,"粮食安全的最终目标应该是确保所有人在任何时候既能买得到又能买得起其所需要的基本食品",它包含确保生产足够数量的粮食、最大限度地稳定粮食供应以及确保所有需要粮食的人都能获得粮食等三项基本目标,涵盖了粮食生产、供给和收入等范畴,亦即它强调既要发展生产提高粮食供给能力,又要增加收入提高购买能力。1996年11月,FAO在第二次世界粮食首脑会议上通过的《世界粮食安全罗马宣言》中重申"人人有权获得安全而富有营养的粮食",把营养安全作为粮食安全的一个重要组成部分。所谓营养安全即"在人类的日常生活中,要有足够的平衡的,并且含有人体发育必需的营养元素供给,以达到完善的粮食安全"。营养安全的含义还在发展中,它不仅要有足够的粮食数量,也要保持健康的质量以及膳食多样化的前景。几经演变,粮食安全的内涵在不断充实发展,从数量安全到质量安全、从营养安全到可持续安全,但其最基本的内容在于保证全世界的人都有权获得足够安全和富有营养的粮食。

随着世界经济的增长、科技的不断发展及民众购买力的提升,人们对粮食的需求提出了更高的要求,粮食安全的内涵还在不断丰富,外延也在不断扩大。不同的国家发展阶段不同,对粮食安全的诠释也不同,已经不受温饱问题困扰的发达国家,越来越重视粮食的获取应注重可持续性利用资源和保护生态环境,而在WTO,发展中国家结合自身情况提出的粮食安全概念和FAO的目标相一致。一个完整的粮食安全概念不单是粮食生产问题,还包括流通、储备、进出口的调剂以及对如何保障低收入人口的食品安全等内容。考量一个国家粮食安全的状况要看以下多方面因素:粮食产量的波动、粮食价格的波动、粮食供求平衡状况、粮食贸易依存度或自给率、粮食储备率、人均粮食占有量、人均热量的摄入量和人均收入、最低收入阶层的粮食安全保障,等等。为方便起见,本文重点研究分析粮食安全在数量和品质上的安全。前者指一个国家和地区通过粮食生产和国际粮食贸易满足居民粮食消费的数量上的需求,是粮食数量供给的保障,反映的是粮食总体供给能力;后者指满足居民获得安全卫生、营养丰富的食物的能力,是粮食质量的保证,反映了粮食安全的膳食营养均衡丰富以及卫生安全无害等质量特征。

## 一、气候变化对粮食生产的影响——直接影响

农业生产是一个对自然条件尤其是气候条件(包括温度、降水、风速和大气二氧化碳浓度的变化等)依赖程度很强的系

统①。气候变化通过对农作物生长发育过程中的光照、热量、水分及光热与水分的组合的改变,影响作物的生长周期与生产力②,气候变化将对大多数发展中国家的农业产生不利影响③。2009年6月,世界贸易组织与联合国环境规划署共同发布了名为《贸易与气候变化》的研究报告,声称即使温度仅上升1℃,低纬度地区主要谷类作物的产量也将下降5%—10%。依照联合国区域委员会的观点,到2020年,一些非洲国家靠雨水浇灌的农业将减少最多50%的产量④。

(一)全球变暖使荒漠化和干旱状况加剧,影响粮食作物的种植及导致减产

粮食生产的基本要素是耕地和水。耕地是农业生产中最主要的自然资源之一,气候变化导致土地荒漠化,使地球可耕种面积减少、粮食减产。据悉,荒漠化使全世界每年丧失可耕地1 000多万公顷,经济损失超过40亿美元⑤,而且全球的荒漠化土地面积仍然在迅速扩大,世界耕地面积在逐年减少。全球有约占世界1/3的人口生活在荒漠化危害地区,荒漠化成为"生态难民"移民的最主要的原因之一,给人类带来贫困和社会不稳定。1992年6月在里约热内卢联合国环境与发展大会上通过的《21世纪议程》,将荒漠化和干旱问题与21世纪人类面临的其他重大问题如可持续的农业和农村发展、保护生物多样性等置于同等重要的地位。1994年

---

① Chavas DR, Izaurralde RC, Thomson AM, et al. Long term climate change impacts on agricultural productivity in eastern China. Agricultural and Forest Meteorology, 2009, 149: 1118 - 1128.
② 参见黄德林、李喜明、李新兴:《气候变化对我国粮食安全的均衡分析》,《中国农业资源与区划》2016年第3期。
③ Barrios S, Ouattara B, Strobl E. The impact of climatic change on agricultural production: Is it different for Africa? Food Policy, 2008, 33: 287 - 298.
④ 参见王豫刚:《马尔代夫会消失吗?》,《环球》2009年第4期。
⑤ 周立华、樊胜岳:《对沙漠化成因机制和治理途径的思考》,《中国环保产业》2000年第8期。

联合国大会通过决议,自 1995 年起,将每年的 6 月 17 日定为"世界防治荒漠化与干旱日",以提高社会公众对防治荒漠化重要性的认识,增强其防治荒漠化的责任心和紧迫感。荒漠化导致人类可利用的土地资源减少、土地生产力严重衰退,土地退化导致农业生产能力下降、粮食不安全。事实证明,土地退化已使全球农业遭受重创,据 2013 年 4 月 9 日《联合国防治荒漠化公约》第二次科学会议发布的研究报告显示,土地退化带来的损失已相当于全球农业领域国内生产总值的 5%,而在乌兹别克斯坦,土地退化导致粮食减产 20%—30%。我国的土地荒漠化问题也很严重,截至 2014 年,全国荒漠化土地总面积 261.16 万平方公里,占国土总面积的 27.20%[①]。我国的人均耕地面积不足世界平均水平的一半,荒漠化防治形势严峻。土地荒漠化发生、发展的主要因素是干旱缺水,全球变暖又使干旱程度加剧,客观上加速了荒漠化进程。事实上,气候变化正在加剧全球干旱区粮食与能源资源危机。据 FAO《2002 年世界粮食不安全状况》记载,2002 年 6 月,32 个面临异常的粮食紧急状况的国家中有 21 个是因干旱和其他不利的气候条件而导致的粮食短缺。

水是农业生产中另一个最主要的自然资源,水分条件是决定农业发展类型的主要因素。全球变暖使农业需水量加大,导致农业面临缺水的威胁,降雨减少或干旱使全世界都在"喊渴"。国际上,2006 年,瑞典出现了自有气象记录以来几百年中温度最高的 12 月,高出常规平均值 4℃—10℃之多;2011 年,美国中西部 200

---

① 数据来源:2015 年第五次《中国荒漠化和沙化状况公报》。2011 年 1 月国家林业局第四次《中国荒漠化和沙化状况公报》监测结果显示,截至 2009 年底,我国荒漠化土地总面积为 262.37 万平方公里,占国土总面积的 27.33%,与 2004 年相比,五年间荒漠化土地面积净减少 12 454 平方公里;第五次《中国荒漠化和沙化状况公报》监测结果显示,截至 2014 年,我国荒漠化土地面积 261.16 万平方公里,与 2009 年相比,五年间荒漠化土地面积净减少 12 120 平方公里。尽管我国荒漠化和沙化土地面积持续减少,但荒漠化状况依然严重,防治工作任重道远。

多个地方创造了高温纪录；2012年，法国、瑞士、德国和英国等16个欧洲国家经历了极端干燥的天气，大部分欧洲国家3、4、5三个月的降水量不及正常情况下的1/2。在我国，2012年、2013年、2014年和2016年也都发生了全国耕地大面积受旱的情况，部分地区民众饮水困难。云南多年连旱，专家警告说，如果不彻底解决干旱问题，未来50年云南将可能出现沙漠化现象。

干旱造成的粮食损失占气象灾害损失总量的60%左右，位于各种自然灾害之首，是制约世界粮食稳产增产的主要障碍之一。干旱缺水会直接影响作物生长发育，导致减产。自2009年以来，全球干旱灾害异常，且发生地多为粮食主产国，如世界主要小麦产区美国、加拿大和澳大利亚皆因严重的干旱导致产量下降，2012年美国、俄罗斯、加拿大等持续释放"粮食减产"信号：美国经历了自1956年以来最为严重的旱灾，持续干旱天气损害了玉米、大豆等作物的生长和成熟，对产量构成严重危害；2011年第四季度至2012年上半年期间，墨西哥遭遇了70年一遇的大范围极旱，导致粮食作物歉收；东欧干旱天气也影响了俄罗斯、乌克兰、哈萨克斯坦等重要谷物出口国的粮食生产。俄罗斯农业部副部长伊戈尔·马内洛夫2012年7月底宣布，全俄共有16个联邦主体遭受旱灾。440万公顷的耕地面积受影响，占总播种面积的5%—6%[①]，俄罗斯南部伏尔加格勒州政府宣称，2012年严重干旱造成该地区600公顷土地作物绝收，约占该州产量的1/3。乌克兰受高温困扰，国内有50%的农作物受灾。非洲是世界上唯一的人均粮食产量近30年来持续下降的地区，2012年旱灾不时侵扰非洲之角、萨赫勒地区，使该地区缺粮严重，造成

---

① 伏尔加格勒州州长表示，该州2012年的粮食产量估计只能达到年初预计的70%，共230吨，卡尔梅克共和国的收成与去年同期相比减少了40%，预计为2 000万吨。参见杞人：《极端天气或成常态  如不应对后果严重》，《生态经济》2012年第10期。

饥荒。FAO 研究报告指出，如果还不采取有效应对气候变暖的措施，至 21 世纪后半期，全球的主要农作物诸如小麦、水稻和玉米的产量最多可下降 36%[①]。

（二）洪涝灾害严重影响农业生产及粮食产量和质量

洪涝灾害是影响作物产量的又一重要气象灾害，包括洪水灾害和雨涝灾害。暴雨或者持续大雨是洪涝灾害的成因，持续性暴雨、特大暴雨引起山洪泥石流发生、江河洪水泛滥，淹没或冲毁作物，导致土壤水分太多，从而造成作物减产或绝收。洪水破坏性强，会导致农田被淹没、环境与各种设施被毁坏，对农业生产造成毁灭性破坏；涝灾主要是由于短时降雨量超过一定程度使得农田积水过多且集中难以排泄从而形成的灾害，一般只影响农作物，造成农作物歉收。此外，洪涝灾害的发生及其程度也会受地形、土壤结构、水利设施、种植制度以及农作物种类等的影响。洪涝灾害具有季节性、地域性、突发性等特点。涝灾危害农作物生长，造成作物减产或绝收，破坏农业生产等；洪灾除淹没农田、毁坏作物、导致粮食大幅度减产外，还破坏水利工程设施、电力设施、房屋建筑，卷走粮食物品，造成饥荒，甚至不同程度的人员伤亡。据联合国环境规划署 2012 年 6 月发布的《全球环境展望》报告显示，自 20 世纪 80 年代至 21 世纪初，洪灾数量增加了 230%，洪灾受灾人数增长了 114%。例如：2010 年 8 月，巴基斯坦出现世纪大洪水，2 000 多万人受灾；2010 年 12 月和 2011 年 1 月，澳大利亚的昆士兰州因为连遭暴雨，遭遇了"史上最惨的自然灾害"，经济损失达 300 亿澳元，居民生活遭到严重破坏。洪涝灾害使世界各地的粮食生产受到破坏，如同干旱一样，也是世界粮食稳产增产的主要制约因素，对粮食的产量和品质优劣起决定性作用。

---

① 参见张锐：《全球粮食安全：瓶颈与破除》，《生态经济》2009 年第 10 期。

(三）气候变化的衍生物——环境污染，是构成粮食安全的又一大威胁

全球变化派生的环境污染也严重威胁着粮食生产。例如，臭氧层受到破坏的后果是干扰生物圈动植物的生长、使人和牲畜的癌症发病率急剧升高；而号称"空中死神"的酸雨则可导致土壤和河流湖泊酸化，使农作物减产、品质下降，甚至使农作物和植物枯死。

臭氧层破坏、削弱将会使紫外线辐射增强，紫外线辐射的增强将会打乱生态系统的平衡。过量紫外线辐射会对农作物的生长和光合作用产生抑制作用，造成植物获取的营养成分减少，导致农作物减产，使农产品质量劣化。一项研究表明，过多紫外辐射会使大豆更易遭受杂草和病虫害的损害。如果臭氧层厚度减少25％，可使大豆减产20％—25％[1]，大豆的蛋白质含量和含油量也会降低。据美国环保界预测，人类如果不采取措施保护臭氧层，到2075年全世界农作物将减产7.5％，水资源将损失25％[2]。酸雨是由于大气中二氧化硫和氮氧化物等酸性污染物引起的pH<5.6的酸性降水。研究表明，当降水酸度pH<4.9时，会对农作物等产生明显损害。酸雨进入土壤会改变土壤的性质和结构，使土壤肥力减弱、农作物减产；植物叶片和根部吸收了大量的酸性物质后，会引起枯萎死亡；酸雨渗入地下，会造成地下水酸化污染，等等。目前，全球已形成三大酸雨区，即以德、法、英等国为中心的北欧酸雨区和包括美、加在内的北美酸雨区以及覆盖我国四川、贵州、广东、广西、湖南、湖北、江西、浙江、江苏和青岛等省市部分地区的中国酸雨区。受酸雨危害的地区，已出现了土壤和湖泊酸化、植被和生态

---

[1] 参见：《臭氧层破坏对生物圈的影响》，价值中国网，http://www.chinavalue.net/wiki/showcontent.aspx? titleid=60027. 最后浏览日：2014年8月10日。

[2] 参见：《臭氧层变薄威胁人类的健康与生命》，安全管理网，http://www.safehoo.com/Live/Live/Home/201001/38428.shtml. 最后浏览日：2014年8月11日。

系统遭受破坏等一系列严重的环境问题,威胁着当地的粮食安全。

此外,全球变暖为病虫害的扩散创造了更加有利的条件,使病虫存活的范围更广、活跃期更长,直接影响作物的生长,加重病虫害对农业生产的危害程度。2012 年春季开始的蝗灾使马达加斯加 400 万农村人口缺粮,另有 960 万人受到影响,蝗虫危及非洲粮食安全①。据 FAO 估计,全世界每年因病虫草害造成的粮食损失约占粮食总产量的 30%,其中因病害损失约 10%,因虫害损失 14%,因草害损失 11%②。而低温冻害等也为农业带来很大损害,对粮食安全构成威胁。

## 二、气候变化对粮食营养安全的影响——隐性影响

(一) 人口、饥饿与"隐蔽的饥饿"

世界人口在不断增加,到 2030 年可能达到 80 亿人③,而世界粮食总产量却一直徘徊于 20 亿吨左右。粮食增产速度与世界人口的迅速膨胀极不相称,那些人口快速增长国又恰恰是严重缺粮国,且其中的大多数没有能力以国际粮食贸易来弥补粮食缺口。

广义的营养不良包括营养不足/缺乏(nutrition deficiency)和营养过剩(nutrition excess)两方面。通常,经济落后的发展中国家的营养不良表现为缺乏充足的营养素——营养不足,经济发达国家的营养不良多表现为缺乏平衡的膳食——营养过剩。据 FAO 专家分析,发展中国家的食物营养中蛋白质含量不足是世界粮食安全中的一个主要问题。在 1990—1992 年间,世界人口的 20% 约有 8.4 亿人的基础代谢率低于 1.54(即处于饥饿和营养不

---

① 参见曾爱平:《非盟峰会聚焦农业与粮食安全》,《瞭望》2014 年第 5—6 期(春节合刊)。
② 尹成杰著:《粮安天下——全球粮食危机与中国粮食安全》,中国经济出版社 2009 年版,第 303 页。
③ 早在 2001 年 4 月 4 日,联合国秘书长安南发表全球人口预测报告说,到 2030 年,全球人口将超过 80 亿人。

足状态),其中 5 岁以下儿童中,有 2.15 亿人发育迟缓、1.83 亿人体重不足、0.479 亿人严重消瘦。当时死于营养不足的儿童每年达 600 万人①。FAO 发布的数据显示,在 2005—2011 年间,有四分之一的非洲国家所报告的发育迟缓率至少达到 40%,同期,南亚和东南亚的发育迟缓率也超过 40%。据 FAO 发布的 2013 年版《统计年鉴》数据显示,在 2010—2012 年,全球营养不良人口接近 8.7 亿人,占世界人口的 12.5%,他们当中的绝大多数生活在发展中国家②。另据 2013 年 9 月 FAO 发布的《2013 年世界粮食不安全状况》报告,2011—2013 年间,全球估计有占世界人口 1/8、共计 8.42 亿人口长期遭受饥饿,无法获得充足的食物以维持生活,其中有 8.27 亿人居住在发展中国家。营养不良的人,饮食中缺乏足够热能或蛋白质、维生素和微量元素,长期的营养不良可能导致饥饿死亡。保证粮食供给能够保证有足够的热能,促进蛋白质充分的吸收和利用,膳食补充是补充微量元素的良方。在我国,营养不良人群中营养摄入不足与营养结构失衡并存,微量营养素缺乏是我国城乡居民普遍存在的问题。除中国外,巴西、印度、印尼等新兴经济体国家营养过剩比例也在上升,因营养过剩引起的肥胖症等在发达国家更为普遍,国际上存在着能量充足状况下的营养不安全问题。

全球面临如何"满足粮食需求"的挑战,而气候的反复无常使部分国家粮食安全和生存环境恶化,加剧了粮食安全的不确定性。根据联合国世界粮食计划署的估计,2050 年前,气候变化将会使世界上的饥饿人口增加 10%—20%。《2015 年世界粮食不安全状况》年度报告显示,极端天气事件、自然灾害等依然构成全面实现粮食安全目标的障碍。气候变暖后热带和亚热带只能以一些耐高

---

① 参见吴天锡:《粮食安全的新概念和新要求》,《世界农业》2001 年第 6 期。
② 联合国开发计划署的有关数据显示,撒哈拉沙漠以南非洲国家有 1/4 的人口营养不良,1/3 的儿童因缺乏营养而发育迟缓。

温作物为主。农业是非洲大多数国家的经济命脉,70%的人口赖以为生,但气候变化及其他自然灾害如"水旱蝗灾"危及非洲粮食安全,加上诸如政局动荡和战乱、农业技术落后等因素阻碍了非洲农业生产,导致10亿多非洲人口中至少1/4面临饥饿威胁,使非洲成为世人眼中的"饥饿大陆"[①]。气候变暖将增加全球最贫穷地区的饥荒危机,导致饥饿和营养不良。除了影响农作物产量外,气候变暖还会对粮食品质、抗性等带来较大幅度的波动,如品质变劣、抗性降低等。例如,气候变暖带来的农作物病虫害增加,会导致农产品品质下降,营养改变,甚至产生对人体有毒有害的物质。

营养不足通常是由于缺乏蛋白质或微量元素引起的,人体中的微量元素主要来自农产品,植物是发展中国家许多人蛋白质和微量营养物质的主要来源。据研究,主要的温室气体之一——二氧化碳会刺激小麦、水稻等基本粮食作物的植株生长,但作物丰收并非意味着营养价值改善,因为有研究表明,二氧化碳浓度升高可能会"冲淡"大宗作物籽粒中蛋白质的含量。按照"营养冲淡"理论,多出的二氧化碳常常转化成淀粉等碳水化合物,可能会导致同等重量的谷粒或麦穗中其他成分的相对含量下降。美国德克萨斯西南大学的一项研究表明,如果大气二氧化碳浓度接近540—960 ppm,大麦、小麦、大豆和土豆等主粮作物的蛋白质含量会下降10%—15%。《中华人民共和国气候变化初始国家信息通报》也认为,二氧化碳浓度升高会使农作物的品质下降。实验表明,"在二氧化碳浓度达到565百万分之一体积的条件下,小麦蛋白质含量将降低3%—5%,大豆在二氧化碳浓度倍增的条件下,氨基酸和粗蛋白含量将分别下降2.3%和0.83%"[②]。二氧化碳浓度升

---

① 参见郭凯:《非盟峰会继续"以粮为纲"》,《经济日报》2014年7月1日第008版。
② 参见《中华人民共和国气候变化初始国家信息通报》,中国计划出版社2004年版,第27—28页。

高除了可能"冲淡"粮食作物蛋白质含量外,还有可能减少粮食作物的水分,影响其从土壤中吸收微量营养物质,降低硫、镁、铁、锌和锰等关键营养物质的浓度[1]。植物对微量元素的需求量很少但却是必需的,土壤中缺乏微量元素不利于农作物的良性生长,甚至成为许多作物产量和品质的限制因子。农作物中的微量元素主要来自土壤,土壤污染易造成一些微量元素的拮抗导致农产品中某些微量元素含量降低。广东省生态环境与土壤研究所陈能场研究员认为,遗传稀释效应和环境稀释效应导致农产品质量下降,环境稀释效应使农产品维生素和矿物元素含量降低。"模拟试验研究表明:随着温室效应的加剧,农产品中微量元素的浓度可能会被进一步稀释"[2]。如果这些说法被进一步证实,那么,气候变暖将加剧营养不良状况,使人类陷入"吃得多却吃不饱"的尴尬,遭遇"隐蔽的饥饿"。

(二) 高粮价、贫困与"气候难民"

饥饿是贫困的根源。营养是维持生命和健康的物质基础,是社会可持续发展的强大动力,除了遗传因素外,营养是决定人体素质的最为重要的因素,营养不良不但会引发疾病,还会导致劳动能力和劳动效率下降、受教育的能力低下进而影响其智力水平和创新能力,导致贫困增加。世界银行的调查表明,发展中国家由于营养不良造成的智力发育障碍、劳动能力丧失、免疫力下降以及各种疾病造成的直接经济损失约占 GDP 的 3‰—5‰[3]。研究证实,饥饿及营养不良会严重削弱贫困人口发展其技能的能力,降低其生产能力。微量营养素缺乏会减弱免疫系统、干扰儿童的生长和发

---

[1] See Lewis Ziska: The "hidden hunger" caused by climate change. http://www.scidev.net/zh/climate-change-and-energy/climate-change-impacts/opinions/zh-135401.html.最后浏览日:2013 年 12 月 12 日。
[2] 陈能场:《警惕吃饱下的"隐性饥饿"》,《农民日报》2015 年 4 月 30 日第 007 版。
[3] 卢迈:《改善学生营养应纳入国家公共政策》,《中国教育报》2011 年 6 月 7 日第 007 版。

育并可能会导致死亡,长远看可能产生无法估量的损失,如导致生育率缺失、人口素质下降、竞争力削弱等。虚弱和饥饿会导致工作时间的减少甚至无法工作,致使收入低下,陷入贫困。贫困增加会导致人力资本投资能力不足,必将降低生产能力,进而降低经济发展水平,陷入"饥饿—贫困—饥饿"的怪圈。而极端天气带来的粮食减产又进一步恶化了"饥饿"状况。

全球极端天气使国际主要产粮大国的粮食大面积减产,客观上推高了国际粮食价格,更加加剧了全球粮食供求关系的失衡,使粮食安全问题持续发酵。例如,2008年,世界粮价飙升并创下历史最高值,导致一些政府为确保国内消费的需求而采取粮食出口限制措施引发海地等30多个国家和地区的社会动荡;2010年,粮食出口量居世界第三位的俄罗斯遭遇130年来最为严重的干旱,遂于8月5日宣布8月15日至12月31日禁止出口粮食及其产品,美国芝加哥期货交易所的小麦应声而涨。美国是全球最大的玉米出口国,也是全球大豆、小麦等农产品的主要供应国,其上述农产品的供给状况对国际粮食市场有着极大的影响。2012年美国遭遇了1956年以来最严重的旱灾,直接导致粮食减产、粮价飙升,旱灾与粮价上涨提高了全球粮食通胀率,FAO的数据显示,2012年7月全球粮食通胀率比上月攀升了6.2%,是2009年11月以来的最大涨幅[①]。国际粮食价格的普遍上涨势必会影响世界最贫困人口的生活质量,他们不得不吃更廉价、营养成分更低的食物。2008年12月,FAO公布的《2008年世界粮食不安全状况报告》认为,1990年到2005年间,拉美地区营养不良人口从5 300万人降至4 500万人,达到历史最低水平,而全球粮价上涨、世界经济下滑等吞噬了该地区15年来的减贫成果,严重影响低收入群体的生活水平。在国际"粮荒"背景下,这种消极影响可能还会持续

---

① 杨培坤:《粮食金融化背景下粮食安全问题研究》,《世界农业》2013年第3期。

多年。总之气候变化引发粮食短缺甚至饥荒问题,使贫困地区更加贫困;因极端气候频发导致家园被毁,暴露区不适合生存,甚至导致"气候难民",给新安置地带来压力。而解决"气候难民"问题,绝不是仅仅解决其吃饭和居住问题那么简单,还会有相伴生的一系列复杂问题,甚至可能出现为争夺资源而引发冲突及公众骚乱现象。

## 三、气候变化影响国际粮食安全的特点分析

### (一)气候变化对粮食安全的影响利弊共存

气候变化对农业的影响存在着不确定性,对粮食安全的潜在影响既有积极的一面也有消极的一面:① 全球变暖会增加极端天气事件如龙卷风、高温、热浪、热带风暴等发生的频次,加重自然灾害,使大部分热带、亚热带区和多数中纬度地区普遍存在农作物产量下降的可能,但温度升高也可使中纬度的另一些地区存在着农作物增产的可能性。根据 IPCC 发布的全球气候变化报告,在低纬度地区,特别是干季热带地区,即使局地温度仅升高 1℃—2℃,也会导致农作物产量减少。在中高纬度地区,如果局地平均温度升高不超过 3℃,且具备足够的水源,农作物产量预计会有所增加;但一旦升温超过 3℃,农业可能减产 30%[①]。如此,地处高纬度地区的加拿大、俄罗斯和斯堪的纳维亚等国家,温度升高 2℃—3℃会使农业产量增加、冬天农作物死亡率降低、加热成本降低等,而地处低纬度地区的那些国家则将变得更加脆弱,全球气温每升高 2℃,欧洲南部地区的水资源可利用性和作物产量将会下降 20%左右,令水资源短缺的国家面临高额的成本和更为严重的困难[②]。② 气温变化会直接影响全球的水循环,导致旱灾或洪灾,带

---

① 参见张锐:《全球粮食安全:瓶颈与破除》,《生态经济》2009 年第 10 期。
② 参见任小波、曲建升、张志强:《气候变化及其适应与减缓行动的经济学评估——英国斯特恩报告关键内容解析》,《地球科学进展》2007 年第 7 期。

来农作物减产,但降雨量增加尤其在偏旱地区又会促进农作物生长。③ 温度过高不利于种子生长,但温度升高将改变农业生产环境,致使作物种植制度和品种布局发生改变,农作物生长带北移,种植区范围北扩,将益于高纬度作物的生长发育,这对北半球巨大的农业区域而言则是有利的。例如,气候变暖可使作物栽培区北移,粮食播种面积增加;作物生长期延长,作物品种的熟性由早熟向中晚熟发展,单产增加①。在低纬度国家,温度升高在一定程度上能够提高粮食单产量,如影响我国谷物生产的气候因子主要是降水量和日照量,且呈负相关,在我国的稻谷主产区降水量和日照量都成减少势态,实际上,气候变暖对我国谷物增产的贡献率达到了 9%②。但科学家们又警告说这些益处可能会被气候变化的消极影响造成的结果所抵消,比如作物疾病的上升。④ 气候变暖缩短农作物的生育期,可能使粮食产量下降;但在适当的条件下,全球变暖伴随的 $CO_2$ 浓度升高能够促进农作物的光合作用,使植物具有更高的固碳速率,促进植物生长,提高产量。⑤ 气候变暖会导致农作物病虫害发生范围扩大,繁殖代数增加,危害期延长,危害程度加重,变暖还会加剧病虫害的流行和杂草的蔓延,农药、除草剂等农业成本和投资大幅增加;但气候变化带来的寒潮低温又是目前最有效的天然"杀虫剂",能够大量杀死潜伏于土壤里过冬的病菌和害虫,或可抑制其滋生,有利于减轻来年春夏季病虫害的危害。此外,气候变暖将使施肥量增加,不仅会增加对土壤和环境的危害,还将增加农民的投入。多数研究表明,全球平均气温升高会导致粮食供给的增长速度不及需求的增长速度,会推高粮价,使贫困人口更加贫困,增加饥饿人口的绝对数量。可见,气候变化对

---

① 参见陈银基、陈霞、董诗卉、许晶淞、陈兆波、董文:《气候变化影响粮食流通的事实与策略》,《粮食储藏》2013 年第 2 期。
② 参见王丹:《气候变化对我国稻谷生产及贸易的影响研究》,《国际贸易问题》2011 年第 6 期。

粮食生产的影响因地理位置、水资源等的不同产生的影响各异。可以断定的是，与积极影响相比，气候变化对粮食安全的潜在消极影响将更为深远。

（二）气候变化对不同国家粮食安全的影响有别

气候变化的影响是全球性的，但发展中国家所面临的威胁更为严重。发展中国家应对气候变化的能力相对薄弱，他们当中的多数国家的经济产出来自农业，其粮食增产除受限于耕地、资金和技术外，还易受天气的制约，但其粮食需求量却因人口的增长及食物结构的改变而不断增加，"缺粮少金"，粮食进口能力又有限，粮食安全问题严重。世界银行《2010年世界发展报告：发展与气候变化》称，气候变化对发展中国家的冲击最甚，发展中国家将承受气候变化潜在影响的75%—80%。非洲、亚洲及其他地区的贫困人口可能受到农作物严重歉收、农业生产力下降等威胁，陷入饥饿、营养不良和疾病等困境。这很大程度上源于发展中国家对农业的较强的依赖性，环境恶化不仅持续增加着自然资源的压力，也增大了农业管理的复杂性。根据斯特恩报告，第一，发展中国家所处区域的气候总体足够暖的地理劣势，使其比发达国家遭受着更多的多变暴雨的侵害，承受着支出多而收益低的风险。第二，发展中国家缺少足够的公共设施保障，在应对气候变化时其社会系统会变得极其脆弱，尤其那些严重依赖农业的贫穷落后国家，他们对于气候变化的负面影响将更加敏感。第三，易受气候影响、收入低的发展中国家在适应气候变化时尤其难以做出积极有效的应对措施①。无论何时，灾害对贫困国家的影响总是大于富裕国家，与之相伴的高粮价对发展中国家的影响更甚。从区域看，IPCC第

---

① 2006年10月发布的《斯特恩报告》，是在英国政府及首相布莱尔的邀请下，前世界银行首席经济师、英国经济学家尼古拉斯·斯特恩经过一年调研主持完成并发布，长达700页，分析了气候变化所产生的财政、社会和环境上的影响。参见《斯特恩报告》，http://news.sciencenet.cn/html/showxwnews1.aspx? id=200019. 最后浏览日：2015年5月10日。

四次评估报告显示,过去 100 年中气温普遍升高尤以北半球高纬度地区最为明显,因而那些居住在最北部靠少有余粮的农场经营为生的沿海居民,将成为最易受到气候变化无常攻击的受害者。

(三) 气候变化对粮食安全的影响已不仅仅是一个经济或贸易的问题,还是一个政治问题

"经济创造财富,政治分配财富。"全球粮食产销分布极为不平衡,大多发展中国家粮食匮乏而少数发达国家生产过剩,发达国家生产的粮食接近全球粮食总产量的 1/2。粮食生产的不平衡造成了粮食分配与消费的不均等,占世界总人口 1/3 的发达国家的粮食占有量高达 2/3 左右,而占世界总人口 2/3 的发展中国家的粮食占有量仅为 1/3 左右。世界粮食减产和粮食储备连续下降,加之发达国家发展生物燃料带来的非常规需求快速增长,助推了国际粮食价格上涨。粮食丰收,生产生物燃料消耗大量粮食(如美国产玉米的 40% 被用于生产生物乙醇),"与人争粮"矛盾加深,客观上导致全球粮食价格上涨;粮食歉收,受灾害影响的世界粮食主产国限制或禁止粮食出口,亦导致全球"粮贵";而气候变化带来的粮食减产和可能的粮食营养价值减低,使一些贫穷国家陷入饥荒,可能加剧局势的恶化。

世界上有 8 亿多人口挨饿,许多人面临死亡威胁,利益的分配和再分配导致的这种危机局面,已使粮食安全问题不仅仅是经济或贸易的问题,还成为一个政治问题,会带来灾荒、饥饿、疾病、失业等一系列问题,引发一些国家反饥饿抗议游行示威活动,引发政局动荡或其他人道主义灾难,甚至危及政府存亡。气候变化导致的极端天气的出现,不仅给有关国家经济造成直接损害,加重世界各国防灾减灾的负担,而且还会损伤世界经济复苏的元气,对世界粮食政策的调整带来深远影响,给国际社会带来安全管理和国际政治方面的挑战。

## 第二节 气候变化对国际粮食贸易带来的风险及对贸易规则的挑战

气候是大自然的组成元素,对大自然的变化起着至关重要的作用。自然因素和人类活动导致了全球变暖,全球变暖与国际贸易间相互作用相互影响,国际贸易增加加剧了全球的气候变化,气候变化也直接或间接地影响着国际贸易走向。就粮食领域而言,气候变化与国际粮食贸易之间的作用也是双向的。

### 一、气候变化对现行国际粮食贸易带来的风险

(一)气候变化对粮食产量和品质的影响会改变国际粮食贸易的规模和走向

尽管气候变化在什么时间、什么地方以及如何影响粮食生产和粮食贸易还存在着诸多的不确定因素,但毋庸讳言,全球气候变暖,极端天气事件频发,气候灾害危害严重,全球粮食生产和贸易已经受到不同程度的影响。尽管人类已进入了科技发达的 21 世纪,但在粮食生产问题上依然未能摆脱"靠天吃饭"的被动局面,与气候变化相关的干旱、洪涝等也影响着农作物收成,制约着粮食的持续增产,实际上,农业生产较之以前正变得更为脆弱,气候暖化对粮食生产正在产生更大的负面影响,继而威胁到国际粮食贸易的正常开展。由于粮食贸易额受限于粮食产量,而粮食产量又与光、热、水和土壤等资源要素密不可分,可以说,气候变化通过影响粮食出口国的粮食产量进而间接地影响到国际粮食贸易的规模。

西方经济学将生产要素分为土地、资本、劳动力和科学技术。农业自然资源是农业最主要的生产要素,一般可分为土地资源、水资源、气候资源和生物资源等,农业生产中的自然资源主要是指土

地资源和水资源。农业生产过程对自然资源的依赖性决定了农业尤其是粮食生产难以摆脱气候变化的影响,实际上,气候变化正通过影响土壤中含水量和养分的变化,影响着农作物生长期内的生态变化,最终影响其产量[1]。据悉,农业用水占了世界所有用水的75%,在许多发展中国家甚至高达95%。除了山洪暴发等极端天气灾害严重损害耕地土壤外,气候变化会直接导致光、热、水、温度等粮食生产所需的气候资源条件的变化,促使粮食生产所依存的土壤肥力动态变化。气候变暖冰川融化,全球降水量也在整体或局部发生着变化。整体而言,北半球的高纬度和南半球的低纬度降水量有所上升,亚非地区干旱频率和强度增加。气候变化异常,极端天气增加,农作物也面临新的生长环境,不可避免地会影响粮食产量和品质。在干旱地区,由于农作物生长期内温度升高,缩短了养分的积累时间,可供有效利用的水资源相对减少,农作物品质下降。作为国际贸易合同标的物的粮食,其品质发生了改变,必然会在一定程度上影响贸易的正常进行。在中高纬度地区,对于主要粮食出口国如加拿大、俄罗斯等而言,小麦产量受温度的影响呈二次函数分布,当温度超过临界点时,农作物产量出现降低趋势。另外,受气候变化的影响,不同的农作物单产量呈不同的表现形式,造成粮食结构异常化,世界粮食贸易结构也将随之发生变化,如受温度上升影响,低纬度地区小麦减产的同时水稻产量可能上升,低纬度地区大多是小麦净进口国和稻谷净出口国,气候变化对他们影响尤为明显[2]。国际小麦贸易向高纬度地区偏移,会影响地区之间原有的供求关系,会渐渐改变国际粮食贸易的格局和结构,甚至改变一个具有相对优势的国家在国际贸易中的地位。

---

[1] 参见崔静、王秀清、辛贤、吴文斌:《生长期气候变化对中国主要粮食作物单产的影响》,《中国农村经济》2011年第9期。

[2] 参见陈银基、陈霞、董诗卉、许晶淞、陈兆波、董文:《气候变化影响粮食流通的事实与策略》,《粮食储藏》2013年第2期。

根据亚洲发展银行的报告，由于受气候变化的影响，为越南每年创收29亿美元的越南大米的产量将大幅下降，进而会影响到其出口贸易。越南大米业所依赖的湄公河和红河三角洲，地势低洼，气候变暖海平面上升，将会淹没良田，那些进口越南大米的亚洲国家必须在国际市场上另觅粮源。而英国气象局发布的报告则称，意大利的硬质小麦因受气候变化的影响，从2020年起将开始减产，至本世纪晚期将基本上在意大利消失，意大利或将因无法种植做意大利通心粉所必需的基础原料将不得不进口意大利面①。

可见，气候变化对粮食产量和品质的影响，会直接影响到国际粮食贸易的规模和走向，继而还会影响到国际粮食运输市场，原来的运输线路及运力将会随之发生一定的改变与调整。

（二）气候变化导致粮食流通成本增加影响国际粮食贸易

粮食流通是连接粮食生产与消费的纽带，气候变化增加了开展国际粮食贸易所依赖的生产、运输和销售链条的脆弱性，进而增加了国际粮食贸易的成本。

粮食流通在商品流通领域占有非常大的比重，在美国的商品流通体系中，粮食流通约占货物运输量的31%②。气候变化对粮食生产的消极影响势必改变国际上粮食流通渠道，极端天气频发已对商品流通特别是粮食流通的可持续发展产生了重要影响，使粮食流通面临新挑战，粮食的运输路线受到严重干扰。航空运输方面，飞机场地势平坦且海拔较低，在极端天气的干扰下容易受到威胁，为粮食运输附加了更大的贸易成本；海运方面，气候威胁极为明显，强降雨、强风暴等极端天气均是海运的天敌，一旦遭遇恶劣气候，国际粮食贸易必将深受其害；铁路运输方面，由

---

① 参见人民网：《全球变暖后再也吃不到的东西》，2010年1月12日。最后浏览日：2014年7月23日。
② 参见陈银基、陈霞、董诗卉、许晶淞、陈兆波、董文：《气候变化影响粮食流通的事实与策略》，《粮食储藏》2013年第2期。

于轨道的热胀冷缩性质,温度上升,轨道曲弯频繁,寿命缩短,运输成本上升。尽管高纬度地区因为气候变暖不冻港的数量会增加,但也只是少数现象,因不同产区品种产量发生变化,粮食储存、流通格局也随之发生转变,导致现有港口的利用会有所调整,新的航线开辟及运力安排也要随着国际粮食贸易结构和布局的改变而变化。

总之,在极端天气的威胁下,基础设施、车辆建设、路线维修费用将大幅度变动,亦将提升粮食运输成本,威胁粮食供应,影响全球粮食贸易。

(三) 极端天气导致的世界粮食价格波动易引发粮食贸易纠纷

气候变化带来的极端天气如旱灾、洪涝灾害等,都会或多或少引起粮食的减产,也会引发粮食价格上涨,尤其在大的灾年,严重的自然灾害会导致粮食价格暴涨。如果大灾大荒之年再出现粮食囤积现象,势必扭曲市场供需。从国家层面看,一些粮食出口大国往往会考虑增加粮食库存量,减少出口,以防止粮食投机,保障国内粮食供给,确保国家和国民利益。但粮食出口大国的减少粮食出口政策易导致国际粮价的急速上涨,影响粮食国际贸易的正常和顺利开展。对贸易商而言,粮食供应商与进口商之间的订单可能难以完成,导致卖方违约。一般国际贸易合同都订有履约保证金条款,卖方担保一旦其违约就应当支付"履约保证金"。具体到国际粮食贸易,则意味着粮食供应商将支付合同价值相当比例的保证金给进口商,这使得供应商不得在依约交付与违反合同之间权衡利弊。选择依约交付就要承担粮价飙升导致的成交损失,选择违约除了交付一定数额的履约保证金外,还会影响到商业信誉及与粮食进口商以后的合作关系等,处理不当会引发贸易纠纷。

此外,随着世界各国经济发展方式的日益"绿色化"和"低碳化",以应对气候变化为名而采取的单方面贸易措施会不断增加,一些新的绿色贸易壁垒会不断涌现,由此引发的与气候有关的贸易摩擦将不可避免,而国际粮食贸易碳排放的特殊性与不同国家的差异性,决定了不同国家间潜在的贸易纠纷转化为现实贸易摩擦的可能性。

## 二、气候变化对国际粮食贸易规则带来的挑战

### (一)气候变化促使国家的贸易政策调整

气候变化与国际贸易是相互影响、相互制约的,一个国家和地区所制定的气候变化政策必然会影响到国际贸易的开展,同样,一个国家和地区的贸易政策也会对气候变化带来一定程度的影响。气候问题能够改变一个国家的贸易优势,尽管存在着其对国际贸易影响的不确定性,但各国对气候变化问题的研究已对其国内政策的选择产生了重要的影响。

对于温室气体超标是导致全球变暖的原因的共识,是主要发达国家制定低碳标准、采取碳标签等一系列制度的主要动因。为了缓解气候变化,越来越多的贸易政策工具被运用,极易形成新的环境壁垒,成为某些国家贸易保护战略的组成部分。以美国为例,虽然其表面上反对在气候问题上采取贸易保护主义,但其各种气候政策都在侧面反映出强大的贸易保护意图。其首个以限制污染与全球气候变暖为目标的法案——《美国清洁能源与安全法案》就规定了征收碳关税条款,对来自不实施碳减排限额国家的进口产品征收,将成为贸易保护主义的新借口。

发达国家一旦将应对气候变化政策与国际贸易挂钩,就会恶化低收入国家贸易状况,增加其产品出口的难度,会对发展中国家的对外贸易带来新的冲击。气候变化不但会增加贸易的成本,还会增加贸易的脆弱性,而农产品和粮食生产最易受到气候变化的冲击,对于农业适应气候变化能力较差、对自然灾害抵抗能力较低的国家而言,气候变化带来的极端天气对其构成严峻的考验。粮

食作物的减产甚至绝收会严重影响该国的粮食安全；如果该国粮食自给自足，那么遭遇极端天气后，会面临粮食缺口，纵然国际粮食贸易可以为其解决吃饭问题，但新环境壁垒下的粮食贸易的高成本会使其支付更多的货币；如果该国是粮食出口国，其粮食出口贸易定会或多或少地受到新的贸易政策（调整出口战略）的影响，这已多次被粮食出口大国的出口贸易做法所验证。此外，粮食的生产和运输过程中化工产品的投入，增加了农业碳排放，为了降低碳排放量，必须选择更低碳的生产和运输技术，这意味着投入的进一步增加，有可能改变其竞争条件。一方面，发展中国家为减缓和适应气候变化要采取新的政策措施，另一方面，为跨越发达国家应对气候变化的新贸易"壁垒"也要制定新的政策法规，调整其粮食贸易政策。

(二) 气候变化促使新的国际贸易规则出台

不可否认，各国应对气候变化的政策具有很强的正外部效应，可以推动全球贸易低碳化，但发达国家推行碳标签制度等一系列新的贸易政策，使其成为潜在的市场准入障碍和绿色贸易壁垒，势必削弱发展中国家的贸易竞争力，限制发展中国家的贸易发展，将引发更多的贸易摩擦，进而影响到全球贸易发展，挑战现行的国际贸易规则。气候变化带来的新问题使得世界贸易组织、世界银行等国际组织均十分重视研究国际贸易和气候变化的关系。

尽管应对气候变化的政策措施与国际贸易规则的运作方式不同，但其间的交集和融合将对国际贸易体制产生影响，WTO在应对气候变化的全球治理中无法置身事外。WTO规则中没有专门的、具体的有关气候变化的规定，但气候政策与贸易政策有许多契合点，WTO通过开放环境货物、服务和技术市场为应对气候变化提供便利，多哈回合中，各成员就致力于削减或取消环境货物和服务的关税与非关税壁垒。2013年12月在WTO第九届部长级会议上达成的被称为多哈回合谈判的"早期收获"——"巴厘一揽子协议"①中,农业议题是其核心和焦点,包括关税配额管理、粮食安全和出口竞争等三个议题。协议同意为发展中国家提供一系列与农业相关的服务,并在一定条件下同意发展中国家为保障粮食安全进行公共储粮。给予发展中国家在粮食安全问题上更多选择权,成为此次会议取得的重点突破。WTO农业和非农产品的市场准入谈判将会增加发展中国家的贸易机会和贸易收入,为其减缓和适应气候变化带来积极的影响。

为应对气候变化所采取的措施不应当构成对国际贸易任意的、不合理的歧视或变相的限制,这一点,《联合国气候变化框架公约》和《京都议定书》都做了明确规定。在2007年12月《联合国气候变化框架公约》第十三次缔约方大会暨《京都议定书》第三次缔约方会议期间举行的与会各国贸易部长非正式会议以及在2008年5—6月于哥本哈根分别举行的两次国际研讨会上,均探讨了国际贸易体制如何能够推动应对气候变化的国际行动问题。而联合国政府间气候变化专门委员会建议的一系列减缓和适应气候变化的技术中,有很多也在WTO的环境货物和服务项下进行谈判。此外,世界银行等国际组织也在积极努力,以期确定气候友好型货物和服务,并优先通过WTO多边贸易谈判取消其面临的关税和非关税壁垒。

总之,气候变化问题将促使新的国际贸易规则的出台,国际粮食贸易问题也将会面临新规则的调整。

---

① "巴厘一揽子协议"包括贸易便利化、农业、棉花、发展和最不发达国家四项议题共10份协定,它是世贸组织成立以来首份多边贸易协定,协议的达成实现了世贸组织成立18年来多边谈判的"零突破"。

# 第三章
# 现行国际公约对国际粮食贸易的法律规制

影响粮食生产和贸易的因素很多,涉及气候、农作物本身、质量监管和国际贸易政策等,这些因素在国际社会基于不同的目的都被引起了不同程度的重视。了解现行与国际粮食贸易相关的国际公约的内容,对于新时期制定我国国内的相关法律法规以便更好地促进国际粮食贸易健康发展大有裨益[①]。

## 第一节 WTO多边贸易体制
## ——直接与国际粮食贸易有关的协议

多边贸易体制下的国际贸易与环境保护之间的关系日益密切,矛盾和冲突也日益凸显。WTO是国际贸易管理组织而非环

---

① NAFTA适度发展了环境友好型国际规则,甚至NAFTA下贸易与环境规制比WTO体制下的相关规则环保性还要强,二者在以贸易措施保护人类、动植物、环境安全的规则上相类似。由于篇幅所限,本章只涉及WTO框架下贸易规则与联合国气候变化框架下的公约及其对粮食贸易的影响等问题。

境保护组织,解决环境问题并非其追求的直接目标。尽管乌拉圭回合没有达成贸易与环境问题的专门协定,但是,WTO规则体系中却并不缺少贸易与环境关系的原则和规则,"这些原则、规则和决议共同构成贸易与环境关系问题的法律体系,并对各成员方的环境法律制度产生重大影响"[①]。《建立世界贸易组织马拉喀什协定》承认环境保护与可持续发展的必要性,在序言中强调,本协定各参加方应"依照可持续发展的目标,最合理地利用世界资源,寻求既保护和维护环境,又以与其各自在不同经济发展水平的需要和关注相一致的方式,加强采取相应的措施"。GATT/WTO《关于贸易与环境的决议》与《关于服务贸易与环境的决议》,也都提倡贸易和环境的协调发展,对WTO成员的环境法律制度产生重大影响。WTO把贸易发展与环境保护结合起来,除了规定一些原则要求外,还在其诸多贸易协议中设置了具体环境例外条款以寻求自由贸易与环境保护的平衡。例如,《1994年关税与贸易总协定》《农业协议》《实施卫生与植物卫生措施协议》《技术性贸易壁垒协议》以及《与贸易有关的知识产权协议》等均含有与环境保护有关的贸易条款——允许环境保护和禁止绿色壁垒。

## 一、《1994年关税与贸易总协定》环保例外条款

《1994年关税与贸易总协定》(The General Agreement on Tariffs and Trade 1994,以下简称GATT1994)第20条属于"一般例外条款",规定了WTO成员可以采取与其在多边贸易体制中所承诺的自由化义务相背离或不相符合的10项特定事由。一般认为,GATT第20条的(b)(g)两项是环境保护例外条款,分别规定

---

① 参见沈木珠:《WTO环境规则与我国环境法律制度的完善及创新思考》,《法律科学》2003年第4期。

为：(b)为保护人类、动物或植物的生命或健康所必须的措施；(g)与保护可用尽的自然资源有关的措施。在这种条件下，WTO各成员可以对进口产品采取比国内产品更严格要求的措施，前提是，此类措施不在情形相同的成员之间构成任意或不合理的歧视或构成国际贸易的变相限制。该项环保例外条款承认了各国国内环境政策的合法性，但易滋生贸易壁垒阻碍国际贸易的发展。实践中，为了充分保护本国生产者的利益和缓解就业压力，开拓国际市场，许多国家依据该例外条款，打着保护人类、动物或植物卫生与健康以及保护环境的旗号，制定了名目繁多的技术法规、标准和认证程序，而且时常变化，实则形成新的国际贸易壁垒，使许多外国商品尤其是发展中国家的商品难以适应。

依据这些规则，WTO成员可以采取不受WTO货物贸易规则中国民待遇、最惠国待遇等原则限制的措施。货物贸易方面的最惠国待遇原则规定在GATT第一部分核心条款中的第1条，即每一缔约方给予来自或运往其他任何国家的任何产品的利益、优待、特权或豁免，应当立即无条件地给予来自或运往所有其他缔约方领土的同类产品。国民待遇原则规定在GATT第二部分有关缔约国贸易政策的规定第3条，即各缔约方政府对于其他成员产品进入其领土时，对其所直接或间接征收的国内税或其他国内收费均不得超过对同类国产品征收的税费；在流通渠道等方面应给予其不低于同类国产品所享受的待遇，以保证进口商品能在相同的条件下和国内产品公平竞争。此外，第11条第1款关于取消一般数量限制的规定，任何缔约方除征收税捐或者其他费用以外不得设立或维持配额、进出口许可证或其他相关措施以限制或禁止其他缔约方领域产品的进口，或向其他缔约方领土出口或销售供出口的产品。该条第2款特别指出，上述规定可以不适用于粮食、生活必需品和农渔产品。亦即，GATT1994关于取消一般数量限制的规定有三种例外：(a) 为了防止或缓解出口缔约方的粮食或其他必需品的严重缺乏而临时实施的出口禁止或限制；(b) 为了实施国际贸易中的商品分类、分级和销售的标准及法规必需的进出口禁止或限制；(c) 为了限制国内产品数量或消除国内产品的暂时过剩等而对农渔产品进口而实施的限制，等等。此三种例外都直接或间接与保护生态环境相关，均可以视为与环境保护有关的例外。从粮食贸易角度看，GATT给予了缔约国更高的主权规定，协定将粮食、生活必需品和农渔产品作为取消一般数量限制原则的例外，充分说明了粮食对于一个国家发展的重要，缔约国有绝对的粮食主权权利，它国无权干涉。

## 二、WTO《实施卫生与植物卫生措施协议》

《实施卫生与植物卫生措施协议》(Agreement On The Application Of Sanitary And Phytosanitary Measures，以下简称SPS协议)从GATT第20条引申而出，是对该条(b)款"为保护人类、动物或植物的生命或健康所必须的措施"的详尽阐释，从法律层面上讲，它补充和发展了GATT第20条(b)款的规定，是规范农产品国际贸易的国际准则。其内容主要涉及食品安全、动物健康与植物健康三个领域，三个领域都与国际贸易密切相关，亦即食品、农产品贸易可能引致动植物和人类卫生以及食品安全问题。SPS协议对WTO成员实施卫生与植物卫生措施（即SPS措施）需要遵循的原则和规则作出了规定，旨在通过建立食品卫生与动植物检疫领域的多边规则，指导WTO成员制定和实施保护国内动植物健康和食品安全的规则，促进成员在合乎科学原则、等效及协调的方式下实施SPS措施，以使其对贸易的消极影响减少到最低程度，促进农产品国际贸易的发展。

SPS协议适用于所有可能直接或间接影响国际贸易的SPS措施，包括"一切有关的法律、法令、法规、要求和程序，特别包括：

最终产品标准;检疫处理……以及与粮食安全直接有关的包装、标签要求等"①。根据SPS协议的要求,各成员所采取的SPS措施必须是以科学原理为依据,不得超过其必需的程度,并不得在成员间构成任意或不合理的歧视及变相限制国际贸易;各成员采取SPS措施应该基于国际标准、准则和建议,包括食品法典委员会、国际兽疫组织和国际植物保护公约秘书处等机构的国际标准、准则和建议。各成员可以在存在科学依据或者经过风险评估认为该项SPS措施所提供的保护水平是适当的前提下,施行比现有有关国际标准、准则或建议更严格的SPS措施,但不得与协议其他规定相抵触,不得对国际贸易造成阻碍。此外,按照协议等效原则的规定,如果WTO成员出口方能够证明其对出口产品所采取的SPS措施客观上已达到了进口方适当的保护水平,即便是该措施不同于进口方或从事同一产品贸易的其他WTO成员方所采用的措施,进口方也应当视其为与自己采用的措施等效的措施而加以接受。承认其他成员SPS措施的等效性,允许达到进口方适当的SPS水平的产品进口,可以促进国际贸易的自由化和便利化。

尽管SPS协议要求,各成员经过评估决定使用该保护水平时,应考虑将对贸易的不利影响减少到最低程度且应避免任意或不合理地实施而引发对国际贸易的歧视或变相限制,但SPS协议允许各成员使用自己的SPS标准,允许各成员使用基于国际标准之上的较高标准等,使成员方在执行协议时有很高的自由度,显现出协议本身的一些制度漏洞,为SPS水平高的成员实施SPS措施提供了自由空间,会导致标准的过分使用和故意歧视的产生。实践中,发达国家比发展中国家更多地利用协议的一些模糊规定,进

---

① See Agreement on the Application of Sanitary and Phytosanitary Measures, Annex A, Definitions, Article 1.

行相应立法、增加检疫检验项目并提高标准,以此限制农产品贸易的正常进行。事实上,农产品贸易中的检疫摩擦与争端时有发生,SPS协议规定的为保护公共健康所"必需的"SPS措施异化为一种新的贸易保护工具。

WTO体系中还有一个协议设定了成员方禁止进口不符合国内健康、安全与环保标准产品的条件,即《技术性贸易壁垒协议》(Agreement on Technical Barriers to Trade,以下简称 TBT 协议)。与 SPS 协议只适用于食品安全等三个领域不同,TBT 协议范围广,适用于所有产品,包括工业品和农产品。TBT 协议主要用于确保 SPS 协议未涉及的技术标准和技术规章不会被用于保护主义的目的。当然,SPS 协议的细节性规定进一步确保了国际贸易的安全性,为贸易各方合法主张保护本国领土内的人类、动植物的生命或健康免受某种风险提供了国际法上的依据。国际粮食贸易中的粮食安全保障以优质粮食交易为前提,SPS 协议与 TBT 协议称得上是 WTO 框架下与粮食贸易最密切相关的协议,SPS 协议包含了与食品安全直接相关的包装和标识要求,较之 TBT 协议,SPS 协议与粮食贸易关系更为密切。

## 三、WTO《与贸易有关的知识产权协议》

WTO《与贸易有关的知识产权协议》(Agreement on Trade-Related Aspects of Intellectual Property Rights,以下简称 TRIPs 协议)是以国际贸易的制度框架来解决与货物贸易有关的知识产权问题的国际协议,涉及面广、保护力度大、约束力强,是迄今为止在知识产权法律和制度方面影响最大的国际公约。TRIPs 从版权及其相关权、商标、地理标志、工业品外观设计、专利、集成电路的布图设计、未披露信息等七个方面,向 WTO 各成员提出了对其保护的最低要求。同时,TRIPs 对知识产权的可获得性、范围及行使标准、获得与维持程序以及纠纷的预防与解决等作了详细规定,使知识产权问题与贸易问题密不可分。此外，还涉及对许可合同中限制竞争行为的控制等问题，反对滥用知识产权。TRIPs关于最惠国待遇原则的规定，第一次将国际贸易中对有形商品的这一贸易原则延及知识产权保护领域，超出了其之前的所有知识产权领域的国际公约的规定。

知识产权保护和环境保护本应是平行而互相独立的两个体系，但基于知识产权生态化的要求导致两者会在一定情况下产生交叉和冲突[①]。TRIPs鼓励研究、创新、技术转让和使用包括环境技术在内的新技术，提高所有成员保护环境的能力。第27条第2、第3款规定了不授予专利的情况，其中第2款规定："各成员方为了保护人类、动物或植物的生命或健康，或避免对环境造成严重损害，可拒绝对某些发明授予专利权，以阻止对这些发明的商业利用。"第3款规定了成员方可以排除可专利性的几项内容[②]。尽管TRIPs规定了发展中国家与发达国家有差别待遇，但其关于环境例外的规定过于向发达国家倾斜，如知识产权是私权的规定可能妨碍合乎多边环境协议要求的环境友好技术由发达国家向发展中国家的转移；未对现代生物技术（主要是基因工程技术）做出管制规定，等等。TRIPs协议还有许多需要完善的地方，需要解决贸易自由化与环境保护两者之间的矛盾，以及粮食转基因专利保护与专利权持有人滥用知识产权的规制等问题，以真正实现其保证实施知识产权的措施和程序本身不成为合法贸易的障碍，促进国际经济和贸易的发展的宗旨。

此外，WTO《补贴与反补贴措施协议》规定了"绿色补贴"，第8条第2款（C）项规定，"为促进现有设施适应法律和/或法规实行

---

① 周长玲：《TRIPs协议对国际环境保护的影响》，《知识产权》2005年第1期。
② 该款规定："缔约方还可以排除下列各项的可专利性：（a）人类或动物的疾病诊断、治疗和外科手术方法；（b）除微生物之外的植物和动物，以及本质上为生产除非生物方法和微生物方法之外的植物和动物的生物方法。然而，缔约方应以专利方式或者一种有效的特殊体系或两者的结合对植物新品种给予保护。"

的新的环境要求而提供的援助,这些要求对公司产生更多的约束和财政负担,只要此种援助是与公司计划减少废弃物和污染有直接联系且成比例,……"则被视为不可申诉补贴。亦即,对法规要求的环保进行的补贴是 WTO 所允许的补贴。另外,《农业协议》在前言中特别提出了粮食安全问题和环境保护问题①,协议还规定,环境项目的政府支持可免除国内补贴削减义务。《服务贸易总协定》第 14 条一般例外第 1 款(b)规定,只要不对情形类似的成员方构成任意或不合理的歧视,或不构成对服务贸易的变相限制,各成员方有权采取"为保护人类、动植物的生命或健康所必需的限制性措施"。

综上,尽管 WTO 环境规则形式较为零散,但 WTO 规则体系已给出了处理国际贸易与环境保护问题的答案:主张开展国际贸易推进环境保护,但不能使环境保护成为贸易保护的借口,设置环境贸易壁垒。它先是肯定 WTO 成员方可以为保护人类、动植物的生命或健康以及保护环境,而制定和采取相应的环境政策、法律法规和措施,又要求这些政策、法律法规和措施不能阻碍多边贸易体制的正常运转,而且,从实践来看,凡诉诸 WTO 的涉及环境问题的贸易纠纷案件,WTO 争端解决机构在审理时亦对 WTO 成员采取的环境措施予以肯定。可见,WTO 的作用是推进贸易自由化并确保环境政策不构成环境壁垒,贸易规则也不对国内环境保护造成阻碍。但其主要义务是制定和协调多边贸易政策,环境保护规则往往成为"例外"。

---

① 《农业协定》前言指出:"……注意到应以公平的方式在所有成员之间作出改革计划下的承诺,并注意到非贸易关注,包括粮食安全和保护环境的需要,注意到各方一致同意发展中国家的特殊和差别待遇是谈判的组成部分,同时考虑改革计划的实施可能对最不发达国家和粮食净进口发展中国家产生的消极影响;特此协议如下:……"

## 第二节 联合国气候变化多边体制
## ——间接影响国际粮食贸易的公约

气候变化与国际粮食贸易之间相互影响,应对气候变化的国际公约自然会间接地影响到粮食贸易。早在 1979 年 2 月第一次世界气候大会上通过的《世界气候大会宣言》就认为,粮食、水源、能源、住房和健康等都与气候关系密切,并指出,人类必须了解气候方能够更好地利用气候资源及避免不利影响。更好地处理气候变化与国际粮食贸易之间的关系,需要正确理解联合国气候变化框架公约体系。

### 一、《联合国气候变化框架公约》

《联合国气候变化框架公约》(United Nations Framework Convention on Climate Change,UNFCCC,以下简称《气候变化框架公约》)是国际上第一个为全面控制二氧化碳等温室气体排放以应对气候变暖的国际公约,是创建气候控制的全球体制的第一步[1],是国际社会在应对气候变化问题方面进行国际合作的基本框架,奠定了应对气候变化国际合作的法律基础,具有法律约束力,其问世是人类社会高度关注气候变暖并寻求解决途径的结晶[2]。

《气候变化框架公约》设定的最终目标是,"将大气中的温室气体含量稳定在防止气候系统受到危险的人为活动干扰的水平上。

---

[1] See Greg Khan, The Fate of the Kyoto protocol Under the Bush Administration, The Berkeley Journal of International Law, Vol.21:258, p.549.
[2] 公约 1992 年 6 月 4 日经由联合国大会通过,1994 年 3 月 21 日正式生效。中国于 1992 年 6 月 11 日签署该公约,是公约最早的 10 个缔约方之一。

这一水平应当在足以使生态系统自然地能够适应气候变化、确保粮食生产不受威胁并使经济能够可持续发展的时间范围内实现"。为了平衡环境保护与经济发展之间的关系,公约确立了五项基本原则,分别为:"共同但有区别的责任"原则、充分考虑发展中国家的愿望和具体要求原则、风险预防原则[①]、可持续发展原则以及加强国际合作原则(使应对气候变化的措施不能成为国际贸易的壁垒)等。其中,"共同但有区别的责任"原则是公约的核心原则,要求在公平的基础上,各缔约国根据各自的能力,为人类当代和后代的利益保护气候系统,同时,考虑到温室气体排放的最大部分源自发达国家,公约要求发达国家应率先采取减排措施应对气候变化及其不利影响。

(一)《气候变化框架公约》的积极意义

《气候变化框架公约》是国际社会应对气候变化的重要法律文件,为应对全球气候变化提出了新的要求和目标,以可持续发展为指导思想,在经济、社会发展规划中融入环境影响因素。公约既影响消耗化石燃料并排放温室气体的各种人类活动,又影响开发森林等与公约规定的"库"和"汇"有关的人类活动[②]。

1.《气候变化框架公约》开启了国际环境保护的新领域

环境问题关乎人类发展、粮食保障,解决环境问题必须依靠完善的国际制度。从国际环境法的发展历程来看,如果说1972年斯德哥尔摩人类环境会议是一个标志性的转折点的话,那么1992年的《气候变化框架公约》就是一个里程碑。它是世界上首个全面控制二氧化碳排放及应对气候变化的国际性公约,在国际环境法体系中开拓了一个新的领域并初步建立了气候变化的国际框架,是

---

[①] 即缔约方应当采取预防措施,预测、防止和减少引起气候变化的因素并缓解其不利影响。当存在造成严重或不可逆转的损害之威胁时,不应当以科学上尚无完全的确定性为由推迟采取相关措施。

[②] 林灿铃:《国际环境法》,人民出版社2004年版,第327页。

国际气候变化应对法的基础,具有权威性和普遍性。

2. 公约的基本原则体现了国际社会公平理念

基本原则作为公约统筹全局的原理和精神,其内容直接关系制度建设的质量。公约列举的指导原则既有国际环境法的基本原则,也有专属于气候变化应对法领域的特殊原则。公约重申这些原则表明了其本身的重要性,也体现了国际社会对公约的重视,特别是在应对气候变化这一国际问题上,凸显了国际社会对公平理念的重视。"共同但有区别的责任"原则和考虑发展中国家特殊情况原则是公约在公平理念下的基本精神的充分体现。它强调不同国家在应对气候变化上的共同性,但同时必须考虑发展中国家的具体情况而区别对待,承担不同的责任义务。该原则要求缔约方特别是发达国家缔约方根据其历史责任和经济发展水平承担与自身能力相符的国际责任,特别是要求其对发展中国家提供资金援助及技术支持,而发展中国家有效履行其公约项下义务的程度高低,将取决于发达国家有效履行其所承诺的有关资金和技术转让的程度如何等等,对发展中国家提出比较宽松的要求,是该原则精神最好的体现。将该原则引入全球气候变化问题,既丰富和发展了国际环境法的基本原则,同时也为全球应对气候变化提供了新的思路。

3. 加强了国际环境法领域的国际合作

气候问题影响全球发展,任何一个国家都不能独善其身,依靠国际合作解决气候问题是最有效的选择。《气候变化框架公约》是首个由国际社会全体成员参与谈判的国际环境条约,尽管只是一个框架性公约,具有"软法"性质,但其得到了绝大多数国家的认可,其缔约国已达190多个,具有广泛的国际社会基础。实际上,也正是由于公约未规定各个缔约国具体的并且有约束力的国际义务,在客观上促使了绝大多数国家在较短时间内加入公约。被国际社会的普遍接受也使公约在很大程度上具有了法律意义之外的约束力,会促进缔约国包括那些不承担减排义务的国家调整其国内法律和政策。根据公约,几乎所有的人类活动都要受到其影响,其广泛适用性是国际法在环境领域的一个巨大进步,为国际合作应对气候变化奠定了法律基础。

4. 蕴含着环境与贸易的协调问题

《气候变化框架公约》第3条第5款明确规定:"为应对气候变化的措施,包括单方面措施,不应当成为国际贸易上的任意或无理的歧视手段或隐蔽的限制。"该条款意义深远,在一定程度上揭示出国际气候变化立法的动向:人类将如何正确处理环境与贸易的关系问题,换句话说,如何正确处理应对气候变化国际公约与WTO贸易规则的关系问题。结合前述,不难看出,公约的规定与GATT1994第20条例外条款在表述上如出一辙。但现实中需要进一步协调与处理好与贸易有关的环境措施和多边贸易规则之间的关系问题。

(二)《气候变化框架公约》的缺陷

1. 缺乏强有力的硬性规定,软法性质过强

公约的签署是伴随着《里约宣言》进行的,它很大程度上是联合国环发大会的附带产物。虽然前期经过了多方的酝酿与商讨,但其规定多属于宣言式的。公约采用的是框架性立法的模式,只规定各国的一般性义务,并未对那些关键性的义务如缔约国的减排比例、资金支持额度和技术转让等问题做出具体要求,也未规定实施机制,从这个意义上可以说,公约缺乏法律上的强制约束力,尤其在监督和制约机制方面,客观上反映了各缔约方利益博弈的复杂性。但公约目标的实现还有赖于各缔约国之间进行必要的协商和达成共识,因此漫长而又曲折的气候谈判历程也就此拉开帷幕。

2. 缺少明确的实质性承诺

公约规定,发达国家和转型国家要率先减少温室气体排放,缔

约方的承诺是公约的核心内容。但公约针对发达国家规定的具体承诺仅仅是相对一般承诺而言,缺乏具体和明确的、实质性的关于附件一缔约国和其他缔约国的排放限制的承诺,而且措辞冗长。"作为一个执行手段,环保条约在很大程度上依赖于它的透明性"①。公约并未规定有约束力的温室气体排放限制机制,也未明确说明哪些气体属于需要管制的温室气体,只是概括性叙述为《蒙特利尔议定书》未予管制的其他温室气体。另外,公约要求发达国家采取政策、措施以期达到目标,但是却没有提及应采取怎样的具体措施,且对于 2000 年后的减排目标也未做出规定。

3. 没有具体的机制运作规定

公约中规定了资金机制、履行信息机制和争端解决机制等法律制度,这些机制的创设为国际社会公平合理地解决气候变化问题提供了一个崭新的平台。但基于公约本身的框架性,无法将这些机制做细节性规定,可操作性不强。例如,资金机制是确保公约得以有效履行的重要法律基础,在资金援助和技术支持上,公约第 4 条第 8 款要求发达国家向发展中国家特别是其所列举的最容易受到气候变化不利影响的国家提供资金和技术支持,但未能就资金援助和技术转让问题达成具体协议,譬如关于资金的具体来源等公约未作出规定。尽管有的国家对此做出了承诺,但在资金的数额、管理及时间等方面仍有待进一步磋商,实则缺乏具体的实施条件和操作步骤。

尽管《气候变化框架公约》有着自身的不足,但作为框架性公约,其在应对全球气候变化方面的倡导得到了国际社会的高度认可,为国际社会在应对气候变化问题上开展合作提供了法律框架,为后续的制度发展做了有力铺垫。公约也规定可在后续从属的议

---

① [美] 希拉里·弗伦奇著:《消失的边界》,李丹译,上海译文出版社 2002 年版,第 198 页。

定书中设定强制排放限制,"它无疑仍是一个非常重要的国际文件,它的全面实施对人类生活的影响将比任何其他文件都更加重大"①。

## 二、《〈联合国气候变化框架公约〉京都议定书》

由于《气候变化框架公约》的内容过于框架化,并未对有关缔约国排放义务进行强制性规定,缺乏可操作性。1997年12月公约第三次缔约方会议期间,经过艰难的讨价还价终于完成谈判,制定了《〈联合国气候变化框架公约〉京都议定书》(Kyoto Protocol for United Nations Framework Convention on Climate Change,以下简称《京都议定书》),这是人类历史上第一次以法规的形式限制温室气体排放。它为发达国家规定了有法律约束力的定量化减排和限排指标,同时也设立了联合履约机制、清洁发展机制及排放贸易机制等三种非常灵活的履约机制,允许发达国家通过碳交易市场等完成其减排任务,为发达国家提供了回旋余地。

(一)《京都议定书》的积极作用

《京都议定书》是第一个为发达国家规定量化减排指标的国际法律文件,并首次规定了控制温室气体排放的时间表,其核心指导思想在于如果不采取多边协定的方式来约束缔约国的主权,也就无法在应对气候变化方面取得显著进步②。议定书最大的亮点是具有法律上的约束力,其制度安排弥补了《气候变化框架公约》的不足,具有如下优点:① 它是《气候变化框架公约》下第一个包含量化减排目标的国际法律文件,被公认为是国际环境外交的里程碑,在国际环境法方面实现了突破,其生效标志着控制气候变化的

---

① [法]亚历山大·基斯著:《国际环境法》,张若思译,法律出版社2000年版,第221页。
② Peter D.Cameron, History of Climate Change Law and Policy, Paul Q. Watchman, Climate Change: A Guide to Carbon Law and Practice, Globe Business Publishing Ltd., 2008, pp.30 – 31.

国际法律制度基本形成。② 确定了三种灵活机制以协助各缔约国在降低温室气体排放时能以经济效益的方式促进自身的可持续发展，使发达国家能够在本国以外的地区取得减排的抵消额，从而可以以较低的成本达到减排的目标，避免其因履行控制温室气体排放的承诺而可能导致的对国内经济发展的限制，同时也为发展中国家提供了国外资金、先进技术并提高其能源利用效率。它的实施与国际的排放贸易等紧密相关，使得其不仅仅是一个国际环境协定，更像是一个国际贸易协定，既关系到人类生存与发展的共同环境利益，又涉及各缔约国在未来世界体系内长期的经济、能源与环境发展空间以及相关权利与责任的确定，影响着一个国家的经济竞争力，也必然会对世界的经济、政治格局产生深远的影响。③ 坚持了"共同但有区别的责任"原则并以法律形式予以明确、细化，具体体现在，规定了发达国家应承担的"减排"量化义务，而未对发展中国家作减排硬性规定，另外还将国际环境合作原则确定为制定法律规范的整体性指导原则，实现了国际社会采取共同行动应对气候变化问题的突破。④ 确认并提高了气候变化问题的政治和社会关注度，这次以减缓为轴心的会议也影响着未来减缓以外的其他气候变化制度问题之解决与气候变化制度之综合发展①。

（二）《京都议定书》的局限性

作为各缔约方之间博弈的产物，议定书存在着种种"先天不足"，有其一定的局限性。主要表现在：①《京都议定书》约定的有效时间较短，减排目标的确定缺乏科学性。任何项目的开展都需要一个适应过程。议定书只规定了第一期（2008—2012年）的减排目标，没有约定2012年以后各国具体减排量，约定的有效时间

---

① 参见张梓太、张乾红：《国际气候适应制度的滞后性及其发展障碍》，《法学》2010年第2期。

太短,不利于减排指标义务的完成和减排措施的长期执行,也与气候变化问题的严重性和长久性不相符。而且议定书中确定的5.2%的减排目标仅是各缔约国之间协商谈判的结果,没有科学做支撑,不能排除目标制定随意性的可能。规定的减排时间过短,完成减排指标主要靠履约国家自觉进行,缺乏法律的有效约束,减排效果必然大打折扣。另外,《京都议定书》对发达国家的减排目标分配也不尽合理。各国在订立相应的减排目标时过多地考虑了经济效益,而对环境保护的问题考虑不够充分,因此,议定书对于减排义务的分配只能是各国政治博弈的结果,缺乏足够充分的科学依据①,对于真正减少温室气体排放作用有限。② 履约机制存在缺陷。三种灵活履约机制存在漏洞:首先,三种机制可以最大限度地降低履约国的减排成本,但排放额度的交易并未真正减少履约国国内二氧化碳的排放总量,可能被发达国家将其本应承担的义务转嫁给限排额度的出售国,以此来逃避其应当以国内行动履行的承诺,使发达国家的减排计划流于形式。被认为是"双赢"机制的清洁发展机制甚至存在着发达国家向发展中国家转嫁排污责任的嫌疑;其次,交易必然伴随着财富的转移,而机制实施造成国家间财富的大量转移可能使各缔约方将注意力集中在运行机制中自身利益的得失上,而非正确对待减缓气候变化,进而可能会减缓温室气体减排的进程,违背创设机制的初衷。例如颇受诟病的排放贸易机制中的"热气"问题②;此外,三种履约机制的规定较为原则,如何运作与管理,议定书并未加以说明,这在一定程度上导致了之后气候变化国际谈判的反复,也可能会导致议定书遵守的高

---

① 参见庄贵阳、陈迎著:《国际气候制度与中国》,世界知识出版社 2005 年版,第92页。
② 俄罗斯和乌克兰由于经济下滑,温室气体排放量也随之下降,远远低于1990年的水平,这意味着它们不必采取任何限排、减排措施,同时根据排放贸易规则,还可以将这些剩余的排放权出售。有关数据显示,通过热气交易,俄罗斯和乌克兰可以赚到大约200到1 700亿美元。

成本。③ 对缔约国的约束机制过于宽松,缺乏强有力的责任机制。议定书第 27 条关于"缔约方可随时向保存人发出书面通知退出本议定书"的规定意味着,如果某一缔约国不愿继续承担减排义务而选择单方退出,它将不会受到任何惩罚。法律的空白地带反映了议定书的宽松约束机制的不足,不能有效地约束缔约方的行为,为那些不愿承担减排义务的国家逃避议定书制约而又不承担任何责任提供了可能,有可能会打击发达国家对发展中国家资金援助和技术转让的积极性,也使人们对议定书的有效实施产生疑虑,甚至影响温室气体的控制效果。

作为有约束力的国际法律,议定书缺乏有效的激励机制以及制度体系,没有强有力的责任机制,不利于其顺利履行。议定书第 18 条对履约制度作了决定,但没有任何实质性内容,未明文规定不履行承诺问题以及对违反议定书义务的国家是否采取具有约束力的措施。议定书没有规定惩罚细则,自然就不能充分规制发达国家的违约风险。尽管议定书及其后续协定确立了"不遵守程序"(Non-compliance procedure)来处理缔约方在履行义务时出现的问题,但该程序尚不足以涵盖所有可能基于议定书产生的争端[1]。必须规定公约履行的保障措施,才能保障公约的有效履行,实现公约的根本目标。实际上,正是由于这些缺陷的存在,使得发达国家在议定书第一承诺期生效后,并未在减缓行动上取得任何显著成效。

不管是《气候变化框架公约》,还是《京都议定书》,都是各国在联合国框架下博弈的结果。由于参与国家数量多、国家性质复杂、各国利益冲突明显,导致协定制定过程漫长且复杂,实施过程面临诸多困难。尽管《京都议定书》本身有着缺陷和不足,但作为人类

---

[1] Peggy Rodgers Kalas, Alexia Herwig, Dispute Resolution Under the Kyoto Protocol, Ecology Law Quarterly, Vol.27, 2000, p.129.

在面对气候变化问题上采取的重大应对措施,议定书为促进国际社会重视气候变化、加强国际合作、推动碳减排等起到极其重要的作用。在漫长的国际社会博弈中,议定书融汇了环境、科学、政治等方面的学术成果,具有重要的历史意义,尤其是在国际环境法领域的重大突破,对气候变化国际法律制度的建立具有里程碑意义。

2015年12月12日,巴黎气候变化大会通过了全球气候变化的新的、具有法律约束力的《巴黎协定》(Paris Agreement)。2016年4月22日,177个国家在联合国总部签署了该协定。协定规定,国际社会将"全球平均气温升高幅度需控制在2摄氏度以内"作为目标,并为把升温幅度控制在1.5摄氏度以内而努力。《巴黎协定》只是为所有国家提供了一个框架,2020年后加入协定的国家将以"自主贡献"的方式参与全球应对气候变化行动,实现2020年至2030年间全球碳减排的目标。《巴黎协定》将在2020年起替代《京都议定书》。

## 三、联合国气候谈判的困境与粮食安全问题

《联合国气候变化框架公约》和《京都议定书》是全人类共同应对历史上最具挑战性的环境外部性难题的基本制度安排,并将进一步衍生出规制温室气体减排及人类经济社会发展的重大国际制度[1]。《气候变化框架公约》为人类应对气候变化开启了新的国际道路,《京都议定书》则是在这一道路上的开拓和创新,可以说,在联合国气候变化框架体系下控制气候变化的国际法律制度已基本形成,它还包括其他所有与气候变化问题相关的国际制度规范,具体指从1995年以来,历次缔约方会议先后形成并签署的一系列法律文件,如《柏林授权》《日内瓦宣言》《布宜诺斯艾利斯行动计划》

---

[1] 参见邓梁春、吴昌华:《中国参与构建2012年后国际气候制度的战略思考》,《气候变化研究进展》2009年第3期。

《波恩协定》《马拉喀什协议》《德里宣言》等围绕议定书的履行而形成的一系列计划、宣言、协议及指南等规范性文件,这些文件对完善和丰富议定书做出了重大贡献。但 20 多年谈判的过程也充满了曲折与矛盾。

(一)气候谈判的困境

气候变化问题是个环境问题,也是个经济与发展问题,还关乎一个国家的政治。不同国家的发展水平、环境禀赋、文化背景等诸方面的差异致使其在气候谈判中有着不同的诉求,决定着在气候谈判过程中必然存在着利益冲突和意见分歧,国际气候谈判充满着不同利益集团的利益博弈。

国际气候谈判集中体现了发达国家和发展中国家的南北矛盾,这一矛盾成为制约国际气候合作进程的主要矛盾。发达国家与发展中国家由于历史上温室气体排放的差异,在如何承担环境责任和义务上有着重大分歧,前者的"奢侈性排放"和后者的"生存性排放"的区别,决定了发达国家更重视环境问题而发展中国家更注重经济发展。发展中国家由于经济水平相近、发展需求相同,故而结成联盟,南北矛盾一直是历届气候变化谈判的主线,两大阵营围绕着温室气体减排责任的承担、气候变化的减缓与适应、可持续发展等三大问题展开了激烈的斗争。

气候变化谈判的背后是国家的发展空间、产业竞争力以及国际话语权之争,除了南北矛盾外,发达国家尤其是欧美之间的矛盾也很突出。欧盟是气候谈判的发起者,在《京都议定书》构建时期的气候领导作用不可或缺,在美国宣布退出京都议定书的情况下,欧盟依然带领全球进入"减排时代"。欧盟通过清洁发展机制和全球环境基金机制援助发展中国家、通过联合履约机制援助中东欧国家、通过支持俄罗斯加入 WTO 以及加强贸易联系等交换条件使其批准《京都议定书》,等等,使欧盟的国际政治地位不断提升,成为"国际气候谈判的领导者"。但是自 2008 年以来,由于经济危机、欧洲内部政治等问题,欧盟的气候谈判领导能力减弱,但 2011 年以来逐渐得以恢复并不断上升,可以预见,欧盟今后依然是气候谈判的主要推动力量。以美国为首的"伞形集团"[①]是国际气候谈判中另一支重要的政治力量,美国因不愿承认"有区别的责任"而一直未批准《京都议定书》这一法律文件,并于 2001 年 3 月宣布退出,其国际形象受损。为了恢复美国在国际气候变化领地的声誉、重振美国的国际地位和话语权,奥巴马政府一改往届政府的做法,积极推动国内有关气候的立法,例如令众议院通过了《清洁能源安全法案》,为美国低碳经济发展提供了较为完善的法律支持。在国际上采取更加积极的态度高调参与到国际气候谈判中,在 2009 年的哥本哈根会议上态度积极,试图重新掌握气候谈判主导权,维持其在国际事务中的主导地位,谋取在未来能源、环境领域的战略优势[②]。

此外,发展中国家集团内部的分化也使气候谈判增加变数。自 1991 年国际气候公约谈判启动以来,"南北格局"始终是气候谈判的主线,发展中国家强调发达国家在气候变化问题上的历史责任并将"共同但有区别的责任原则"写入公约。在公约通过后,尽管发展中国家内部的矛盾分歧在加剧,但"77 国集团+中国"模式依旧能延续,南北对立的格局依旧在维持。而德班会议之后(京都会议之后),在国际气候谈判中南北对立的基本格局开始淡化,碳排放大国与碳排放小国之间的矛盾开始突显。发展中国家内部的观念差异化加剧,在气候问题上各自利益关注点的不同使阵营内部出现严重分裂,存在着小岛屿国家联盟、雨林国家联盟、最不发

---

[①] 伞形集团(Umbrella Group),是在全球气候变暖议题上不同立场的国家利益集团,具体指除欧盟以外的其他发达国家,包括美国、日本、加拿大、澳大利亚、新西兰、挪威、俄国、乌克兰等。从地图上看,这些国家的分布很像一把"伞",故名。
[②] 美国虽然宣布退出《京都议定书》,但其仍是《联合国气候变化框架公约》的成员国,并未完全退出这一机制,国际气候变化机制也不可能排除美国的参与。

达国家、基础四国①等不同的利益集团,其中小岛屿国家联盟和最不发达国家站在欧盟的立场上向新兴国家施压,要求实施全面减排措施。发展中国家内部利益的多样化需求已很难让"77 国集团＋中国"在气候谈判中统一立场。

气候变化的应对是世界各国的集体行动,成本高且缺乏实质性成果。欧盟、以美国为首的伞形集团、发展中国家及最不发达的国家等处于不断变化中的不同利益团体的不同诉求,使气候谈判缺少核心推动力,也使气候谈判过程艰苦、气候治理进程缓慢。因此需要国际社会共同努力,协调各方的利益,使国际气候谈判和国际环境机制朝着更加公正合理的方向发展。

(二) 气候谈判中的农业议题与粮食安全

农业易受气候变化的影响,是对气候变化反应最为敏感的部门之一,在应对气候变化中表现出很大的生态脆弱性,但农业又是缓和气候变化的一个重要因素,可以帮助减少温室气体排放且农业领域的减排潜力很大,因而在全球气候谈判中越来越受到重视,在谈判中的地位也在不断提高。可以说,农业议题与粮食安全问题在气候谈判中经历了从无到有、从不被重视到重视的过程。

全球气候谈判的初期并未涉及农业领域,《气候变化框架公约》虽有提及但仍旧模糊。如前所述,促进减少温室气体排放和人为活动对气候系统的危害,以及确保粮食生产不受威胁是公约的

---

① 小岛屿国家联盟(Alliance of Small Island States,AOSIS),是受全球变暖威胁最大的几十个小岛屿及低海拔沿海国家组成的国家联盟,成立于 1990 年,成员几乎均为发展中国家,其中 10 个国家在联合系统内享有"最不发达国家"地位。小岛屿国家联盟在全球气候谈判中关注的焦点问题为全球变暖、海平面上升;雨林国家联盟由非洲和南美洲国家的热带雨林国家组成,包括中非、加蓬、民主刚果、刚果、多米尼加共和国、哥斯达黎加、危地马拉、尼加拉瓜、巴拿马、斐济、巴布亚新几内亚、所罗门群岛、瓦努阿图、玻利维亚、智利等 15 国,主要呼吁保护雨林生态,其目标为,到 2020 年让发展中国家的乱砍滥伐减少 50%;基础四国(BASIC countries),巴西、南非、印度和中国四个主要的发展中国家在 2009 年 11 月哥本哈根气候大会召开前夕组成的气候谈判集团,是在世界气候变化问题上立场一致的发展中国家。

最终目标之一。尽管在其他方面公约也涉及农业领域,譬如,要求各缔约方在制定、定期更新和公布其所有温室气体源的人为排放和各种汇的清除方面,在制定、执行、公布和经常地更新国家的(及在适当情况下区域的)减缓气候变化的计划,以及便利充分地适应气候变化的措施等均涵盖农业领域,但是框架公约对于农业应对气候变化的规定比较笼统,农业只是"被提及""被涵盖"在应对气候变化领域之列,并未真正认识到农业对于气候变化的重要影响。

作为公约的补充条款,《京都议定书》旨在"将大气中的温室气体含量稳定在一个适当的水平,进而防止剧烈的气候改变对人类造成伤害。"其第2条第1款(a)要求附件一缔约方在实现关于其量化的限制和减少排放的承诺时,应根据本国情况,执行和/或进一步制订政策和措施以促进可持续发展,诸如"在考虑到气候变化的情况下促进可持续农业方式"等。2001年10月29日至11月9日举行的公约第七次缔约方会议上通过的"马拉喀什协议",决定京都机制、技术转移、土地利用与林业等执行规范,通过了强调气候变化与可持续发展的关联,对京都议定书的法律机制的规范有了相应的说明。所谓可持续农业是指不会耗尽资源和损害环境的农业生产体系,根据美国1990年农业法的定义:"可持续农业是一种因地制宜的动植物综合生产系统。在一个相当长的时期内能满足人类对食品和纤维的需要;提高和保护农业经济赖以维持的自然资源和环境质量;……提高农民和全社会的生活质量。"农业的可持续发展意味着农药、化肥的少投入,粮食安全的保障等。农业议题在《京都议定书》中得到重视,农业领域采取的措施被纳入缔约国实现减排目标的手段中。例如,京都灵活机制中的清洁发展机制就明确将农业领域减排包括在内,从而农业减排成为气候谈判的一部分。在后京都时期,农业议题在全球气候谈判中的地位得以迅速提升,农业应对气候变化问题在气候协议谈判文本中多次出现。例如,2009年哥本哈根气候会议、2010年坎昆会议、2011

年德班气候大会等均有涉及,可见农业问题已经越来越引起国际社会的重视。2015年2月24日至27日,联合国政府间气候变化专门委员会(是联合国下属的跨政府组织)第41次全会在肯尼亚首都内罗毕召开,会议将"农业和粮食安全"作为重要议题。总之,在全球气候会议上达成与农业有关的协议,增加对农业资金的投入,增强粮食安全保障等,应成为国际社会的共识。

## 第三节 WTO贸易规则与国际气候变化应对机制的关系发展前景

### 一、国际气候变化应对机制的不足

自1992年《气候变化框架公约》签订至今,联合国气候变化框架体系已经走过了20多年,在应对气候变化的进程中取得了不菲的成绩。但是,以公约和议定书为主要法律约束的联合国框架下气候变化应对机制也表现出了一定的局限性。主要表现为:效率不高、气候谈判矛盾重重进展缓慢、部分国家不能承担相应的减排任务、没有建立起相应的保障履约过程中的责任机制与争端解决机制,等等,使得气候变化应对机制的实际履行效果并不理想。

(一)气候变化谈判效率低下进展缓慢

《气候变化框架公约》的缔约方国家数量众多,且各国经济发展阶段不同、国情差异大,因而在应对气候变化谈判中的分歧很大,难以达成一致协议。自首次缔约方大会于1995年3月28日在柏林召开以来,每年缔约方都举行会议,每次会议的进展都很缓慢。譬如,2009年的哥本哈根气候大会,由于在减排责任、资金支持与监督机制等议题上,发达国家与发展中国家存有严重的分歧,经过马拉松式的艰难谈判,最终只是达成了一个不具法律约束力的《哥本哈根协议》。2010年的坎昆会议,虽然各方普遍降低了对会议的预期,但谈判仍旧十分艰难,经过近两周的"苦谈",才在最后一刻实现逆转,尽管坎昆会议排除了重重障碍,通过了《气候变化框架公约》与《京都议定书》两个工作组所分别递交的决议,使各国重拾对缓解气候变化的信心,但却把更多的关键问题——包括有法律效力的减排目标、快速启动资金的具体问题和森林问题等留待下一次的气候大会解决,未能完成"巴厘路线图"的谈判意味着来年的谈判任务更为艰巨。2011年的德班会议被视为"拯救人类的最后一次机会",气候谈判也一度陷入僵局。发达国家与发展中国家的矛盾显得非常尖锐:对于公约确立的"共同但有区别责任"原则,发达国家更加强调应对气候变化的"共同"责任原则,声称中国、印度等发展中国家在发展的同时对气候变化产生了严重的影响,理应承担相应的减排任务;而发展中国家则更加强调"有区别"的责任,认为发达国家不应该忽视其在经济发展上升期对全球气候变暖的历史责任,以及现阶段发达国家比较高的人均碳排放量,发达国家应当承担温室气体减排的全部任务。德班会议虽然取得了如坚持双轨谈判机制、启动绿色气候基金等五大成果,但是也未能全部完成"巴厘路线图"谈判,还有"更多工作"需要完成。2012年12月的多哈气候大会,最后通过了一揽子决议,包括《京都议定书》修正案,但也经历了一天的"加时赛"。2013年11月的华沙谈判是《京都议定书》第二承诺期开始之后的第一次缔约方大会,取得了三个主要成果:德班增强行动平台基本体现"共同但有区别的责任"原则、发达国家再次承认应出资支持发展中国家应对气候变化以及就损失损害补偿机制问题达成初步协议,同意开启有关谈判。但是三个议题的实质性争议都未能解决。2014年12月的秘鲁利马气候大会,因其最初决议草案没有平衡反映发展中国家要求而未获批准,经过30多个小时的延时谈判勉强达成草案,尽管最终决议力度较之各方预期仍有差距,但基本上就巴黎大会协议草案的要素达成了一致,而原有的各种分歧也留给了来年的巴黎会议。2015年12月12日,经过13天密集而艰苦的谈判,终于达成了新的全球气候协议,各方将以"自主贡献"的方式参与全球应对气候变化行动的机制安排得以确立,但也并非完美无缺,也留有一些未解难题,如何加以落实成为引人关注的问题。

发达国家意图逃避历史责任,在自身减排和向发展中国家提供资金与技术转让支持的政治意愿不足,是影响国际社会合作、共同应对气候变化的最主要因素。任何缔约方在气候谈判中首要的核心要素即为自己争取更多的经济利益,能否进行对抗性谈判,最重要的因素取决于彼此间的经济发展实力。由于各国经济实力悬殊,所面临的环境问题迫切性不一样,使公约机制下缔约方会议的谈判效率低,不同国家各自站在自己的利益角度关注不同的中心问题,在谈判中难以达成妥协方案,谈判进展缓慢,法律强制约束力弱。有许多重要性议题在缔约方会议的讨论中一拖再拖,意见分歧使谈判被大量的无效的争论和讨论所占用,往往导致会议不得不延时,甚至在会议闭幕时各缔约方也难以达成共同的约定,只得将部分关键性议程延迟谈判。缔约方大会若要建立更加公平合理有效的国际气候体制,取得实质性突破,未来的谈判仍将任重而道远。

(二)缺乏强有力的责任机制不利于各国履约的顺利进行

软法性可以说是几乎所有国际条约的通病,条约的签订往往经历漫长的谈判过程,但是由于缺乏一个凌驾于所有缔约方之上的国际组织来确保这些国际条约的强制性实施,更多履约的动因往往来源于彼此间利益的兑换。气候谈判也是如此,各国不断争取现实短期利益,放弃了整体的长效机制。《气候变化框架公约》是一个可进可退的国际文件,进退之规定为利益套取提供了客观要件。面对全球的气候问题,高额的成本投入并不能换来即时利益,是资金进入的重大阻碍。加上搭便车意识作祟,缔约国履约的积极性受损。当初美国退出《京都议定书》的理由之一即是,实现

《京都议定书》为美国制定的减排目标将使美国承担 4 000 亿美元和 490 万人失业的代价,减排成本太大。其实,美国拒绝议定书还有另外的一个原因,那就是不愿意接受国际组织和协议的"约束"。

《京都议定书》是国际气候谈判所达成的具有法律约束力的条约,《马拉喀什协定》作为京都机制的实施细则尽管对议定书的履约机制作了较为详细的规定,但是据公布的数据显示,部分国家仍然有无法完成公约减排任务的可能,其中加拿大就曾经明确表明无法在第一承诺期到来时完成其减排任务,而且在德班会议之后公开宣布退出议定书来避免缴纳因完不成减排任务的罚款。根据相关的规定,未完成义务的缔约方在第二承诺期要弥补上相同的减排量,并加上额外的 30% 的惩罚量,同时剥夺其继续参加国际减排交易的资格。但对退出和不做第二期承诺的附件一国家却并未在法律上作出相应的处罚规定,相当于变相鼓励其在退出和继续议定书第二承诺期之间做出利弊权衡,"两利相较取其重"。议定书对进入和退出的低要求,对未完成履约规定的惩罚性条款不强等法律低洼地带的存在,使议定书约束机制不足,缺乏强制执行力。2012 年的多哈气候大会为相关发达国家和经济转轨国家设定了 2013 年 1 月 1 日至 2020 年 12 月 31 日的温室气体量化减排指标,维持了议定书具有法律约束力的减排框架。尽管从法律上确保了议定书第二承诺期自 2013 年实施,但发达国家对于其历史责任及"共同但有区别的责任"原则的淡化倾向更加明显,部分发达国家在减排问题上表现出越来越消极的态度。从决议的内容上看,多哈大会的成果有限:加拿大、日本、新西兰和俄罗斯已表明不参加议定书第二承诺期,而在第一承诺期碳排放余额的处理问题上,只有澳大利亚、挪威等六国表示不会使用或购买一期排放余额来扩充二期碳排放额度。在推动议定书的制定和实施中付出了很大努力的欧盟,在议定书第二承诺期问题上也开始变得保守,与其在哥本哈根会议之前的态度形成了鲜明对比。没有强有力的责任机制,使会议通过的决议在实施中受阻,给那些有责任承担但不愿承担减排义务的国家以可乘之机,也使议定书的权威性受到挑战。相比 WTO 框架下的协议,联合国气候变化框架体系下的公约的法律约束力要弱得多。

## 二、国际气候变化应对机制纳入 WTO 的可行性分析

联合国框架下的国际气候变化应对机制存在效率低下、缺乏强制力、实际效果不理想等不足,是否可以考虑通过其他的谈判平台来促进和补充联合国气候变化框架下的谈判并实现优势互补?尽管推进自由贸易占据着 WTO 核心价值体系的主导地位,但WTO 规则也为某些条件下因保护环境而采取贸易限制措施留下了制度空间,存在着将气候变化应对机制纳入 WTO 的可能性。

### (一) WTO 自身制度在调节国际气候变化制度中存在优势

WTO 是一个具有法律人格的国际性贸易组织,其目标是建立一个完整的、更具活力的和永久性的多边贸易体制。WTO 在协调各成员方之间的贸易关系方面,包括协调与处理排除贸易壁垒与保护生态环境之间的协调作用不可小觑。《建立世界贸易组织马拉喀什协定》第 3 条赋予了 WTO 五大主要职能:① 组织职能。即为了实现一揽子协议规定的目标,监管其管辖的各项贸易协议的履行和实施。② 提供职能。即为其成员提供适宜的开展多边贸易谈判和磋商的场所,并向发展中国家提供助其发展的必要的技术援助。③ 调节职能。即在 WTO 成员方之间发生争执和冲突时,WTO 负责协调和解决其贸易争端。④ 管理职能。即审议和监督各成员方的贸易政策和法规,定期评审以保证其合法性。⑤ 协调职能。协调其与国际货币基金组织和国际复兴与开发银行及其附属机构的关系,酌情与后者进行合作,以实现全球经济决策的更大一致性。WTO 的五大职能为各成员从国际贸易的角度应对气候变化提供了一个谈判场所,对于审议和监督各成员

的与气候变化有关的贸易政策和法规提供了法律依据,也为处理成员间与气候变化有关的贸易争端提供了便利。

WTO部长会议下设立专门委员会用以处理特定的贸易及其他有关事宜,技术性贸易壁垒委员会和贸易与环境委员会的工作就与气候变化紧密相关。以后者为例,贸易与环境委员会(Committee on Trade and Environment,以下简称CTE)是根据《关于环境与贸易的决议》成立的、直属于WTO总理事会、对所有WTO成员开放的专门委员会,其职责为:为促进可持续发展,确定贸易措施和环境措施之间的关系;对于多边贸易体制中的任何条款是否需要修改,提出与公开、公平、不歧视的与贸易体制相容的适当的建议[1]。在WTO的日常工作中,CTE作为WTO成员就环境问题召开讨论的场所和论坛,借以评析国际贸易与环境措施之间的关系,并就是否有必要修正现行多边贸易体系的条款提出建议。CTE为WTO处理贸易与环境问题奠定了最基本的组织基础。此外,世界贸易组织与气候变化组织之间也已经展开了相互合作,UNFCCC参加WTO贸易与环境委员会的会议,也是贸易与环境谈判的特别观察员,WTO秘书处亦参加UNFCCC的会议[2]。可以说,在应对全球气候变化问题上世界贸易组织是有其先天的制度优势的。

(二) WTO争端解决机制可解决气候变化国际争端

气候变化的国际协调机制能否有效运行,是国际上能否达到减少温室气体排放、遏制气候变暖的关键因素。但是设计一套全新的气候变化争端解决机制成本高昂,还将面临许多的不确定性。而WTO争端解决机制的合理性、明确性、强制性等有利于明确联合国气候变化框架公约下各履约国的责任与义务,对义务国进行

---

[1] 李居迁著:《WTO贸易与环境法律问题》,知识产权出版社2012年版,第31页。
[2] 赵玉焕:《多边贸易体制在应对全球气候变化中的作用》,《世界贸易组织动态与研究》2009年第9期。

法律约束。

争端解决机制是世界贸易组织对全球经济稳定做出的最为独特的贡献,是为多边贸易体制提供保证和可预见性的一个中心环节。WTO的争端解决机制中设置争端解决机构(Dispute Settlement Body,以下简称 DSB),以处理国际贸易争端与冲突。根据 WTO 争端解决机制的基本法律文件《关于争端解决规则与程序的谅解》第 2 条的规定,DSB 有权"设立专家组、通过专家组和上诉机构报告、监督裁决和建议的执行以及授权中止适用协议项下的减让和其他义务"。WTO 成员认为其他成员的法律法规、贸易措施违反了 WTO 贸易规则,则通过 WTO 争端解决机制而非采取单边行动,使 WTO 的规则和程序得以遵守,使贸易规则的运行更为有效,也使规则导向型(rule-oriented)的体制运行增加了安全性和可预见性。可以预见,以 WTO 争端解决机制的司法手段解决法律争端,责权利明确,可以弥补气候变化框架公约下缔约国责任不清、缺乏约束力的不足。况且经过多年的实践,WTO 争端解决机制已经发展得较为成熟,积累了一定经验,处理环境争议也可谓"驾轻就熟"。如果将气候变化应对机制纳入 WTO,将会使其实施更加高效,对缔约国具较强的约束性,使得各国在制定与完成应对气候变化温室气体减排任务时,能够充分考虑环境因素,采取切实可行的方法和措施实现温室气体减排的目标。

(三) 市场机制在联合国气候变化框架中的合理利用

《京都议定书》中规定的为实现减轻温室气体排放的三种碳交易机制——联合履约机制、清洁发展机制、排放贸易机制等,降低了全球温室气体排放单位成本,在缔约国实现减排目标的过程中发挥了重要的作用。三个灵活机制是根据合理的经济理论建立的,它鼓励各国采用最具有成本—效益的方法减少排放量,既允许各发达国家在温室气体排放总量控制下在其内部开展排放许可权交易(排放贸易机制),也允许发达国家在发展中国家取得减排单位(清洁发展机制),抵消其本国部分温室气体排放控制的承诺,从而以较低的成本、较高的效率实现其在议定书中既定的温室气体排放目标和承诺①。作为碳交易市场的主要组成部分,《京都议定书》的灵活履约机制的完善,有利于鼓励全球碳市场的发展和完善。

WTO 的目标是建立一个完整的、更具有活力的、永久性的多边贸易体制。通过市场开放、非歧视和公平贸易等原则的实施来达到世界贸易自由化的目标,是其成立的宗旨。其管理范围涵盖了货物贸易、服务贸易和知识产权贸易,从有形到无形,可谓无所不包。《京都议定书》项下的灵活履约机制,以碳排放量为交易来实现缔约国的减排义务,采用经济贸易手段达到保护环境的目的,进而可能引发该类措施与 WTO 之兼容性问题。

## 三、对 WTO 贸易规则与国际气候变化应对机制之关系的看法

### (一) WTO 面临新的挑战

WTO 贸易规则先天不足,本身存在着许多缺陷,诸如大量的例外条款对规则的"破坏"、发达国家主导的规则难以有效保障发展中成员的利益、多边贸易谈判和争端解决机制背后夹杂着权利政治因素,等等,随着 WTO 成员队伍的不断扩容以及多哈回合谈判新议题的增加,"协商一致"的决策机制②使得 WTO 制定新的贸易规则的难度增大,多边贸易谈判久拖不决,效率低下。由于

---

① 李静云:《走向气候文明——后京都时代气候保护国际新秩序的构建》,中国环境科学出版社 2010 年版,第 264 页。
② 协商一致原则(Principle of Consultation and Consensus)是 GATT/WTO 及其法律制度运作的一项基本准则,它是指出席会议的成员方对拟通过的决议不正式提出反对即视为同意。这种协商一致包括成员不出席会议,或者出席会议成员代表保持沉默、弃权或进行一般的评论等。亦即成员代表对某项议案只要不正式反对,就获得通过。除非有特殊规定,下列事项的决策一般应实行协商一致规则通过才有法律效力:(1) 对《WTO 协定》和多边贸易协定的修改;(2) 豁免成员方的义务;(3) 对 WTO 协定附件 4 诸边贸易协议的增加;(4) 对《关于争端处理规则和程序的谅解》(DSU)的修改;(5) 争端解决机构按照 DSU 作出的决定等。

WTO多哈回合贸易谈判的受挫和2008年金融危机的爆发,经济贸易全球化进程呈现整体停滞甚至倒退趋势,区域性合作模式再度受到追捧,据悉,向WTO通报并生效的区域自贸协定中八成以上是自多哈回合谈判停滞以来谈判签署的。从某种程度上说,WTO贸易规则已经落后于国际经贸格局的新变化,WTO成员丧失了在多边贸易机制上推进贸易自由化的信心,纷纷转向区域自由贸易协议,WTO正面临着前所未有的压力。

区域自由贸易协议(Regional Trade Agreement,以下简称RTA)一直与1995年诞生的WTO相共生,当今新的区域自由贸易安排不断涌现,热度不减,已成为世界对外经济政策的重要组成部分。根据WTO网站统计,截至2015年12月,GATT/WTO已经收到涉及货物、服务等方面的区域性贸易协议的通知(notification)约619个,其中已生效的RTA达413个[1]。仅亚太地区就已经签订了100多个自由贸易协定,处于谈判中的自由贸易协定还有100多个。区域贸易安排具有成员少、效率高、推进快等优势,但也存在着成本高、排他性强等问题。日益繁多的区域性贸易协议将耗费谈判诸国政府大量的时间、精力、人力资源和政治资本,将会衍生出不同的贸易规则,易带来贸易歧视,导致国际贸易碎片化,也将会对WTO的贸易自由化进程构成威胁,阻碍贸易的全球化,非歧视、透明的贸易原则也会被区域性的规则替代,对多边贸易体系带来冲击。目前,在全球范围内最引人注目的,莫过于《跨太平洋伙伴关系协议》(Trans-Pacific Partnership Agreement,以下简称TPP)和《跨大西洋贸易与投资伙伴协议》(Transatlantic Trade and Investment Partnership,以下简称TTIP),这也是史上最大的两个区域自贸协议。

---

[1] Evolution of Regional Trade Agreements in the world, 1948 – 2015, https://www.wto.org/english/tratop_e/region_e/regfac_e.htm.最后浏览日:2015年12月31日。

TPP由亚太经济合作会议成员国发起①,美国2008年2月加入TPP谈判后,开始主导TPP的进程和方向。2013年7月日本正式加入TPP谈判,使谈判成员国增至12个②,加入谈判国家增多,增加了谈判的复杂性。TPP覆盖了全球40%的经济规模,其中美国和日本的经济总量巨大,其经济规模占了TPP成员国的80%,而12个国家相互间的贸易额占全球总额的26%。TPP被设计成为"升级版的"WTO,包括各参与国间的一揽子自由贸易协定,从2011年11月以来,TPP谈判文本从原来的涵盖21个领域扩展到29个,涉及农业、劳工、环境、政府采购、投资、知识产权、服务贸易、原产地标准、保障措施、技术性贸易壁垒、卫生与植物卫生措施、透明度、文本整合等议题。2015年12月5日(当地时间)达成的基本协议包含货物贸易、投资、跨境服务贸易、知识产权等30个章节,涵盖了劳工、环境、国有企业优惠限制等其他贸易协定迄今未及的非贸易领域的议题,强化了知识产权、环境和劳工保护,其标准严格程度远超WTO,可能会对全球贸易规则产生深远影响。例如在农产品方面,TPP要求成员国间取消或削减关税和其他限制性政策,促进区域内农产品贸易,确保食品安全。

TTIP是美国与欧盟所提出的双边自由贸易协定,被世界各国视为一个"综合性"和"高标准"的双边自由贸易协定③,2013年6月17日(当地时间)启动谈判,至2016年7月,已开展了14轮谈

---

① TPP的前身是跨太平洋战略经济伙伴关系协定(Trans-Pacific Strategic Economic Partnership Agreement,P4),由亚太经济合作会议成员国中的新西兰、新加坡、智利和文莱等四国发起,2002年开始酝酿,旨在促进亚太地区的贸易自由化。2005年5月,四国协议发起跨太平洋伙伴关系,签订并生效,协议采取开放态度,目标之一即建立自由贸易区。美国2008年2月宣布加入,开始主导TPP的进程和方向。
② 12个TPP谈判成员国分别为:美国、日本、加拿大、墨西哥、澳大利亚、新西兰、智利、秘鲁、越南、马来西亚、文莱、新加坡。
③ 参见肖光恩、杨洋、汪艺:《欧美TTIP谈判对世界经济的影响与中国对策》,《湖北社会科学》2014年第7期。

判,议题广泛,涉及服务贸易、政府采购、原产地规则、技术性贸易壁垒及农业等。美欧是世界上两个最大的经济体,GDP 总量约占世界 50%,贸易额占全球 30%。一旦 TTIP 谈判达成协议,将会建起世界上最发达和规模最大的自贸区,涵盖全球 40% 的经济产出和 50% 的贸易活动。美欧之间关税将被取消,非关税壁垒也会大幅减少,在投资、监管等方面美欧亦将形成统一标准,达成统一监管市场,TTIP 则将改变世界贸易与投资规则及产业行业标准。

TPP 和 TTIP 作为美国在全球贸易领域推行的"两洋战略",囊括了全球主要发达经济体和众多新兴经济体,参与谈判的国家占到了全球贸易的一半以及全球经济的 2/3。TPP 和 TTIP 都是建立高标准的贸易协定,两者均又超出了贸易范畴,是更全面、综合的区域性市场经济体系,比一般的自由贸易协定具有更高的开放性[1]。如果两个贸易协定都能谈判成功,可能会改变全球贸易规则,WTO 的现行规则可能被弱化或架空。人们越来越担忧这种实际危险的明显逼近,即发达国家在用贸易多边主义认可的手段来削弱贸易多边主义自身[2]。美国前总统奥巴马将 TPP 和 TTIP 纳入其核心政策议程,力图打造"立足于下一代和 21 世纪"的贸易体制,但特朗普总统却以协定伤害了美国工薪阶层为由,于 2017 年 1 月宣布退出 TPP,使 TPP 参加国的国内生产总值合计从占全球近 40% 降至 13% 左右。之后参与 TPP 协定的 11 国改组 TPP,将其更名为"跨太平洋伙伴全面进展协定(Comprehensiveand Progressive Agreement for Trans-Pacific Partnership,CPTPP)",已于 2018 年 1 月完成谈判,并

---

[1] 孙兴杰:《清醒认识美国经贸版"两洋战略"》,《党政论坛·干部文摘》2013 年第 8 期。
[2] 参见石士均:《重视 TTIP 谈判对全球贸易规则的重大影响》,《外国经济学说与中国研究报告》2014 年辑刊。

将于 3 月签署。值得关注的是,新协议已为美国返场预留了空间,而且美国也很有可能重返 TPP。

尽管目前对于迅猛发展的 RTA 是否对 WTO 贸易规则带来冲击还存在着不同的声音,有人认为大多数 RTA 与 WTO 做了同样的事情,例如其争端解决机制并未比 WTO 争端解决机制走得更远[①],但是一旦国际上在 WTO 之外有更大规模的自贸协议生效,现行的 400 多个自贸协议会不会围绕在新的自贸区周围,从而降低 WTO 多边贸易体制的重要性,削弱 WTO 的吸引力和主导作用,使 WTO 多边机制价值下降并面临被边缘化的风险,如是,WTO 何去何从将会是一个问题。因此,利用好现有的区域性贸易协定,使其成为现有制度的补充,为世贸组织服务,重视相关国家利益的诉求,重新审视贸易规则,适应世界经贸发展的新趋势,是 WTO 的新课题。

(二) 两种机制并存与相互渗透

WTO 规则与气候变化框架公约并非相互独立、内容互不关联的。WTO 法律框架中包含了许多有关环境保护的多边协议作为附件,如前所述的 GATT1994、SPS 协议、TBT 协议、TRIPs 等。WTO 提倡自由贸易,国际粮食贸易的发展极大地增加了货物运输量,进而增加了温室气体的排放。

《气候变化框架公约》和《京都议定书》也做出了与 WTO 自由贸易原则相同的规定,两者互相兼容:应对气候变化所采取的各种措施不应构成对国际贸易任意的、不合理的歧视或变相的限制,在实施有关措施时应将对其他缔约方贸易、社会、环境和经济的负

---

① WTO 秘书处贸易政策评审司区域贸易协议主管萝西妮·安驰亚(Rohini Acharya)对《21世纪经济报道》记者所言。参见:http://www.sinotf.com/GB/News/1003/2014-01-01/1MMDAwMDE2NTk1Mg_2.html. 最后浏览日:2015 年 12 月 20 日。

面影响降至最小①。公约第 2 条规定的公约及缔约方会议可能通过的任何相关法律文书的最终目标将气候变化与确保粮食生产等紧密结合起来。

WTO 涉及环境保护问题的多边法规以及法律制度,使得气候变化框架体系的气候变化应对机制引入 WTO 成为可能。但 WTO 自身的缺陷在目前很难使其取代联合国气候变化框架体系,因此在相当长的时间里,并非是将一方纳入另一方机制中,而是两种机制并存、各自发挥作用,而且两大体系规则会互相渗透、互相影响与借鉴。同样,解决气候变化与国际粮食贸易问题的制度诉求也不是一方能够完全解决,需要两种机制的"兼容"。

随着国际贸易领域的扩大和全球性环境保护问题的多样化发展,国际贸易与环境之间的互动关系也日趋复杂。气候变化问题是全球环境问题,更是关乎各国经济可持续发展的重要问题,与国际贸易的关系极其复杂,涉及多层次多方面,将会直接影响国际贸易的发展。为了有效缓解全球气候暖化问题,贸易政策工具被越来越多地采用,国际贸易的相关规则及协议的内容也将因此而被修改。但由于气候变化的应对措施并不妨碍国际贸易的发展,市场开放与社会的环境目标也是相一致的,国际贸易也将朝着有助于减缓和适应气候变化的方向发展。

---

① 《联合国气候变化框架公约》第 3 条第 5 款:"各缔约方应当合作促进有利的和开放的国际经济体系,这种体系将促成所有缔约方特别是发展中国家缔约方的可持续经济增长和发展,从而使它们有能力更好地应对气候变化的问题。为应对气候变化而采取的措施,包括单方面措施,不应当成为国际贸易上的任意或无理的歧视手段或者隐蔽的限制。"《京都议定书》第 2 条第 3 款:"附件一所列缔约方应以下述方式努力履行本条中所指政策和措施,即最大限度地减少各种不利影响,包括对气候变化的不利影响、对国际贸易的影响以及对其他缔约方——尤其是发展中国家缔约方和《公约》第 4 条第 8 款和第 9 款中所特别指明的那些缔约方的社会、环境和经济影响……"

# 第四章
# 气候变化对国际粮食贸易带来的新法律问题

## 第一节 气候变化影响国际粮食贸易引发的新法律问题

为应对气候变化,国际社会共同行动控制温室气体排放,已进行了20多年的谈判,签署了多项环境多边协定。从里约热内卢(1992年)到华沙(2013年)、再到利马(2014年),争执从未停息,怀疑贯穿始终,气候大会在坎坷、失望与希望的交织中艰难前行。尽管气候谈判口号多、协议多、落实少的弊端以及发达国家在温室气体减排上出现倒退、逃避承诺的行为引发人们的担忧,但人们却从未放弃探讨,总是把达成一份全球性减排协议的希望寄托在下一次、再下一次的气候大会上。2015年的巴黎气候大会终于达成了不尽完善但各国都能接受的协议,当然各国也制定了本国的减排量指标,相继出台了控制温室气体排放的"低碳贸易措施",在国际贸易领域引发了许多新法律问题。

## 一、边界碳调整政策：加征碳关税

包括美、法、英、日在内的发达国家普遍主张，迫使以中国为代表的新兴经济体自愿实行碳减排的有效政策手段之一即是开征碳关税，提出以此方式倒逼中国为碳排放支付治理成本。

**(一) 碳关税的提出**

碳关税问题由来已久，但迄今未有权威的定义。一般认为，碳关税(carbon tariffs)是指对高耗能的产品进口征收的二氧化碳排放特别关税。最早提出这一概念的是法国，其初衷是希望欧盟对未遵守《京都议定书》的国家课征商品进口税，以免在欧盟碳排放交易机制运行后产自欧盟国家的商品遭受不公平竞争。美国众议院在 2009 年 6 月通过了其历史上第一个限制温室气体排放的"气候法案"——《美国清洁能源与安全法案》(The American Clean Energy and Security Act)，根据该法案中的"征收特别关税"条款，美国将自 2020 年始对源自不实施碳减排限额国家的进口产品课征碳关税[1]，参议院 9 月底提交的"参院版"的气候法案——《清洁能源工作与美国电力法》强调要采取"边境措施"来保护本土制造业的竞争力，而"边境措施"的目的还是要对来自不实施碳减排限额国家的进口产品征收"碳关税"。

《京都议定书》规定附件一国家承担温室气体减排义务，其他国家暂无须承担强制性减排义务。发达国家通过征收"碳关税"等方式，利用市场机制将没有减排指标承诺的国家纳入国际减排行列中来，使其为所排放的二氧化碳支付治理成本。依照美国的看法，如果能对中国的产品征收碳关税，则相当于以税收的方式让中国承担减排义务，并提高美国产品的竞争力。欧盟各界也纷纷呼

---

[1] See Section 765 of S1733 of House of Representatives Draft of American Clean Energy and Security Act of 2009.

吁政府对中国等减排但不承担强制减排义务国家的进口产品采取边境税收调节(Border Tax Adjustment)来避免竞争力损失,防止碳泄漏发生。根据2008/101/EC指令,欧盟宣布从2012年1月起将航空业正式纳入欧盟排放交易体系(European Union Emission Trading Scheme,EU ETS),对超额排放的国际航空器征收航空碳税。

(二) 碳关税的性质分析

碳关税遭到发展中国家的普遍反对。在其看来,碳关税无非是发达国家推行贸易保护主义的借口,是借环境保护之名,行贸易保护之实,必将对发展中国家经济造成严重伤害,不公平地限制发展中国家的出口贸易,也违背了世界贸易组织的规则。反对之声也来自发达国家,例如,在2009年7月24日欧盟成员国环境部长非正式会议上,德国政府代表认为,通过征收碳关税向那些不打算减排温室气体的国家施压的做法是一种"生态帝国主义"行为,直接违反了WTO规定;英国有关部门也明确提出反对征收碳关税;那些正处于新旧能源产业转型期的美国业界则认为,如果征收碳关税,他们会同发展中国家一样遭受损失,美国的出口企业也担心其他国家亦会因此给美国的出口产品增加相应关税。至于欧盟的航空碳管制,也因遭到国际上的联合抵制而搁置。

对于碳关税的性质问题,应当客观而公正地看待:

1. *碳关税的消极面:新的绿色贸易壁垒*

从国际贸易角度来看,碳关税作为一项贸易措施和环境措施,实质上是一种新型的绿色贸易壁垒(Green Trade Barriers),即进口国当局以保护环境和人类健康为名,凭借其技术优势制定一系列复杂严苛的环境标准,对国外商品和服务进行的准入限制,它具有合理性、隐蔽性、歧视性、名义上的合法性等特点,而这些特点碳关税也已具备。

绿色贸易壁垒的合理性表现在其产生顺应了世界环境保护的

发展潮流,强调为了保护生态环境和人类健康,因而得到了社会公众的广泛支持,而碳关税的提出从大的一面看是为了应对气候变化保护环境,带有合理性特征;绿色贸易壁垒的隐蔽性体现在各式各样的绿色贸易壁垒打着环境保护的旗帜,隐蔽于具体的贸易保护措施、法规和标准及其执行过程当中,使出口国难以防范,而碳关税的征收对象是高耗能产品,例如钢铁、水泥等,国家出于环保考虑对其加以规制理由正当,且其征收完全是一个国家内部的事,因而也极易隐蔽于具体的法律规定中,对国外产品的进口起到限制或禁止的作用;绿色贸易壁垒的歧视性体现为进口国对不同国家的相同产品采取不同的标准,这种歧视性标准将某些国家的产品置于不公平的境地,意在以严格的高标准阻止特定国家产品的进入,其实质是贸易保护主义,而碳关税也是如此,例如,欧盟和加拿大是美国高碳商品的主要来源国,其碳排放无论在总量上还是在人均上都比美国低得多,美国开征碳关税对其影响不大,而真正受到影响的是发展中国家的出口产品,美国征收碳关税具有实际上的针对性和歧视性,而且易被表面的非歧视性所掩饰;各个国家的法规、政策、措施等是绿色贸易壁垒的外在表现,国际国内的相关法律为其制定提供了依据和基础,因此绿色壁垒的设置于法有据,尽管目前碳关税的国际法依据尚不明确和具体,但不可否认的是,碳关税作为一种新型的绿色贸易壁垒已渐成现实。

2. 碳关税的积极面:碳关税与碳税

所谓碳税(carbon tax),是指针对二氧化碳排放所征收的一种税,它是环境税的重要组成部分,被国际社会公认为碳减排的有效经济手段。具体地说,碳税通过对化石燃料如煤炭、天然气及汽油等按其碳含量或碳排放量征税,以达到减少化石燃料消耗和二氧化碳排放的目的。从已征收碳税的国家如瑞典、丹麦、芬兰、荷兰、挪威、意大利以及美国和加拿大部分地区等的实践效果来看,碳税的征收,有效地减少了污染物及二氧化碳的排放。

碳关税本质上属于碳税的边境税收调节,实际上是针对那些未在国内缴纳碳税或能源税,或者存在实质性能源补贴的出口商品,依据其碳排放强度所征收的关税。从环保角度来看,碳关税是以关税的形式提高进出口贸易的门槛,进而实现抑制碳密集产品生产和减少二氧化碳排放、减缓全球变暖的目的,其本身就具有促进环境保护的作用。因此碳关税的征收,虽然是欧美发达国家利用碳排放问题进行贸易保护的一种表现形式,但实际上它对于促进出口国国内经济结构的调整、产品与技术的更新换代,尤其是新能源产业的发展都发挥了极其重要的作用。可以说,碳关税如同"双刃剑",既可以满足消费者保护环境和健康的合理要求,也可以作为贸易保护主义者阻止国外商品进口的盾牌。

(三)碳关税的合法性问题

发达国家征收碳关税的合法性问题,一直是理论界探讨的焦点问题。需要指出的是,碳关税目前还仅仅是发达国家的一项国内措施,在现行的国际法中,不管是联合国气候变化框架体系,还是WTO框架体系,均尚未有明确的征收碳关税的法律依据。

1. 碳关税是否违背了"共同但有区别的责任"原则?

根据美国橡树岭国家实验室(Oak Ridge National Laboratory, ORNL)[①]的研究报告,"自1750年以来,全球累计排放了1万多亿吨二氧化碳,其中发达国家排放约占80%"。可以说,发达国家200年发展进程中不断释放温室气体导致了全球变暖,不管是其温室气体的历史累积排放水平还是当前人均排放水平,均远超发展中国家,而作为受害者的广大发展中国家应对气候变化的能力却远不及发达国家。"共同但有区别的责任"原则的确立是正视这一现实的体现,它要求发达国家率先承担强制性减排义务,而且应

---

① 美国橡树岭国家实验室隶属于美国能源部,成立于1943年,主要从事包括能源、国家安全在内的科学领域的研究,其任务之一是提高洁净能源的利用率、恢复和保护环境以及为国家安全作贡献,它在许多科学领域中都处于国际领先地位。

在资金或技术上支持和帮助发展中国家,以提高其应对气候变化的能力。但是碳关税的征收却无视公约对附件一国家和非附件一国家的区分,无视发展中国家碳排放量增长主要源于"生存性排放"和"发展性排放"增长同发达国家的"奢侈性排放"增长的差异,也无视发达国家已将那些高能耗、高污染的产业转移到发展中国家的现实,这种"产业转移"既让发达国家享受着发展中国家牺牲(污染)自己的生存环境"换取"的最终产品,又避免了本国生产这些产品所产生的碳排放,一味要求发展中国家与其采用同样的排放标准,从而转嫁环境治理责任和成本,是对"共同但有区别的责任"原则的违背,使得发展中国家的利益受损,也成了贸易保护主义的新借口。

2. 碳关税是否违背了 WTO 规则?

碳关税问题本质上是一种贸易政策,因而应在国际贸易的法律范畴中加以讨论。根据 WTO 的现行规则,碳关税的合法性是不明确的。针对碳关税问题,WTO 并没有坚定地说"不"。WTO 曾在其发布的一份报告中称,只要起草得当,理论上可以使这种税收符合 WTO 法律,但很难证明其不是在这一幌子下非法限制国际贸易。正是如此种模棱两可的言辞,碳关税是否具有合法性很难用"是"或"不是"做出简单回答。国内一些学者对该问题的探讨集中在:碳关税是否符合 WTO 非歧视原则,是否符合 GATT 1994 第 1 条(最惠国待遇)、第 2 条(关税减让)、第 3 条(国民待遇)和第 6 条(数量限制),以及是否符合 GATT 第 20 条例外规定等方面,并因此得出了截然不同的两种结论。本文认为,关于碳关税的问题要厘清以下关系:

(1) 碳关税问题是否在 WTO 框架下解决。前面分析过,联合国框架下的国际气候变化应对机制存在效率低下、缺乏强制力、实际效果不理想等不足,WTO 规则已为特定条件下因环保目的而实施贸易限制措施留下了政策空间,存在着气候变化应对机制纳入WTO的可能性,但是WTO能否为温室气体排放相关贸易限制措施的争端提供解决的平台还未可知。2009年9月,WTO总干事拉米曾说,碳关税不是一个法律问题,而是一个政治问题。从政治角度看,不应该用采取单方面措施相威胁。2009年12月,哥本哈根大会结束时,拉米又说:"在气候变化问题上,我们越向多边框架方向发展,单边贸易措施问题就越难解释清楚。"毕竟,碳关税目前还没有普遍实施,更谈不上某WTO成员诉诸WTO争端解决机制的问题,故而在联合国框架下寻求多边协议解决还是目前的首选。

(2)单方面的贸易制裁行为和WTO框架有没有冲突。征收碳关税的标准是征收碳关税之前必须解决的重要问题。到底应该允许其他国家排放多少碳,按照哈佛副教授雷切尔·布鲁斯特的说法,如何在各国之间分配排放额度是兼顾气候变化问题与国际贸易公平性的关键。如果各国都选择对自己有利的温室气体排放标准,无益于解决碳排放问题,还会增加碳关税贸易壁垒。而碳排放的成本计算问题也还是一个技术难题,不同国家生产某一产品的碳排放量是不一样的,即使是同类产品的碳排放量也是存在差异的,单纯从经济和技术层面看,碳关税仍然存在着不确定性,其实施尚有一定的现实阻力。在没有解决碳排放的标准和成本计算问题的前提下,难免存在对进口国产品的歧视,一旦碳关税付诸实施,也难免被诉至WTO争端解决机构,GATT第20条例外条款是否为碳关税的实施提供法律依据以及在多大程度上为其提供法律支持等都将是争论的核心,也将成为多数国家所关注的焦点。由此而衍生的问题是,在争端解决过程中,争端的双方或多方当事人会将精力投注在"官司"的输赢上,可能使这一"气候或环境"措施之争完全演化为普通的贸易之争而偏离气候变化之应对的初衷,对解决气候变暖、碳减排等于事无补。

## 二、农业碳标签制度：潜在的技术贸易壁垒

政府间气候变化专门委员会（IPCC）第四次评估报告表明，农业是温室气体的主要排放源，2006年联合国粮农组织（FAO）估计，农业耕地排放出的温室气体已超过全球人为温室气体排放总量的30％，是全球温室气体的第二大来源，因而农业生产又被公认为全球气候变化的推动者。同时，农作物通过光合作用吸收大量的二氧化碳，是最为广泛的固碳主力军，对于发展低碳经济具有举足轻重的作用。低碳农业以高效率、低排放、低能耗为主要特征，发展低碳农业，离不开政策制度的创新和发展，研究碳足迹计算方法、建立碳标签制度等被认为是构建气候变化政策体系的一项重要内容，英国、日本等已走在各国的前列。

（一）气候变化下的碳标签制度

1. 碳足迹与碳标签

所谓碳足迹（Carbon Footprint），是人类活动过程中释放的或是在产品（或服务）的整个生命周期中累计排放的二氧化碳和其他温室气体的总量。碳足迹尚无明确、统一的定义，国内外机构、专家学者对之有着不同的理解，例如，有的将其解释为，碳足迹是衡量某一种产品在其全生命周期内（原材料开采、加工、废弃物的处理）所排放的二氧化碳以及其他温室气体转化的二氧化碳当量[①]。也有人提出，碳足迹包括两个层面的含义：一是指产品碳足迹，即产品（或服务）在生产、提供和消耗等整个生命周期内释放的二氧化碳及其他温室气体的总量；二是仅指公司碳足迹，即公司在生产过程中导致的温室气体的排放[②]。产品碳足迹除了产品自身消耗及处理时排放的温室气体外，还包括生产产品的必要投入，公司碳

---

① Carbon Trust. Carbon Footprint Measurement Methodology [R]. version 1.1, 2007.
② 参见许蔚：《碳标签：国际贸易壁垒的新趋势》，《经济研究导刊》2011年第10期。

足迹则不然,它仅限于生产过程的碳排放,因此,产品碳足迹比公司碳足迹蕴含的概念要广泛得多。碳足迹的计算,有助于企业和个人了解自己的碳排放量,进而有意识地控制自己的行为以减少碳排放。

所谓碳标签(Carbon Labelling),又称碳足迹标签(Carbon Footprint Label)或者碳排放标签(Carbon Emission Label),指的是将产品(或服务)自原料的取得、生产、制造、储运、销售到废弃乃至回收等全过程中的温室气体排放量,在产品标签上用量化的指数标示出来,以告知消费者产品(或服务)的碳含量信息。将碳标签加注在商品上、包装上、产品手册上,一方面方便消费者了解产品在整个生命周期中释放的所有温室气体总量(碳足迹)从而选择购买较低碳排放的商品,另一方面也可以彰显企业减排的诚意与行动,而且随着消费者购买碳足迹较小的产品的意愿增强,企业将会主动降低碳排放以适应市场,进而助推全社会的节能减排。碳足迹记录了产品的含碳量信息,碳标签通过对产品全生命周期碳排放的计算分析,标识其造成的温室气体排放,所以说,碳足迹计算是在产品上加注碳标签的前提,碳标签是产品碳足迹的量化标注。碳消耗得越多,产品碳排放也就越多,碳标签标示的数值也就越高。由于温室气体是造成气候变暖的主要因素,因而碳排放的量越大,其对环境造成的损害就越大。因此碳排放量与其对环境造成的损害成正比。

2. 农业碳标签与碳标签制度

所谓农业碳标签是指一项农产品从原料收集、种植耕作,到被消耗、废弃,乃至回收的整个生命周期所产生的二氧化碳排放量,亦即农产品"从摇篮到坟墓"的碳足迹,经换算以二氧化碳当量表示,并以碳足迹标签的形式呈现出来。农业碳标签制度,可以系统地标示和评价农业生产过程中人为因素引起的碳排放,对实现低碳农业有重要的指导意义。实行碳标签制度能够促使碳排放来源的透明化,将碳足迹信息标示出来可以直接引导消费者的市场购买行为,也可以影响企业的生产决策行为,促其使用低碳环保技术进而减少温室气体排放。具体而言,消费者通过碳标签可以了解产品(或服务)的碳排放足迹,直观地获知产品或服务的碳含量信息,促进消费者在消费环节建立低碳生态消费模式,进而以消费模式的转变带动产品(或服务)乃至经济发展向低碳的转变;在企业层面,通过对碳足迹的评估能够使企业清晰地看到每一环节的碳排放量大小,进而有针对性地在排放量大的环节采取技术改进措施,激励企业低碳生产技术的研发和创新,从而减少碳排放,保护生态环境的平衡,实现人类社会的可持续发展。

(二) 国外农业碳标签制度的实践及其经验

碳标签制度越来越受到世界各国的重视。英国、日本、美国、法国、瑞典、加拿大、韩国等十几个国家已经通过立法推行碳标签制度,全球有1 000多家著名企业要求供应商提供碳标签。

1. 外国农业碳标签制度的实践

率先在产品上推行碳标签制度的国家是英国。为应对气候变化,英国政府专门资助成立了碳基金(Carbon Trust),鼓励企业推广使用碳标签。英国设立了专门的碳标签管理机构并出台了统一的标准规范。英国标准化协会(British Standards Institution,以下简称BSI)于2008年10月发布了统一适用于商品和服务的碳足迹测量核算标准PAS2050[①],这是世界上第一个衡量产品碳足迹的标准,它规定了各种商品(或服务)在其生命周期内的碳排放量,以及一整套的碳足迹信息评价核算体系,以此来测算出商品(或服务)的碳排放量。作为碳足迹机制实施的配套与跟进措施,英国还

---

① PAS2050即《商品和服务生命周期温室气体排放评估规范》(Specification for the assessment of the life cycle greenhouse gas emissions of goods and services),是BSI发布的产品碳足迹标准,针对某个企业的一个具体产品,从摇篮(原材料)到坟墓(产品报废进入垃圾场)整个生命周期所排放的二氧化碳总量。

颁布了促进碳足迹与碳减排信息交流与管理的条例法案。英国于2007年3月试行推出全球首批标示碳标签的产品,目前其碳标签已扩展至食品等100多种产品[1],碳标签在英国越来越普及。

继英国之后,日本、美国、瑞典、韩国、智利等也纷纷实施碳标签制度。日本是全球首个实行农产品碳标签制度的国家。2008年7月,日本内阁出台《建设低碳社会行动计划》,明确提出产品的碳足迹系统项目,在食品饮料等产品上试行。2010年7月,农林水产省宣布,从2011年4月起实行农产品碳标签制度,在商店中摆放的农产品需标注碳标签,以显示其排放的二氧化碳量。万古(Aeon)是日本国内最大的超市,其首先将碳标签制度适用于大米、胡萝卜和洋葱等七种食品上,在经十个店的试行后,碳标签已扩及43种农产品和消费用品中,甚至已涉及进口商品[2]。作为全球首个计划推行农产品碳标签制度的地区,日本农产省此举旨在鼓励生产和消费环保农产品。日本的碳标签系统详细标示产品生命周期中每个阶段碳足迹所占的比例[3],揭示产品碳排放量,供消费者理性选择。美国 Carbon Label California 公司推出了主要在食品中使用的食品碳标签。早在2010年,美国的许多知名品牌包括吉百利、百利、康纳就已经开始在产品中引入"碳标签",让顾客在食品购买中支持环保,美国的一些非政府组织(NGO)还推出了"零碳证书"及"气候意识证书",加贴在饮料、糖等产品上。瑞典最早是在食品领域推行碳标签制度的国家,受其 2005 年的一项研究成果——"瑞典 25%的人均碳排放可最终归因于食品生产"的影

---

[1] 鉴于农产品与食品的联系,本文将用于食品的碳标签视为适用于农产品,进而将其列为农业碳标签。
[2] Yuichi Hayashi and Stephen Wixom, Japan Begins Voluntary Carbon Footprint Labeling Scheme, http://www.fas.usda.gov/gainfiles/200901/146327006.pdf.
[3] 日本贸易部以薯片为例公布了其碳足迹细节,即碳足迹为 75g $CO_2$,其中 44%来自种植、30%来自制造、15%来自包装、9%来自运送及 2%来自抛弃包装袋,以提醒消费者每包薯片的碳排放量。

响,瑞典农民协会、食品标签组织等开始为食品加贴碳标签,标注各种食品的碳排放量。2009年,智利农业部也开始实施食品碳足迹方案,农业研究所负责开发基本的碳足迹方法,出口农业食品是其研究重点。而农业创新基金会与15个主要出口行业的协会则负责研究决定扩大碳标识的适用范围[①]。但韩国的碳足迹标签目前尚不适用于农渔牧产品。

2. 外国实施农业碳标签制度的经验

(1) 采取政府主导与企业自愿相结合方式

上述国家采取的碳标签制度均以政府推动、企业自愿为主导,而且目前绝大多数国家(除法国外)均采用自愿标注碳标签的模式。实际操作中,大多情况下,政府会成立专门的碳标签管理和服务机构、颁布碳标签核算标准及管理体制。碳标签作为一种生态标志,之所以不实行强制标注而由企业自愿选择,是因为碳标签的实施,与检测、检验、核查、管理等环节密不可分,每个环节都需要一定成本,如将其强行加诸于企业,势必为企业增加额外负担,将会一定程度上降低其市场竞争力,进而挫伤企业使用碳标签的积极性。如果由企业自主决定,那些实力强的企业会借此提升自己的企业形象,提高其核心竞争力,而那些实力相对较弱的企业也不致因额外成本的被动增加而去抵制碳标签制度或滥用碳标签,引发碳标签市场不必要的混乱。碳标签制度只有依靠国家推动、企业自愿才能取得实质效果。

(2) 采取分步骤、分阶段的渐进模式

在所有种类的产品和服务的生命周期中,不可避免地会产生碳排放,留下碳足迹,从理论上讲,一切产品或服务都可纳入到碳标签标注的范围。但就各国实践的经验来看,大多采取分步骤、分

---

① 参见杜群、王兆平:《国外碳标识制度及其对我国的启示》,《中国政法大学学报》2011年第1期。

阶段发展的渐进模式。具体做法是，按照气候变化对产品的影响程度、国内市场与国际市场竞争力、与民众生活密切度等进行分级，对影响程度大而迫切的产品先行先试，再根据碳标签市场的发展情况进一步扩大实施力度。一般是从食品、日用品等消费类产品入手，让碳标签进入大众视野，为消费者所接纳后，再逐步扩大碳标签的影响力。尤其以食品领域推广使用碳标签的国家为多。

（3）注重提高消费者环保意识

市场需求是推动企业生产碳标签产品最根本的动力源泉，而消费者环保意识的提高则是碳标签制度的驱动因素和推行基础。碳标签是督促企业节能减排的一种工具，是产品（或服务）提供者向消费者证明其碳减排承诺的最有价值的方式之一，它将一整套产品（或服务）的量化碳排放信息完整地提供给消费者，使其在碳信息对称的情况下自愿选择与处置不同碳排放量的产品，碳标签可以成为通过消费者市场引导和鼓励企业减排、开发低碳产品技术及提高自身竞争力的一种手段。换言之，碳标签制度通过向社会推进一个以消费者为导向的低碳产品采购模式，倒逼企业实现低碳转型，并引领全社会在生产和消费环节节能减排和采取低碳生活方式。但是碳标签不可能改变所有消费者的购买行为，而且碳标签的实施需要核定生产过程中带来的温室气体排放量，会给产品生产商或服务提供者增加额外成本，消费者也要因此承担一部分额外的成本转嫁费用，在此情况下，碳标签的实施取决于消费者环保意识的高低和低碳责任感的强弱，只有消费者自愿选择了碳排放量较低的产品或服务，碳标签制度才有市场发展空间。以消费者的需求刺激商家的配合，是推进碳标签发展的有效途径。因而，作为碳标签的消费驱动，消费者低碳消费意识是碳标签制度得以发展的基础。

（三）我国碳标签制度的发展现状

在这方面，我国台湾地区走在大陆的前面。台湾于 2008 年开始推动碳足迹标签计划,是全球第十一个推出碳标签的地区。2008年6月通过的"永续能源政策纲领",提出了"一人一天减少一公斤碳足迹"的目标。同年10月,"行政院永续发展委员会"秘书处召开碳足迹标签推动研商会,制定了"台湾碳足迹标识及碳标章建置规划",确定了碳足迹标签的实施步骤[①]。"环保署"也开始着手推动产品碳足迹,相继完成碳标签甄选、碳足迹计算标准建立、碳足迹标签申请等措施。2010年4月,自愿性产品碳足迹标签开始试用。"环保署"推出的"碳足迹计算准则",参考了PAS2050和ISO14067(草案),同时借鉴日本、韩国和英国的碳标识制度的做法[②],吸收了国际上现有的各碳足迹计算准则的精华。它要求标明产品从原料到废弃处置、从摇篮到坟墓的整个生命周期的碳排放信息,计算则采取与国际接轨的核算标准。台湾地区碳标签依据该准则进行产品碳足迹的评价,首先在聚酯瓶装饮料、蜡烛、光盘和饼干类产品上适用,之后逐步扩大使用范围。

大陆也在借鉴国际经验的基础上开展碳标签发展计划,积极进行国际交流与合作。PAS2050是产品碳足迹的盘查标准,PAS2060则是证实碳中和的规范[③]。2008年中国标准化研究院通过与英国BSI的"气候变化和能源"合作项目引入PAS2050标准,2010年9月又把PAS2060标准引入中国。环境保护部也积极推进环境标志低碳产品认证工作,此项工作2009年初启动,先后与

---

① 具体为:第一阶段(2009—2010年)为自愿标识及能力建置阶段,以设立和确定碳足迹计算标准和方法、建立碳标签制度为目标,并对自愿性申请碳标签者给予奖励;第二阶段(2011—2012年)为证明标签及推广阶段,目标任务为推广与普及产品碳标签,接轨国际碳足迹核算标准,搭建碳足迹信息交流数据库,进一步完善碳标签制度。http://www.51e-online.com/News/NewsV11940.html.最后浏览日:2015年12月7日。
② Two Carbon Footprint labels to reach the Taiwanese market soon,www.pcf-world-forum.org/wp.../pcfworld-forum-news2_march-2010.pdf.
③ 2010年5月,BSI推出PAS 2060;2010,它以ISO 14000系列和PAS 2050等环境标准为基础,提出通过温室气体排放的量化、还原和补偿来实现和实施组织所必须符合的规定,其推出标志着BSI已经从碳足迹走向了碳中和。

德国、英国、日本和美国等国家展开多项合作。2012年4月环境认证中心组织制定了开发和实施碳足迹标签制度的先驱指导文件——《环境认证中心开展低碳产品认证》发展规划,将低碳产品认证工作分为"中国环境标志——低碳产品"阶段、产品碳足迹标志阶段及产品碳等级标志阶段等三个阶段,不同阶段的不同目标起到的作用也不同。2011年1月中环联合(北京)认证中心发布的、同年2月1日起实行的《中国环境标志低碳产品标识使用管理暂行办法》,标志着我国低碳标识开始正式使用。根据其规定,认证中心作为唯一的低碳产品认证机构,负责中国环境标志低碳产品标识的发放和标识使用的日常管理工作以及建立健全监督管理制度等。2012年9月环保部发布了首批4项中国环境标志低碳标准,经严格审查、评定,11家企业的292种型号的产品通过了首批中国环境标志低碳产品认证[1]。碳足迹的认证开始被越来越多的企业关注并尝试。其实早在国民经济和社会发展"十一五"规划纲要中,就有推行强制性能效标识制度和节能产品认证制度的要求,"十二五"规划纲要再次强调"探索建立低碳产品标准、标识和认证制度,建立完善温室气体排放统计核算制度"。2012年2月6日,《国务院关于印发质量发展纲要(2011—2020年)的通知》(国发〔2012〕9号)也明确提出,"加快制修订与节能减排和循环经济有关的标准,建立健全低碳产品标识、能效标识、再生产品标识与低碳认证、节能产品认证等制度"。2013年2月,国家发展和改革委员会、国家认证认可监督管理委员会制定并印发的《低碳产品认证管理暂行办法》(发改气候〔2013〕279号)规定:"国家建立统一的低碳产品认证制度。实行统一的低碳产品目录,统一的标准、认证技术规范和认证规则,统一的认证证书和认证标志。"(第四条第

---

[1] 中国环境标志低碳标准是在中国环境标志标准基础上修改而成的,参与中国环境标志低碳产品认证的产品,必须首先通过中国环境标志产品认证,才能有资格申请低碳产品认证。

一款)暂行办法对从事低碳产品认证、检测活动的机构及人员的资质条件提出了明确要求,还对认证的实施、监督管理等做了明确规定。对低碳产品的认证活动加以规范和管理,使低碳产品认证活动有章可循,为低碳产品(服务)的生产、消费以及政府监管提供了科学依据,对于确保认证结果的科学、公正和透明有着积极意义,同时对提升我国在国际碳排放领域的话语权也有很大帮助。

(四) 农业碳标签可能成为潜在的贸易壁垒

作为促进人类社会向低碳经济转型的重要工具之一,碳标签的推广应用已是国际大趋势,继英、美等国出台碳标签实施和管理的法律法规及认证标准后,越来越多的国家和地区要求在相关产品或服务上加注碳标签显示其碳足迹信息。碳标签制度也将由自愿遵守走向强制执行。

法国率先对产品碳标签做出了明确的法律要求,其 2010 年 7 月通过的"新环保法案"(Grenelle 2)涉及气候、能源、交通、农业等多个领域[①],要求市场上的产品将被强制性披露环境信息,须标示从原料、制造、储运、废弃到回收全过程及其包装的碳含量。该法案于 2011 年 7 月 1 日开始试运行至少一年,试运行结束后,政府将视对试行情况的评估状况确定强制实施时间。该法案是世界上第一个规定有强制性碳标签内容的法案,涵盖了农业领域,必将对农产品国际贸易产生重大影响。再观日本,早在 2009 年日本的农林水产省就决定,碳标签制度执行范围将扩大至整个农产品类别。法国、日本等许多国家已经开始对商品实施低碳准入,英国、澳大利亚等国也出台了相关政策,加注碳标签的商品将更易进入国际贸易领域,随着实行碳标签制度的国家的增多,碳标签将成为商品在国际贸易领域的通行证,谁拥有低碳产品谁将优先占领国际

---

① 法国新环保法案提出,在农业领域,力争到 2020 年将种植生态农产品的农田比重提高到 20%,并从 2009 年起加倍抵免生态农业的税收。

市场。

碳标签体现了产品背后的碳减排技术水平,它的推广要求对商品和生产方法制定强制性的技术法规以促使减排。碳标签会导致企业生产成本的增加,尤其是技术水平相对较低的企业将失去竞争优势。目前发达国家掌握着低碳核心技术,控制着碳足迹测算标准,还将继续致力于完善碳标签体系,并通过国际贸易等在全球范围推行。一旦其相关标准、法规等成熟,就会对高碳排放的进口产品提高门槛,碳足迹标签认证极可能会成为贸易保护的有力工具,演变成为国际贸易中的新型贸易壁垒——"碳壁垒"。来自发展中国家的商品需负担一定的时间成本和申请费用方能获得碳标签的加注,这对依靠低廉劳动力获得微薄利润的发展中国家厂商而言是个沉重的负担,此外碳减排技术研发需要企业较高的投入,碳足迹核查也需要支付高额研发成本及其他机会成本,这对缺乏足够资金的发展中国家将是一个艰巨的挑战。因此"碳壁垒"的形成将对发展中国家的出口贸易带来冲击,加剧国际贸易的不平衡。目前,PAS2050 标准已将单一成分粮食产品和多成分粮食产品纳入其试点中,这无疑会对发展中国家粮食出口产生直接负面影响[1]。日本、美国、韩国、加拿大、泰国和欧盟等是我国农产品的主要进口国,这些国家和地区均已实行碳标签制度,可以预见,我国农产品出口将会不可避免地受到一定程度的影响。

### 三、环境标准:新气候保护主义的政策手段

所谓环境标准(environmental standards),根据国内法的有关规定及学界共识,一般是指为了防治环境污染、维护生态平衡、保护人类健康、合理利用资源、促进经济发展,按照法定程序对环境

---

[1] 参见李秀香、赵越、程颖:《农产品贸易的气候变化风险及其应对》,《国际贸易》2011 年第 11 期。

保护工作中需要统一的各项技术规范和技术要求所制定的技术指标与规范的总称。环境标准按照严格的科学方法和程序制订，具有法律效力。

自1992年里约热内卢世界环境与发展大会通过《里约热内卢宣言》和《21世纪议程》以来，人类关于环境保护的思维方式、价值观念以及消费心理和消费行为都发生了很大变化，环境保护理念深入人心，各国和地区纷纷制定有关环境管理的法律、法规和标准，采取包括环境标志在内的一系列技术措施。由于不同国家或地区的相关法律法规标准等不统一，在国际贸易中会带来新的贸易摩擦。在1994年马拉喀什部长级会议上，GATT缔约方通过了《关于贸易与环境的决议》，并于次年成立了"贸易与环境委员会"①，专门负责解决因环境问题而产生的贸易争端；国际标准化组织也于1993年成立了环境管理标准化技术委员会(TC 207)，它制定的ISO14000(环境管理系列标准)，覆盖了环境管理体系、环境标志、生命周期评价、产品标准中的环境因素、温室气体排放等领域，其中环境管理体系标准，得到了全球范围内的广泛实施。自1995年4月起，国际标准化组织开始实施ISO14000系列标准。随着环保意识的不断增强，世界各国和地区政府针对企业制定了相关强制性标准或自愿性标准供企业遵照生产，并通过检验、认证、资格审定等相关评价，提升达标企业产品的市场竞争力，那些不合标准的出口产品在其竞争中"不战而败"。因此，由环境标准这种保护手段引发的各类国际贸易纠纷也日益增多。

(一) 较早期的绿色贸易壁垒/技术贸易壁垒

此处所称的较早期的绿色贸易壁垒(Green Trade Barrier)，指

---

① 《关于贸易与环境的决议》规定：(1) 各成员考虑到建立和维护一个公开、无歧视和公正的多边贸易体制和维护环境与促进持续发展的行为之间不应有、也不需有任何抵触；并希望在多边贸易体制的权限下协调与贸易有关的环境措施，使贸易与环境两个领域的各项政策能够相互协调；(2) 在WTO内成立一个对所有成员方开放的"贸易与环境委员会"，专门负责解决因环境问题而产生的贸易争端。

的是产生于20世纪80年代后期、兴起于90年代的绿色贸易壁垒,也称为环境壁垒或生态壁垒,与绿色贸易保护论的产生密切相关。它是指国际贸易中进口国以保护自然资源、生态环境及公共健康等为由而制定的一系列直接或间接限制或禁止商品进口的措施。它要求进口商品不但要符合产品质量标准,还要从设计、制造、包装到消费处置均符合环境保护的要求,不得危害生态环境和公共健康。较早期的绿色贸易壁垒主要是发达国家凭借其技术优势通过环保公约、法律、法规和标准等对商品的准入进行限制,ISO14000环境管理体系、绿色关税与市场准入、环境标志、绿色包装制度、生产和加工方法、绿色卫生检疫制度及环境成本内在化要求等是其主要表现形式。不同于传统的非关税壁垒,绿色贸易措施以环境保护为依据,其出现反映了环境保护法可持续发展理念的要求,具有一定的合理合法性,其本身并不具有歧视性,也已成为国际经济贸易政策措施的重要组成部分。但是,当其扭曲国际贸易被作为贸易歧视性手段使用时便成为贸易壁垒。

  与绿色贸易壁垒密切相关的,还有另一个术语——技术贸易壁垒。所谓技术贸易壁垒(Technical Barrier to Trade,TBT),指的是以维护国家安全、保障人类和动植物的生命健康和安全、保证产品质量、保护环境等为由而采取的技术性措施。随着经济全球化的日益加强,关税、配额、许可证等传统的贸易管理措施的作用不断减弱,发达国家根据自身科技优势、产业特点和重点保护领域,设置了许多技术壁垒来提高进口产品的技术要求,增加进口难度,以制约发展中国家所拥有的比较优势,削弱其国际竞争力,最终达到限制进口的目的。其主要表现形式有:产品的技术法规和技术标准(包括对包装、标志、标签等的要求)[1]、合格评定程序(一

---

[1] 根据WTO《技术贸易壁垒协议》,两个术语包括的内容:产品特性、影响产品质量和其特性的工艺和产生方法、术语和符号、产品包装和标签要求。标准和规定可以详细说明产品的特性、有关工序以及生产方式。

般有认证、认可和相互承认三种方式)和质量认证制度、动植物卫生检疫措施等。按照 WTO《技术贸易壁垒协议》的解释,"产品标准"指的是该协议中含有适用于产品标准的国际规则,"技术法规"是指强制适用的标准,"标准"是指自愿标准。由于发达国家与发展中国家之间的技术水平存在巨大差异,发达国家将科技、安全、卫生、检疫、环保、产品质量和认证等技术性指标体系用于国际贸易中,且各国制定的产品技术标准不同、产品认证程序不一,使发展中国家难于应对这些名目繁多的规定,严重阻碍了其产品的进入。

技术贸易壁垒有合理性和合法性、复杂性、隐蔽性、灵活性等主要特点。技术贸易限制措施,旨在保护国家的经济安全,保护人类和动植物的生命或健康,保护环境,防止欺诈等,具有其合理性;国际上已订立的 150 多个多边环保协定以及发达国家制定的技术法规和技术标准,为设置技术贸易壁垒提供了法律支持,使其具有了形式上的合法性;技术贸易壁垒涉及的多是技术法规、标准及国外政策法规,涉及面广,评定程序也相对复杂,而且缺乏多边贸易规则的有效制约,不易监督和预测,具有一定的复杂性;技术性贸易壁垒透明度低,隐蔽性强,往往强制性地将高科技基础上的技术标准与国际贸易挂钩,使那些科技水平不高的国家难以做出判断,技术贸易壁垒又存在着歧视性;构成技术壁垒的标准种类繁多,且经常变化,不易了解和掌握,具有灵活性、动态性。总之,技术贸易壁垒具有双重性,为保护人类和动植物的健康与安全及生态环境的目的而采取技术措施是合理的,但当其合理性和灵活性被利用,成为一些国家贸易保护的工具时,就具有了不合理性。正是这种复杂性、隐蔽性、歧视性等不合理性,给发展中国家的产品进入发达国家市场造成了障碍,这与 WTO 非歧视的贸易原则背道而驰。

因此,在 WTO《技术贸易壁垒协定》中,WTO 成员就农业和工业产品使用技术贸易壁垒的约束纪律达成了一致:各成员在其认为适当的程度内有权采取必要的措施"保护人类、动植物的生命或健康和保护环境",条件是该措施对贸易的限制不超过实现这一合法目标所必需的程度。协定的规定有助于WTO成员提高政策透明度,避免技术标准及合格评定程序阻碍国际贸易的发展。实际上,只有那些掌握先进技术的发达国家才能在国际贸易活动中将技术贸易壁垒"运用自如"。

(二)新时期的碳壁垒——碳标准

碳标准即国际温室气体管理标准,是国际标准化的温室气体测量和监测方式。国际温室气体管理的标准化工作发展很迅速,国际标准化组织(ISO)、国际电工委员会(IEC)[①]等国际组织及很多国家已经出台了相关温室气体管理的标准和指南,目前国际上较为通用的标准有:一是由世界资源研究所(WRI)[②]与世界可持续发展工商理事会(WBCSD)[③]联合开发的温室气体核算体系(GHG Protocol)[④],包括两个相关但相互独立的标准——《企业核算与报告准则》和《项目量化准则》。前者分步指导公司确定与报

---

① 国际电工委员会(International Electrotechnical Commission,IEC),或译国际电工协会,是世界上最早的国际标准化组织,成立于1906年,主要是负责有关电气工程和电子工程领域中的国际标准化工作,IEC标准的权威性是世界公认的。
② 世界资源研究所(The World Resources Institute,WRI),总部位于美国华盛顿特区的环境非政府组织,是一个全球性环境与发展智库,致力于研究环境与社会经济的共同发展。成立于1982年,在全球范围内与政府、企业和公民社会合作,共同为保护地球和改善民生提供革新性的解决方案。2008年始在北京设立第一个长期国别办公室,WRI中国办公室着重在可持续城市战略与规划、气候与能源和水环境等三个领域展开研究工作。
③ 世界可持续发展工商理事会(The World Business Council for Sustainable Development,WBCSD),是一个与联合国联系紧密的国际组织,于1995年由可持续发展工商理事会(BCSD)和世界环境工业理事会(WICE)合并成立,总部位于日内瓦。它是一个由CEO领导的独特全球联盟,目前已发展成为由20个主要行业200多家国际企业共同组成的联盟。依托其在58个国家设立的国家级和区域性工商理事会和伙伴组织建立的全球网络,吸引了1000多位商业领袖参与活动。
④ 温室气体核算体系(GHG Protocol,旧译"温室气体议定书"),由来自世界资源研究所和世界可持续发展工商理事会的专家和学者提倡建立,是目前国际上政府和企业最常用的用来理解、量化和管理温室气体排放的核算工具,它为世界上各种温室气体标准和项目提供了核算框架,包括国际标准组织和气候登记处等。

告温室气体排放,后者指导确定温室气体项目的减排量;二是英国标准协会颁布的规范 PAS,包括产品碳足迹的盘查标准《PAS 2050:2008 商品和服务生命周期温室气体排放评估规范》和证实碳中和的规范《PAS2060:2010 碳中和证明规范》;三是国际标准化组织制定的系列标准,譬如 2006 年的《温室气体排放报告标准》(ISO14064)[1]、2007 年的《温室气体认证要求标准》(ISO14065)、2011 年的《温室气体—GHG 审定员和核查员的能力要求》(ISO14066)及 2013 年发布的国际技术规范《产品碳足迹量化和通信的要求和指导》(ISO/TS14067)等。其中,ISO14064 规定了温室气体资料和数据管理、汇报和验证模式等内容,ISO14065 是其补充标准,ISO14066 增加了对审定员和核查员的能力要求,ISO/TS14067 则是在现有国际标准——生命周期评价(ISO14040 和 ISO14044)、环境标志和声明(ISO14020、ISO14024 和 ISO14025)等基础上,提供了产品碳足迹(CFP)量化和通信的要求、原则和指导方针。起草 ISO/TS14067 的关键目标之一是协调一些现有文件,以形成一个面向全球市场的共识性应用文件。ISO/TS 14067 中规定的要求和指导方法可应用于所有范围的产品[2]。

专家普遍认为,ISO/TS14067 也许很快就会成为一项有关碳足迹的评估、监测、报告和核查的国际通行标准,不排除将来一些国际采购商将其纳入自己的全球供应链管理体系中,从而抬高贸

---

[1] ISO14064 由国际标准化组织于 2006 年 3 月 1 日发布,是一个由三部分组成的国际标准:《温室气体 第一部分 组织层次上对温室气体排放和去除的量化和报告的规范及指南》《温室气体 第二部分 项目层次上对温室气体减排或去除增加的量化、监测和报告的规范及指南》《温室气体 第三部分 审定与核查温室气体声明的规范及指南》。该标准体系统地规定了国际上通用的温室气体资料和数据管理、汇报和验证模式,ISO14064 是自愿、开放的管理体系标准,适用于任何组织,并与其他管理体系兼容。
[2] 魏凤:《国际标准化组织发布产品碳足迹量化国际标准》,《中国科学报》2013 年 6 月 28 日。中国碳汇网 http://lyth.forestry.gov.cn.最后浏览日:2013 年 8 月 22 日。

易与技术门槛的可能。一方面,ISO碳足迹标准会增加碳认证、碳标识等开支,加大出口企业尤其是中小企业的成本,削弱其产业竞争力,碳足迹标准会形成新的碳贸易壁垒;另一方面,减排就意味着更先进技术的开发和利用,发展中国家的企业受技术所限,要加速淘汰落后技术,大多数企业不得不高价购买发达国家的先进技术,碳足迹标准将会形成新的低碳技术壁垒。而且围绕低碳经济,大国已经展开了新一轮碳减排博弈,英、日、美等国已经建立了多种低碳认证制度及标签,许多发达国家的企业也已在其产品上标注碳排放或节能信息,以赢得消费者的青睐。

我国积极关注碳标准发展进程,及时跟进国际标准发展趋势。继2009年中国标准化研究院翻译转化了英国标准化协会2008年发布的PAS2050及其指南之后,又陆续完成世界资源研究所和世界可持续发展工商理事会联合开发的温室气体核算体系中四个核心标准的转化。ISO系列标准旨在为温室气体排放的监测、量化和削减提供一套工具,在我国,目前ISO14064的应用较为广泛。中国作为贸易大国,应当未雨绸缪,了解碳足迹标准,正确理解贸易产品"生命周期中的碳排放"的计算,同时应加大低碳技术研发力度,改进工艺技术方法,充分维护企业的利益。可以预见,我国将会有越来越多的企业在温室气体排放量及报告方面力求获得第三方认证,早日在国际贸易中取得"绿色"通行证。

## 四、气候变化与粮食危机:植物新品种的法律保护问题

### (一)气候变化下的粮食危机与转基因技术诉求

全球沙漠化仍在蔓延,加上战争等人为因素导致全球可利用的耕地资源在逐年减少,而世界人口却在不断增加。据2013年6月联合国发布的《世界人口展望》报告,预计到2025年世界人口将从72亿人增至81亿人,到2050年约为96亿人。随着世界人口

的不断增长,人类对粮食的需求量也将不断增大。但长期以来,世界粮食总产量一直在 20 亿吨左右徘徊。从 2000 年开始,全球出现了当年粮食生产量比消费量低的情况。耕地减少、人口增加、粮食短缺,形势极为严峻。糟糕的是,全球新增人口几乎都来自发展中国家,而接近世界粮食总产量一半的粮食产自发达国家,人口的非均衡增长导致了粮食分配与消费的结构性失衡,世界饥饿人口的绝大多数分布在发展中国家,尤其是亚洲、太平洋和南部非洲地区。2012 年 6 月,联合国秘书长潘基文在"里约+20"峰会上发起"零饥饿挑战"的倡议,其五大目标之一即全年 100% 获得充足的食物①。2013 年 4 月联合国在泰国曼谷正式发起了亚太地区"零饥饿挑战"运动,呼吁各国共同为消除贫困与饥饿而努力。联合国粮农组织助理总干事、亚太区域代表小沼宏之在联合国亚洲及太平洋经济社会委员第 69 届部长会议上说,在消除贫困与饥饿方面亚太地区的进展非常缓慢,长期忍饥挨饿的人每八人中就有一个。2017 年 3 月,联合国粮农组织多家机构联合发布的《2017 年全球粮食危机》报告指出,由于冲突、当地市场食品价格空前高涨和厄尔尼诺现象导致的诸如干旱和不稳定降雨等极端天气条件等因素影响,2015—2016 年间,全球各地面临严重粮食不安全的人口从 8 000 万人猛增至 1.08 亿人,且该数字仍在持续飙升。可见,饥饿问题依然是国际上的未决问题。

为解决饥饿与营养不良问题,人类始终未停止过探索。人类对植物基因资源的利用由来已久,20 世纪 50、60 年代的"绿色革命",通过推广杂交品种、增加化肥使用量及扩大灌溉面积,使农作物产量得以成倍提高。这一时期,人类利用矮秆基因培育出的高产品种如墨西哥小麦、菲律宾水稻等,帮助解决了一些国家的粮食

---

① 这五大目标为:全年 100% 获得充足的食物;2 岁以下儿童发育不良现象为零,孕妇和婴儿营养不良情况不再发生;所有粮食系统的可持续发展;小农,尤其是妇女的生产力和收入 100% 增长;粮食损失或浪费为零,包括实现负责任消费。

问题。随着人口的迅速增长,传统农业技术和粮食生产方法已很难使粮食增产速度跟上人类对粮食需求的速度,转基因技术即被视为解决粮食短缺问题以及提高食品质量和消除贫困的必要手段得以迅速发展。据专业信息服务提供商汤森路透 2015 年 5 月 26 日发布的《开放的未来:2015 全球创新报告》显示,在过去一年中,虽然全球专利总量仅增长 3%,但全球专利总量创下历史新高,公开的发明专利数量超过 210 万件。专利数量增幅最大的行业中,生物技术(7%)排在食品酒类与烟草(21%)、制药(12%)和化妆品与健康(8%)之后,位列第四。基因工程是现代生物技术发展的典型代表,生物技术的兴起在农业方面起到了其他技术无可替代的作用。物种培育是现代生物技术应用最为广泛的领域之一,转基因粮食尤其是转基因种子的出现预示着人类根据现代植物科学所提供的知识和技术对作物进行分子育种的时代已经到来①。尽管自转基因技术诞生以来质疑之声不断,但人类从未放弃对其进一步研究,也希望可以通过转基因技术解决全球的粮食短缺问题、帮助减轻世界上的营养不良问题,随着气候变化带来的粮食问题的加剧,人类的这一诉求更加强烈,但需要理智又理性地看待并加强法律的规制。

(二)与植物新品种权保护相关的国际公约

目前,与植物新品种权保护相关的国际规则主要是在知识产权领域最具强制拘束力的 TRIPs 协议和植物新品种法律保护领域最核心的《国际植物新品种保护公约》(International Convention for the Protection of New Varieties of Plants,以下简称 UPOV 公约②)。

---

① 参见许智宏:《揭开"转基因"神秘面纱——转基因植物专刊序言》,《生命科学》2011 年第 2 期。
② 首字母缩略词"UPOV"是由联盟的法语名称 Union Internationale pour la Protection des Obtentions Végétales 派生而来。UPOV 是依据《国际植物新品种保护公约》而成立的,故《国际植物新品种保护公约》又被称为 UPOV 公约。

1. TRIPs 协议

转基因生物技术的飞速发展暴露出单一的专门保护制度的局限性,国际社会给予转基因植物品种专利法保护的呼声日益高涨。在欧美等发达国家的力推下,WTO/TRIPs 对农业领域植物新品种的知识产权保护问题做了专门的规定。

TRIPs 协议第 27 条第 1 款规定了普遍性和无歧视性原则,所有技术领域的任何发明,不管是产品还是方法,只要符合新颖性、创造性和实用性的"三性"条件均可被授予专利权。但有两项重要例外:① 第 27 条第 2 款的规定。发明的商业利用是为了维护公共秩序或道德,包括保护人类、动物或植物的生命或健康或者避免对环境造成严重损害所必需的,成员方可排除该发明的可专利性,条件是该排除并非仅因为此种利用为其国内法所禁止。② 第 27 条第 3 款(b)项的规定。除微生物外的植物和动物以及除非生物和微生物外的生产植物和动物的主要生物方法,成员方可将其排除在专利保护之外。但又要求各成员应规定通过专利或一种有效的特殊制度或通过两者的组合来保护植物新品种。对于什么是植物新品种,TRIPs 协议未作具体的界定,而何谓有效的特殊制度(Effective Sui Generis system),或称专门制度,TRIPs 协议也并未给出一个确切的定义,在当前来看,主要是指在欧洲国家倡导下达成的《国际植物新品种保护公约》(UPOV 公约)所规定的植物新品种保护制度。TRIPs 协议的该项规定,标志着植物新品种的保护进入了全球化时代,UPOV 公约作为该条中"有效的特殊制度"的重要选择,不断在全球范围内被推广适用,表明了对植物新品种的更充分、更有效的保护适应了经济全球化的需求。

2. UPOV 公约

UPOV 公约是国际上首个也是最重要的保护植物新品种的公约,构建了保护植物新品种的制度框架以及基本内容,为植物新品种的国际法律保护奠定了基础,由比利时、法国、联邦德国、意大利和荷兰等五国于 1961 年 11 月在巴黎签署,并在此基础上成立了政府间的国际组织"国际植物新品种保护联盟"(the International Union For The Protection Of New Varieties Of Plants),总部设在日内瓦。1968 年 8 月 10 日 UPOV 公约的正式生效,标志着植物新品种的保护已被纳入知识产权的保护范围,国际社会开始建立植物新品种保护制度的国际体系。之后,UPOV 公约经历了 1972 年、1978 年和 1991 年的三次修订,通行的两个有效文本是 1978 年文本和 1991 年文本①。国际上,目前加入 1991 年文本已逐渐成为发展潮流。我国于 1999 年 4 月 23 日加入 UPOV1978 文本,是 UPOV 第 39 个成员国,等条件成熟时再加入 1991 年文本,以对育种者权益进行更为有效的保护。

(1) 对育种者权利的保护

UPOV 公约旨在确认各成员国承认和保证植物新品种育种者及其合法继承者(通称育种者)的权利,其主要目的是以知识产权制度来保护植物新品种,核心内容在于授予育种者对其植物新品种的独占权。国际上有三种关于植物新品种的知识产权保护模式:一种是专门法保护模式,如德国、英国、荷兰等国采用;另一种是专利保护模式,如意大利、匈牙利、新西兰等国采用,还有一种就是将两者相结合的方式②,如美国等。UPOV 公

---

① 1999 年后加入联盟的新成员均须受 1991 年文本约束,其他文本缔约国也须逐步升级为 1991 年文本缔约国。相比 1978 年文本,1991 年文本对品种的保护范围更宽、保护水平更高。UPOV 公约倾向于对植物新品种施行越来越严格的保护,逐步接近专利保护的水平。

② 即既提供专利保护又同时提供专门法保护。美国是通过两种法律对植物品种进行双重保护的国家之一,它通过植物品种保护法对有性繁殖作物的品种进行保护,通过植物专利对无性繁殖和遗传工程方面的品种加以保护。亦即无性繁殖法培育的品种归专利法保护,其余的归专门法——《植物品种保护法》保护。实际上,美国对植物品种提供了三种法定保护:实用专利、植物专利和植物品种证书,形成比较完备的保护体系,而植物品种还可通过商业秘密法予以保护。此外,日本也是对植物品种进行双重保护的少数国家之一。

约的做法是对符合 DUS 测试[①]要求的植物新品种授予"育种者权"(Plant Breeders' Rights, PBRs)并给予保护。根据公约要求,各成员国对研发的植物新品种,只要是加以开发得到的,具有适当命名的,并符合新颖性、特异性、均一性和稳定性条件,申请者履行了缔约方法律规定的手续,就给予"准专利保护"——未经品种权人许可,他人不得生产、销售植物新品种,或须向育种者交纳一定的使用费用。换言之,按照 UPOV 公约的规定,育种者至少应当享有两项专有权:许可或者禁止他人为商业目的生产同一种植物品种;许可或者禁止他人出售或者提供出售同一种植物品种。公约还要求,在各缔约国取得植物新品种的保护,应当履行一定的手续,缔约国主管部门在批准授予证书之前进行审查[②]。以 UPOV 1978 文本为界,之前的版本采用品种权模式,禁止双重保护。按照公约第 2 条的规定[③],缔约国选择采用"要么专门方式要么专利方式"来保护品种权,但如果联盟成员国法律承认这两种保护方式,其对于一个和同一植物属或种也只能选择其一而不能同时并用两种方式提供双重保护。而事实上,多数成员国选择给予植物品种权保护。鉴于之前有些国家以不同方式对一个和同一植物属或种加以保护,公约在第 37 条规定了两种保护形式的例外规则,允许其继续实行原来的做法。UPOV1991 文本未明确规定采用何种方式以及是否以一种或两种方法来保护植物品种,实际上取

---

① 即对申请品种权的植物新品种的特异性(Distinctness)、一致性(Uniformity)和稳定性(Stability)进行检测,以判定测试品种是否属于新品种。
② 公约规定不得少于对下面五方面的审查:(1)确认有关植物是否具有现存的植物均不具备的突出特点(新颖性);(2)确认有关植物在提交申请保护之前是否在国内市场出售过(第三人未经培植人同意而出售的不在此列);(3)确认该品种的基本性质是否稳定不变;(4)确认按照该品种培育出的植物是否与该品种同属一类(如果产生出"同源异性体",则不能获得保护);(5)确认该植物是否具有自己的名称。
③ 公约第2条规定,"联盟各成员国可以通过授予专门品种权或专利权,承认本公约规定的品种权。但是,对这两种保护方式在本国法律上都承认的联盟成员国,就一个和同一植物属或种,仅提供一种保护方式。"

消了"禁止双重保护"原则,允许对同一植物品种实行双轨制保护,加大了保护范围和保护力度,扩展了植物品种权的范畴,更全面地保护了育种者权利。

(2) 对"农民特权"的弱化

"农民权"一词源自 1979 年联合国粮农组织对农民和育种者间利益分配的非对称性问题的内部讨论,讨论的主题为"在以遗传资源为基础的现代生物技术应用中,遗传材料提供者与生物技术提供者在利益分配中的不平衡"。这种不平衡表现为:利用种质资源培育出商业性种子的育种者可以利用育种者权获得收益,而提供这些种质资源的农民却没有任何经济补偿[①]。1989 年联合国 FAO 第 5 号决议(Resolution 5/89)首次确认了种植者的权利——农民权。所谓"农民权"(Farmer's Rights),是指农民尤其是原产地中心和生物多样性中心的农民,基于过去、现在及将来在保存、改良和提供植物基因资源(特别是那些集中体现物种起源与生物多样性的基因资源)方面的贡献的一种权利,这些权利由国际社会代表全球的农民行使,以便切实保障农民的各种利益并支持其继续做出此种贡献。从各国以及历史情况来看,对农民利用受保护品种在自己的土地上以种植为目的生产种子的行为,被排除在育种者权利保护范围之外,即所谓的"农民特权"[②]。为了平衡植物育种者与相关公众的利益,UPOV 公约也规定了农民特权制度。"农民特权"("farmer's privilege"),有人称之为"农民留种权",是指为允许农民把授权品种的收获材料作为在自己土地上使用的权利,以满足农民对授权品种的基本需要。也就是说,种植者

---

① FAO, Revision of the International Undertaking, Issues for Consideration StageⅡ: Access to Plant Genetic Resources and Farmers' Rights[R]. Rome, 1994. 转引自王志刚、陈文君:《农民权利:促进,还是抑制——植物基因资源开发中的惠益分享机制与我国公共政策调整》,《学习与探索》2007 年第 4 期。
② 王志本:《从 UPOV1991 文本与 1978 文本比较看国际植物新品种保护的发展趋向》,《中国种业》2003 年第 2 期。

可不经许可自繁自用被保护的新品种。UPOV1978文本对"农民特权"实行强制性例外,要求各联盟成员国必须赋予"农民特权",强制应用于所有植物属或种,规定"农民利用授权品种以种植为目的在自己的土地上生产种子的行为不受植物品种权的约束",言外之意是允许农民保留种子再次播种、自繁自种和自由交换,把品种权人的权利限制在授权品种繁殖材料的商业生产和销售范围内。UPOV1991文本不再对此有强制性要求,它允许联盟成员国政府自行决定是否给予"农民特权"或该权的享有程度,把"农民特权"变为非强制性例外,亦即"农民特权"的应用在成员国政府的控制之下。

UPOV1991文本比1978年的文本更严格地保护育种者的权利,该文本第15条第(2)款规定:"各缔约方在合理的范围内,并在保护育种者合法权益的条件下,仍可以对任何品种的品种权予以限制,以便农民在自己土地上为繁殖的目的而使用在其土地上种植的受保护品种所收获的产品……"可见,该文本严格限制了"农民特权",育种者的权利延伸至收获的材料,实际上是为强化育种者权利提供了更大的空间。此外,UPOV1991年文本适用于所有受保护植物的属和种,明确了适用属种的数量和期限,还将育种者的权利扩大到禁止侵权品种进口等,比较符合拥有先进生物育种技术的发达国家的利益,充分体现了其在植物新品种技术产业全球发展背景下的利益需求①。

由发达国家发起并主导的UPOV公约,旨在保护植物新品种育种者的权利,协调联盟成员国有关植物新品种保护方面的政策、法规、技术及其实施步骤,其制度设计主要是针对发达国家高度商业化的农业体系,发达国家可以从该保护机制中获取更大的商业

---

① 参见左安磊:《UPOV公约下中国植物新品种法律保护的发展》,《种业论坛》2012年第3期。

利益,而经济全球化进程中的那些生物技术相对落后、农业以自给自足为主的大多数发展中国家,只能被动适应这一游戏规则。尽管 UPOV 公约基于公共利益的考虑,规定了强制许可、科学研究免责和"农民特权"等限制育种者权利的条款,在一定程度上平衡了社会利益和个人利益,但因其推行越来越高水平的保护,例如,较之 UPOV 1978 文本,UPOV1991 文本在保护范围、保护领域、保护期限和保护措施等多方面对植物新品种权制定了更为严格的规定,不断强化育种者权利,弱化"农民特权",非常不利于新品种保护制度不健全、植物新品种权拥有量少、科技创新能力差的发展中国家,可能会削弱发展中国家保护农民利益、提高农业竞争力的努力,阻碍发展中国家农业科技的发展,引发发达国家对基因资源的掠夺和发展中国家为捍卫本国基因资源的冲突。

总之,UPOV 公约通过对联盟成员国之间植物新品种保护的政策和法律的协调,保障育种者可以据其所在国的法律取得对其植物新品种的知识产权,未经品种权人许可,他人不得生产和销售植物新品种。公约也为在国际上开展优良品种的研究开发、技术转让和合作交流活动,以及开展粮食国际贸易等提供了基础与保障。一方面,UPOV 公约兼顾了育种者权益和农民利益,提供了有别于专利保护的行之有效的一套特殊制度,吸引了许多国家尤其是那些农产品贸易占重要地位的发展中国家的加入,另一方面,由于 UPOV1991 文本更严格地保护育种者的权利,不利于生物育种技术落后的发展中国家,因此发展中国家基本上采用 UPOV 1978 文本,即采用品种权保护方式,发达国家则基本上采用 UPOV1991 文本。但值得关注的是,越来越多的发展中国家在立法内容上逐渐接近 UPOV 1991 年文本。

除了 TRIPs 协议与 UPOV 公约外,与植物品种权有关的国际公约还有 1992 年联合国《生物多样性公约》(The Convention on Biological Diversity,CBD)和 2001 年 11 月 FAO《粮食和农业植物遗传资源国际条约》(International Treaty on Plant Genetic Resources for Food and Agriculture，ITPGR)等。前者首次确认各国对其基因资源拥有主权的原则，其目的是保存生物多样性，持续使用其构成部分，公正平等地享受使用遗传资源所带来的好处。后者明确了农民的权利，正式将农民权以法律的形式在全球范围内予以确认。第9条专条规定了"农民的权利"①，要求缔约方应根据其国内法采取合理措施保护和发展农民权，包括与粮食和农业植物遗资源有关的传统知识保护权、公平参与惠益分享权、参与有关事项决策权以及保留、使用、交换和出售农场保存的种子或者其他宣传资料的权利等。相比之下，TRIPs协议的相关规定与之相去甚远。

(三)转基因植物新品种对国际公约的影响

1.对植物新品种的保护趋于采用专利形式

20世纪30年代以前，植物和植物品种是被排除在法律保护之外的。1983年转基因烟草、马铃薯问世以后，以转基因技术为核心的现代生物技术迅猛发展，植物新品种逐渐成为知识产权法律的保护对象，可以说，通过有效的专利保护来获得对技术一定时间内的垄断权已成为转基因技术产业发展的主要动因之一。从前述的内容看，国际上，不管是TRIPs协议还是UPOV公约，都加强了对育种者权利的保护，更加有利于植物新品种的商业化运作，两者在很大程度上均反映了发达国家的利益诉求，体现了转基因作物专利保护的国际法化趋势。

TRIPs协议关于WTO成员可以通过专利方式或者一种有效的特别制度或者两者的组合对植物新品种进行保护的规定，把提

---

① 该条约要求各缔约方应当适当地根据其国内立法采取措施保护和促进农民权，包括：(1)保护与粮食和农业植物遗传资源相关的传统知识；(2)公平地分享植物遗传资源利用所带来的利益；(3)有权参加国家关于植物基因资源的保护和可持续利用方面的政策的决策等。

供植物新品种的知识产权保护变为其成员的应尽义务之一,且明确提出了"专利方式"的保护模式,为各 WTO 成员对转基因植物的专利保护提供了立法依据。从 TRIPs 协议第 27 条可以推测,对于转基因植物品种,TRIPs 协议虽未要求各成员给予强制性的专利保护,但却要求成员方必须给予保护,不论其保护的方式是专利或者其他有效的特殊制度;对于转基因植物本身,TRIPs 协议允许各成员进行选择,以专利来保护抑或以其他知识产权方法保护;对于利用转基因技术而生产植物的方法,因其并非主要是生物学上的生产方法,各成员应当对转基因技术提供专利保护。对于植物新品种的保护问题,尽管在 TRIPs 协议订立过程中存在着较大的分歧,但最终还是反映了发达国家给予"有效"保护的主张而忽视了生物资源丰富的发展中国家的利益诉求,实际上承认了以专利或专门法两种形式并存保护植物新品种的合法性。由于 TRIPs 协议更多关注的是专利权人的利益,强化了商业育种者的竞争优势,而根据其国民待遇原则外国人和本国人在申请专利方面具有相同的地位,客观上进一步促使许多跨国公司投资研发生物技术和农业转基因种子等,以图扩大和控制国际市场。

为适应生物技术广泛应用于现代育种的新发展,UPOV 公约三次修订以顺应对转基因植物品种的保护,在内容上更加完备,对植物新品种的保护力度在加大,UPOV 文本的变化也反映了植物新品种保护程度的专利化倾向。例如,UPOV 1978 及以前文本植物品种权的保护对象均只及于繁殖材料,而 UPOV1991 文本将保护范围从繁殖材料扩大到收获物、直接加工品、实质性派生品种(Essential Derivation Variety,EDV)。根据 UPOV1991 文本第 14 条第 3 款规定,"各成员国认为有必要可做出规定,涉及未经许可使用的受保护品种的收获材料直接制成的产品时,应得到育种者授权,但育种者已有合理机会对上述收获材料行使权利的情况除外"。可见,UPOV 公约 1991 文本顺应了生物技术的发展,强化了育种者的权利,放宽了"农民特权"例外的限制,对植物品种权的保护在向专利权方向转变。但无论是1978年文本,还是1991文本,均未对转基因作物的保护做出明确的标注或说明。

2. 转基因植物新品种对农民权的挑战

优良品种和优质种子是保证农业高产、优质、高效、生态、安全的物质基础。谁控制了种子,谁就掌握了现代农业的主动权。随着生物技术的迅猛发展和其在植物育种领域被广泛运用,植物基因资源的价值日益凸显,发达国家加紧了对基因资源的掠夺和控制,跨国公司非常重视收集和积累全球多样化的种质资源,尤其是含有特质性状的优异种质和野生资源,包括我国在内的发展中国家基因资源流失非常严重,农民的利益受到侵害。实际上,全球80%的转基因农作物品种源自美国孟山都、杜邦等几家跨国公司,它们拥有相关基因、转基因方法、作物本身以及种子的专利权,已经对转基因农产品市场形成了垄断。TRIPs协议没有保护农民权的规定,意味着发达国家的生物窃取行为不能被有效制止。

基于农民作为一个整体在保存、改良和提供植物遗传资源方面的贡献及其对种植农作物的生存依赖,UPOV公约为农民在利用和保存作物种子方面保留特定的权利[①]。在对育种者权利与"农民特权"等利益冲突的处理上,既不同于《生物多样性公约》的坚持国家主权原则和惠益共享机制,也有别于《粮食和农业植物遗传资源国际条约》重申"农民特权"的发展目标的要求,UPOV公约1991年文本将农民留种权利改为非强制性例外,不断缩小"农民特权"范围和可适用性,显然倾向于保护育种者的商业经济利益,这使得公约在执行过程中会面临一些富有争议的新问题、新关系,譬如植物基因资源所在地与育种者的利益关系问题、因植物新品种保护所导致的市场垄断和贸易壁垒问题等,需要特别加以关注。

---

① 李菊丹:《农民留种权利保护比较研究》,《知识产权》2013年第7期。

## 第二节　国际粮食贸易中的新法律问题解决之策

### 一、世界各国对转基因农产品/粮食的法律规制

(一) 对转基因农产品/粮食的有效规制：有法可依

1. 国际组织的相关法律规定

基因工程是一把双刃剑，必须通过法律加以监管，但目前还缺乏国际性的统一标准，与之相关的主要是生物安全的立法。国际上，联合国环境规划署、联合国粮农组织、联合国教科文组织、国际人类基因组组织和国际卫生组织等国际组织都曾发布过与生物技术有关的国际政策性文件，例如，1991年联合国粮农组织制定的《影响植物遗传资源保护和利用的植物生物技术行为守则》、1995年联合国环境规划署发布的《国际生物技术安全技术准则》，等等，为国际组织和世界各国在建立和实施生物技术安全性评价、制定生物技术准则以及推动合作与信息交换等方面提供了参照，尽管其不具有法律约束力，但却起到至关重要的作用。1992年联合国环境与发展大会通过的《生物多样性公约》是第一个全球性的涉及生物安全问题的公约，涵盖了所有的生态系统、物种和基因资源，保护生物多样性、可持续利用生物多样性的组成部分以及公平合理地分享由遗传资源而产生的惠益是其三个基本目标。依据其相关条款而制定并于2000年通过的《卡塔赫纳生物安全议定书》，是具有法律约束力的国际文件，它采取风险预防原则并通过事先知情同意程序将其加以落实，要求各缔约国制定或采取办法以管制、管理或控制由生物技术改变的、可能对保护和持续利用生物多样性产生不利影响的活生物体在使用和释放时可能产生的风险，即使科学上没有确凿证据证明转基因农产品/粮食危害必然发生。

另一部保障国际生物经济发展的重要法律文件——2001年的《粮食和农业植物遗传资源国际公约》,秉承了《生物多样性公约》的基本原则,着重保护农作物基因资源的多样性,促进世界农业的可持续发展。此外,世界贸易组织与农产品贸易有关的多边协议如GATT1994、TBT协议、SPS协议、TRIPs协议等也对生物安全问题给予了关注,并将生物安全问题与贸易问题直接挂钩。

2. 欧美国家的区域/国内立法

在对待转基因农产品/粮食问题上,欧盟的态度最为保守,奉行"预防原则"(Precautionary principle),美国的态度最为积极,提倡"实质等同原则"(Substantial Equivalence),其他国家则或者偏欧或者偏美,或者介乎欧、美之间。对于转基因农产品/粮食规制的立场也基本可分两种:澳大利亚、新西兰、日本、俄罗斯等国和欧盟主张对其进行严格管制,而美国、加拿大和一些发展中国家却主张大力发展而避免不必要的法律管制。

欧盟通过专门立法对转基因食品①进行管理。由于文化、宗教方面的原因以及疯牛病、二恶英污染事件引起的极度恐慌,欧盟各国一直对转基因食品持抵制态度,认为目前科技水平不能否认转基因食品的风险。欧盟自20世纪80年代始就对转基因生物安全管理进行立法,建立了生物技术"水平立法"和"垂直立法"两种模式交错应用的法规框架②,90年代便建立了较为完善的转基因食品管理法规体系。这一时期欧盟针对转基因食品的立法主要采用指令形式,主要有1990年欧共体颁布的《关于封闭使用转基因

---

① 转基因粮食一定是转基因食品,而转基因食品却不一定是转基因粮食。
② 所谓"水平立法"(Horizontal Legislation)是将所有与转基因技术相关的行为纳入规制范围,涉及基因工程微生物在封闭设施内的使用、转基因产品的有目的释放和接触生物试剂工作人员的职业安全;所谓"垂直立法"(Product Legislation)是以转基因技术产生的各种产品及领域来进行个别的、垂直的规制,包括医药产品、动物饲料添加剂、植物产品、新食品和种子。有关生物技术知识产权保护的法规也属于该法律框架的组成部分。这种立法方式构成了当今对转基因技术/转基因食品法律规制中最为严密的体系。

微生物的指令》(90/219/EEC)和《关于转基因生物有意环境释放指令》(90/220/EEC)[1]，前者要求对转基因微生物进行分类并事先做好风险评估等工作，后者规定向环境有意释放和向市场投放转基因生物及产品所应当遵守的一系列程序，笼统要求成员国采取一些必要措施对转基因食品及含有转基因成分食品的标识进行管理。1997年，欧洲议会和理事会《关于新食品和新食品成分的条例》(258/97/EC)作为第90/220/EEC指令的补充，细化了对转基因技术的管理，明确要求对转基因食品实行许可和标识制度。20世纪90年代以后，欧盟针对转基因食品的立法多采用更具法律约束力的条例形式。2000年1月，欧盟委员会通过两项法规：49/2000/EC与50/2000/EC。前者规定，凡含有1％以上转基因DNA或蛋白质的食品上市均应实行许可和标签制度，后者要求，转基因标注扩及添加剂和风味剂。2001年3月，欧洲议会和欧盟理事会《转基因生物有意环境释放》(18/2001/EC) 管理将要环境释放和进入市场的转基因生物，同时废止了90/220/EEC指令。根据第90/220/EEC和第18/2001/EC号指令，转基因生物体的实验释放和进入市场主要是由欧盟授权，第18/2001/EC号指令设置了一个正式批准程序，加强了原有法律中的有关规定，强调对转基因产品上市前安全评估（主要是对人类健康和环境案例的评估）、上市后强制性监测和风险管理等问题，严格对转基因食品实行上市审批。2003年7月，欧洲会议通过了两部新的法规：《有关转基因食品和饲料的条例》(1829/2003/EC)和《有关转基因生物及转基因生物制成品的追溯性和标识的条例》(1830/2003/EC)，主要是关于转基因食品的标签制度和可追踪性、安全性及上市申请等方面的规定。2003年，还通过了《转基因生物越境转移条例》

---

[1] 封闭使用是指转基因生物在一定的密闭环境中使用，而有意释放还包括转基因生物的田间试验和市场投放。

(1946/2003/EC),规定了转基因食品的进出口管理方面的内容。2003年通过的新的转基因产品条例,在标签制度、可追踪性、安全性和上市申请等方面做了更加严格的规定。例如,规定必须标注转基因生物的含量阈值[①]从49/2000/EC规定的1%降到0.9%;确立新的登记制度,使转基因产品从生产到出售的各个环节都有据可查,企业经营者应当保留五年的使用记录;将转基因产品的上市审批程序简化、统一,等等。为了强化现行食品监管机制,为欧盟消费者提供更为安全的食品,2006年1月起欧盟实施新的食品法规:《食品卫生条例》(852/2004/EC)、《关于动物源性食品的特殊卫生规则》(853/2004/EC)和《人类消费用动物源性食品官方控制组织的特殊规则》(854/2004/EC)。新食品法规提高了食品市场准入标准,增加了食品安全问责制等。总之,欧盟通过一系列的法律、指令和指南,建立了欧盟统一的转基因产品审批和执行制度、严格的转基因食品和饲料标识制度、转基因生物及产品可追溯制度等,将规制的重点由转基因食品转变为转基因食品的生产过程,使欧盟成为世界上对转基因食品管制最为严格的地区。根据欧盟议会和理事会178/2002法规,欧盟建立了欧盟食品安全局作为转基因食品的管理机构,负责对食品安全有直接或间接影响的所有领域提供独立的、科学的建议,以便保证与欧盟有贸易往来的食品的安全。它所成立的八个科学小组中其一即为转基因生物科学小组。根据规定,未经官方授权转基因产品不能投放欧盟市场。欧盟各国也制定了相应的国内法规,如德国1990年的《基因工程法》、同年英国制定的适用于与转基因生物有关活动的《环境保护条例》,等等。

美国主要利用已有的法律法规管理转基因食品。以美国为代

---

[①] 即当某一种成分内的转基因成分超过一定比率时,必须标识为转基因食物,但超出阈值并不代表食品不安全。而我国的转基因食品标识制度采取的是定性标准,缺乏阈值的设定,可行性较差。

表的一些发达国家最初也对转基因产品有过一些限制,但随着转基因技术日益成熟,这些国家便放松了限制。美国是转基因技术总体水平最高的国家,对转基因食品基本持肯定态度,支持转基因生物研究和商业化,鼓励发展、大力扶持转基因农业,认为目前没有确定的科学证据证明转基因食品存在风险则转基因食品即是安全的,与传统产品基本相同;对转基因食品监管较为宽松,只要转基因食品安全性能与传统食品无根本区别,即受原有的传统食品安全和环境保护的法律法规调整,转基因食品的开发、推广和上市由农业部(USDA)、食品与药品管理局(FDA)以及环保局(EPA)等政府部门批准,对转基因食品的安全评估只针对最终食品及其用途而不涉及其生产方法,对转基因食品也不进行标识,不必与传统食品分开处理;美国实行开放的转基因食品贸易政策,反对在国际农产品贸易中对转基因食品设置贸易壁垒。美国也是最早对转基因生物安全立法的国家,对转基因食品安全性的立法活动开展亦较早:1976 年 7 月颁布了世界上第一部生物安全管理法规《重组 DNA 分子研究准则》;1986 年 6 月颁布的《生物技术管理协调框架》基本构建起美国转基因生物安全的监管机制,规定了涉及生物安全的管理部门负责检测、评价和监督,各管理部门各有侧重、协调运作,以保证其农业和生态安全对需要审查与管理的基因工程生物进行较严格的考察。对转基因食品安全性的管理,美国则是在原有食品和药品管理体制下主要利用已有的法律法规进行监管,主要是:《联邦食品、药品与化妆品法》《植物保护法》《种子鉴定法》《杀虫剂、杀菌剂与杀啮齿类动物法》《联邦植物有害生物法》《毒物控制法》及《关于生物技术食品上市前公告的建议》等。但是随着转基因生物的不断发展及其产品的不断增多,关于转基因生物及其产品管理的专门立法也渐渐增多。例如,2001 年 7 月出台的《转基因食品管理草案》,规定了转基因食品上市流通的申请时间,制造商必须在转基因食品进入市场前至少 120 天,向 FDA

提出申请及相关资料，以便对该食品与相应的传统产品的"实质等同性"加以确认。再如，2002年5月，FDA向国会提交了三项法案：旨在保护可能因转基因种子、植物或者动物在经济上受到危害的农民的权利的《转基因农作物和动物农民保护法案》（HR4812），对含有转基因物质的食品或由转基因物质制作的食品进行强制标识的《转基因食品知情权法案》（HR4814），以及针对转基因生物造成损害确定相应责任的《转基因生物责任法案》（HR4816）。从国会审理的与转基因有关的议案来看，美国已确认了对转基因产品尤其是食品上市前的申请和安全保证制度、转基因产品的标识制度、对因转基因产品造成的损害的责任认定制度以及对转基因产品的跟踪防御机制，防止对生态环境的污染，等等，美国制定统一的检测标准、实行评估及许可证制度等做法值得我们效仿。

不同于欧盟，美国没有一个专门的机构负责转基因生物安全的监管，对转基因生物技术及其产品的主要管理机构即农业部、食品与药品管理局和环保署，美国建立了以这三大管理机构为中心的转基因生物监管体系，任何一种转基因食品的生产过程均须经过三个机构中的一个或多个进行审查，并制定了一系列相关法律和监管流程：① 农业部动植物卫生检疫局（APHIS）主要负责评估转基因作物成为有害植物类群的可能性，依照《联邦植物病虫害法》《植物检疫法》《植物保护法》及1987年农业部在其下制定的《属于植物有害生物或有理由认为属于植物有害生物的转基因生物及其产品的应用》（管理条例7CFR340）等法律规定，管理转基因作物以防止其成为有害生物，负责转基因产品的种植安全。② 食品与药品管理局主要负责监管利用转基因生物制成的食品及食品添加剂、饲料等的安全性问题，其主要管理依据是《联邦食品、药品和化妆品法案》。FDA还负责转基因的标识管理，其于1992年发布的《源于转基因植物的食品政策》建立了自愿咨询程序,制定了公众健康、转基因食品咨询和标识的技术指南。③ 环保局负责确保杀虫剂安全性,监管转基因作物的杀虫特性及其对环境和人的影响,其主要依据《联邦杀虫剂、杀菌剂和杀鼠剂法案》与《联邦食品、药品和化妆品法案》对杀虫剂进行管理。当然,在单一的生物安全问题中存在三个部门管理权限的重合,此时即按照《生物技术管理协调框架》的规定协调运作。

3. 我国的相关立法

我国对转基因农产品/粮食的监管已初步形成了一套框架体系。早在1996年7月,农业部就发布了《农业生物基因工程安全管理实施办法》(农业部令第7号),该办法第一条开宗明义地指出,其目的在于促进农业生物基因工程领域的研究与开发,加强安全管理,防止遗传工程体及其产品对人类健康、人类赖以生存的环境和农业生态平衡可能造成的危害。2001年5月国务院颁布的《农业转基因生物安全管理条例》(国务院令第304号)(以下简称《条例》),规定了国家对农业转基因生物安全实行分级管理评价制度、建立农业转基因生物安全评价制度和对农业转基因生物实行标识制度。2002年1月农业部发布的与该制度相配套的三个规章——《农业转基因生物安全评价管理办法》(农业部令第8号)、《农业转基因生物进口安全管理办法》(农业部令第9号)和《农业转基因生物标识管理办法》(农业部令第10号),分别规定了转基因产品的安全评价与安全管理以及标识管理问题,要求从2002年3月20日起,含有转基因成分的大豆、玉米、油菜、西红柿、棉花种子等五种农作物及其产品(如大豆油)须标明转基因成分才能加工和销售。《条例》及三个农业法令的发布,标志着国家法规已对农业转基因生物的研究、试验、生产、加工、经营和进口、出口活动实行全面的管理。2016年7月农业部公布了《关于修改〈农业转基因生物安全评价管理办法〉的决定》(农业部令2016年第7号),规定设立国家农业转基因生物安全委员会,由其负责农业转基因生物的安全评价工作,明确农业转基因生物安全管理的第一责任人是从事农业转基因生物研究与试验的单位,使转基因安全管理更加规范、更加严格。2002年的《转基因食品卫生管理办法》[①],要求自2002年7月1日起,对以转基因动植物、微生物或者其直接加工品为原料生产的食品和食品添加剂实行强制标识制度,并要求对来自潜在致敏食物的转基因食品要标注"本品转××食物基因,对××食物过敏者注意"。2004年5月国家质检总局颁布的《进出境转基因产品检验检疫管理办法》(质检总局令第62号)规定,各口岸将根据《条例》和有关的实施办法,对通过贸易、来料加工、邮寄、携带、生产、代繁、科研、交换、展览、援助、赠送以及其他各种方式进出境的转基因产品进行检验检疫,规定国家质检总局对过境转移的农业转基因产品实行许可制度。《条例》及各个法令、办法的规定,使我国对转基因农产品的规制有法可依,但其立法层级和效力较低,且相互间内容重复,不利于实践中实施。2015年4月24日修订通过、2015年10月1日起施行的《中华人民共和国食品安全法》也对转基因问题做了明确规定,同时提出,转基因食品的安全管理,该法未作规定的,适用其他法律和行政法规的规定,使法律法规有效衔接。

(二)国际社会对转基因农产品/粮食管理的共同选择:转基因标识制度

对于转基因农产品风险的不确定性,可采取的法律手段即加强管制和实行标识制度,对此国际上已形成共识。国际上对转基因食品的标识制度分为自愿标识和强制性标识两大类,而强制性标识又可细分为定量全面强制标识(如欧盟)、定量部分强制性标识(如日本)及定性按目录强制标识(如中国)。据悉,目前全球已

---

① 该办法已于2007年12月1日起废止。

有60多个国家要求对含有转基因成分的食品标注转基因标签,除美国、加拿大、阿根廷等国家采取自愿标识外,欧盟和日本、澳大利亚、新西兰、挪威、瑞士、韩国等许多国家和地区均已实施强制性标识制度,强制性标识管理政策成为很多国家采用的一种措施。

欧洲是最早为转基因食品采取标识制度的地区。欧盟一直奉行预防原则与消费者权益至上原则,早在20世纪90年代便已确立了转基因强制性标识制度。如前所述,1997年的《关于新食品和新食品成分的条例》就要求各成员国监管食物销售及实行标识制度,尤其是针对各类转基因或含转基因成分食物。1998年9月,欧盟增补了标签指南(1139/98/EC),对某些转基因物质食品①进行强制性标签。之后,2000年1月欧盟委员会通过的两项法规《关于修正转基因食品强制标识(1139/98/EC)的法案》(49/2000/EC)和《关于转基因添加剂和调味料强制标识法案》(50/2000/EC),修订1139/98/EC,设立了对转基因食品进行标识的最低含量阈值,规定凡是含有1%以上转基因DNA或蛋白质的食品上市都必须实行许可和标签制度,将需附标签的食品范围扩及采用含基因改造成分的添加剂与调味品的食品,并对标签的要求做了详细规定。2001年3月出台的《关于转基因生物有意环境释放以及废止指令90/220/EEC的指令》(18/2001/EC),强化了对转基因食品标识的要求并新增加了可追踪性要求,成员方应保证转基因食品在市场销售的每一环节符合有关的标识要求,每一环节都可满足可追踪要求。至此,欧盟转基因食品标识制度的基本框架已经形成。2003年,经过整合后的现行有效的两部转基因食品标识的法规中,《有关转基因食品和饲料的条例》(1829/2003/EC)规定了欧盟委员会对转基因食品进行授权和监控的程序,制定了转基因食品的标签制度;《有关转基因生物及转基因生物制成品的

---

① 即含有Round-Up Ready转基因大豆和Novartis Bt-176玉米的食品。

追溯性和标识的条例》(1830/2003/EC)规定了转基因生物和由转基因生物制成的食品的可追溯体系及上市申请问题,强化了可追溯制度和标签标识制度,只有满足标识及可追溯性要求的转基因食品或转基因生物方能进入市场。法规要求每一种转基因生物都具有唯一的标识码,标识的范围包括农作物、食品、动物饲料及植物油等,含量阈值上限标准由原来的1%调整到0.9%,亦即欧盟实行定量全面强制标识制度,要求所有转基因成分在0.9%以上的产品(非仅指食品)在市场上销售时,均须在标签上清楚地标识为转基因产品,并需提交大量文件。为了便于对最终产品进行正确标识并且提供监督和控制,欧盟法规还规定转基因产品的可追溯性,要求对转基因产品的生产、加工、运输和销售等所有环节进行追踪,从而有助于质量控制和保证在必要时撤回产品。转基因食品可追溯性体系的创立,给消费者提供了透明的产品信息,保证了其对转基因食品充分的知情权和选择权。欧盟通过不断扩大标识适用范围、降低风险限值、明确标识内容以及创立可追踪性监控机制,使之日臻严格,成为目前世界上最为严格的转基因食品标识制度[①]。瑞士等国也沿用了欧盟的强制性标识标准。俄罗斯实行转基因食品标识制度始于2000年,对转基因食品和原料采取国家登记制度,不贴标签的转基因食品不准出售。俄政府曾要求凡转基因成分含量超过5%的食品就必须对其进行标识,从2004年6月起,只要转基因成分超过0.9%的食品都需做标注,其与欧盟的转基因食品的检验检疫标准一致。韩国从2001年3月开始实行在转基因农产品上贴标识的办法,要求转基因成分超过3%的就要实行标识,如被发现标签上有错误信息,将被判入狱或罚款,没有贴上标签者亦被罚款。日本则实行强制标识和自愿标识相结合的方式,日本政府一直以来对转基因食物执行自愿安全检验,但

---

① 张忠民:《欧盟转基因食品标识制度浅析》,《世界经济与政治论坛》2007年第6期。

1999年规定对进口的以大豆和玉米为主要原料的24种食品必须做出是否含有转基因成分的说明,并对转基因和非转基因原料实施分离运输管理,即采取定量部分强制性标识制度。2000年3月日本农林水产省颁布于2001年4月1日实施的《转基因食品标识标准》(第517号公告),确定了转基因标识制度,对已经通过安全性认证的大豆、玉米、马铃薯、油菜籽和棉籽等五种转基因农产品,及以其为主要原料加工后转基因成分超过5%的食物,执行强制性标识制度。至于非转基因农产品及其加工食品实行自愿标识,如果食品上加贴"非转基因"标签,必须同时满足两个条件:转基因成分不超过5%;食品生产商须按照IP(identity preserved)管理制度的相关规定,证明该种食品在生产和销售的每一阶段都已周密地实行了区别性生产流通管理。该标准后经多次修改[1],增加了转基因食品标识目录的内容,包括了甜菜、苜蓿等在内的农产品及其加工产品。

与上述国家和地区的做法相反,美国联邦政府并不要求给转基因食品贴上标识。美国食品和药品管理局对转基因食品实行自愿咨询和标识制度,对食品标识的总原则是"真实、不误导"。美国主要援用《联邦食品、药品与化妆品法案》对转基因食品标识进行管理,只有当转基因食品与传统的同种食品相比具有明显差别、用于特殊用途或具有特殊效果和存在过敏原时,才属于标识管理范围[2]。《转基因食品知情权法案》(HR4814)规定,生产者对所有含有转基因成分的食品或由转基因物质制作的食品进行标识以满足消费者的知情权。此外,美国有三个州议会相继通过了转基因标

---

[1] 该标准是根据《食品卫生法》和《农产品标准化和标识法》制定的,2001年4月1日实施后,农林水产省分别于2001年9月、2002年2月、2005年10月发布公告,对转基因食品标识目录进行修改,分别增加了高油酸大豆及其加工品、马铃薯及其加工品、三叶草及其加工品。

[2] 参见金芜军、贾士荣、彭于发:《不同国家和地区转基因产品标识管理政策的比较》,《农业生物技术学报》2004年第1期。

识法案:佛蒙特州(2013年5月初)、康涅狄格州(2013年5月底)和缅因州(2013年6月),均要求所有转基因食品上的标签必须标明该食品的成分,另有其他30个州也提出了针对转基因的法案。加拿大、阿根廷及我国香港地区也实行自愿标识制度。

我国同样对转基因食品规定了标识制度。2001年,《农业转基因生物安全管理条例》规定国家对农业转基因生物实行标识制度;2002年,《农业转基因生物标识管理办法》要求进口转基因农产品必须进行转基因标识,并规定了标识的对象、标识的方法、标识的审查机构和监督机构,标识目录的制定、调整和发布程序等;2002年,《转基因食品卫生管理办法》要求食品产品中(包括原料及其加工的食品)含有基因修饰有机体或/和表达产物的,必须加以标注;2007年6月,农业部发布的《农业转基因生物标签的标识》等14项标准的公告(农业部第869号公告),依法对转基因的大豆、玉米、油菜、棉花、番茄等5类作物的17种产品实行按目录强制标识。号称史上最严的新的《食品安全法》要求,生产经营转基因食品应当按照规定进行标示,从法律上明确了消费者的知情权。并规定,未按规定进行标示的,没收违法所得并可以没收用于违法生产经营的工具、设备、原料等,最高可处货值金额5倍以上10倍以下罚款,情节严重的,责令停产停业,直至吊销许可证(第一百二十五条)。中国目前采用最严格的定性标识方法——定性按目录强制标识,即凡是列入目录的食品中含有转基因成分或者是转基因作物加工而成的,须将"转基因标识"标注于包装上。

转基因食品标识制度要求向消费者提供有关产品的真实、准确信息,体现了对消费者的尊重,维护了消费者的知情权和选择权,有利于消费者及时知晓转基因产品可能存在的一些潜在的、带来过敏原等影响健康的因素。在转基因产品的安全性尚无定论的情况下,尊重消费者的选择权,从公平、公正的角度来说,让消费者自主选择是非常必要的。当然,实行强制性标识制度,会增加转基因产品在检测、隔离和标识方面的成本,抬高其市场价格,从而减缓国外转基因农产品的进入。我国的转基因标识制度就曾引发一场标识争论,当时美国的一些公司认为标识制度可能会给美国的农场主带来更大的压力,使其销售受到影响,认为这是中国在以技术安全的名义设置贸易壁垒。我国农业部则强调,推出标识制度更多的是为了保护消费者的知情权以及对转基因作物的安全管理。可以说,转基因产品标识不仅仅是科学问题,转基因粮食问题也不能简单作为一个粮食问题,还与一个国家的政治、经济、贸易等因素密切相关,涉及粮食大国及全世界各国的粮食安全及战略博弈。

(三) 对转基因农产品/粮食及其法律规制的看法

1. 理性看待转基因农产品/粮食安全性问题

转基因技术是一种新的生物技术,在提高粮食产量、提高农民收入、减少化肥使用方面的优越性已经基本得到认可,在解决世界粮食短缺尤其是贫困国家公众的吃饭问题方面将发挥巨大作用。随着发展中国家人口数量的持续上升、人均耕地的逐渐减少,绿色革命的效用正在达到一个自然的极限。尽管世界各地的高产品种的采用率和粮食总产量都在增加,但养活不断增加的人口所必需的持续增长率的可能性却越来越小[①]。目前传统农业产量处于瓶颈发展期,增加产量只能靠科技进步提高单产来实现,因而转基因技术极具诱惑力。在我国,人多地少水资源短缺,虫害病害发生率高,保障粮食高产和品质优良实现长期有效供给离不开科技创新,当然也包括转基因生物技术。但消费者对转基因粮食的认知程度不同,对其态度褒贬不一,某种意义上影响着转基因技术的推广应用,因此,要加强科技界与媒体和公众的有效沟通,尊

---

① William.H.Overholt.《未来转基因》,《高科技与产业化》2007 年 5 月,http://www.docin.com/p-885303940.html.最后浏览日: 2015 年 12 月 7 日。

重公众的知情权和选择权,使其深层次的了解并正确客观地评价转基因粮食,了解其利弊,不夸大其好处也不妖魔化其弊端,才是正确的态度。

2. 加强对转基因农产品/粮食的法律监管

转基因农产品/粮食存在着某些尚未人知的不确定因素、非预期效果和未知的长期效应,以现有的知识不足以评估其潜在的风险,更无法预测其对子孙后代可能产生的长期影响,转基因农产品/粮食的安全性问题和风险问题需要长时间的测定。我国是生物多样性大国,大豆、水稻等重要农作物物种的原产地,同时又是粮食进口大国。一方面自己在积极研发转基因作物自主创新,力争占领农业生物科技的制高点,另一方面粮食进口贸易的供给方主要是转基因作物种植面积居于世界前三位的美国、加拿大、阿根廷,由于粮食生产流通的多重性和复杂性,这对非转基因粮食中绝对不含转基因成分形成了巨大挑战,因此必须加强对转基因农产品/粮食的安全管理,加强监管和审批,以保护生物多样性、保护环境,保护全民的生命健康。第一,应完善国家生物技术安全管理的法律法规体系。尽管农业转基因生物技术安全管理的法律法规体系、安全评价体系及监督体系等已初步建立,但仍需进一步完善,特别应注意在立法中必须规定损害赔偿制度,使遭受损害的受害人有获得赔偿权,而侵害人应当在承担赔偿责任的同时采取补救措施以避免损害的扩大。很多国家包括德国、法国、英国、美国、日本等都已制定了相应法律,如 2005 年德国的基因技术法规定,允许在德国种植各种作物,但转基因作物的种植将受到严格的定额限制,并且还会面临高度的投资风险。我国是一个农业大国,人口多,粮食需求量大,做好立法工作有助于我国科技的发展,对转基因农作物的商品化过程中的风险、进出口转基因农产品的安全性等问题的处理更能依法有序,对违法者的处罚有章可循。另外,加强市场监管也很重要。例如,尽管我国《食品安全法》规定了生产经营转基因食品应当按照规定进行标示,但由于我国实行定性按目录强制标识制度,2011年确定的5大类17种所涵盖食品行业的种类已不适于食品行业的发展,许多使用转基因食品原料的企业(如食用油加工企业)游离在标示监管之外,规范的不完善导致法律监管漏洞。第二,应建立一套既符合国情、又符合国际标准的检测体系。在实行转基因食品标识制度的国家,除中国外,一般都设定了对转基因食品进行标识的阈值,例如,欧盟规定为0.9%,日本规定为5%,韩国规定为3%,巴西、以色列及墨西哥等国家标识阈值设置为1%。标识阈值的高低,反映了各国在管理转基因食品方面的态度、技术上的可操作性以及对成本等的考虑。明确的标识阈值使转基因检测也有了明确标准,而我国只定性未定量的规定,客观上给转基因检测造成了困难。

3. 加强宣传工作

加强科普宣传主要包括两方面:一是对消费者的宣传。有些消费者由于宗教信仰、饮食喜好等方面的原因拒绝转基因产品,有些则是对这一高科技产品缺乏基本了解而持怀疑态度。对于后者应通过多渠道、多层次的科普宣传教育,培养消费者对转基因产品及其安全性问题的客观公正意识和判断能力,消除对转基因农产品/粮食的恐惧和偏见,提高社会公众对转基因技术发展的理解与认识。因为消费者的决定左右着国家对转基因粮食的进口,会影响国家对转基因技术及产品的支持或反对政策,进而影响到转基因技术的研究及产品的国际贸易。二是对农民的宣传。我国1/3的粮食耕地种植稻米,有超过1/2的农民从事稻米生产。2005年4月和6月,绿色和平组织向国内外媒体发布的两份调查报告显示,2005年2月到6月间,在我国发现了没有经过安全审批的转基因水稻在种子市场上非法出售,某些地方已经种植了两三年,并已流入湖北、广东等地的大米批发和零售市场。转基因稻米的混入影响到中国和日本、欧盟等国家和地区的贸易,这些国家和地区都加强了对中国大米的检测。转基因稻种很容易被当作普通稻种,或在没有标识的情况下出售,或被混入普通稻种种植。在我国转基因水稻商业化种植获得批准之前,未经安全审批的转基因水稻种子已被出售或种植,说明农民对转基因水稻缺乏全面了解,因此,要加强宣传,使其了解转基因水稻既可以增产增收,也可能带来风险,未经国家允许不得擅自商业化种植,即使国家允许种植也要采取适当的保护措施。种植者的高度重视和谨慎操作,可以避免不必要的风险和损害发生。

## 二、后巴黎时代气候变化问题的全球应对

我们只有一个地球,气候变化的蝴蝶效应使"环球同此凉热",气候变化带来的灾难,没有一个国家和个人能够幸免。因此,需要发达国家与发展中国家携手面对,寻找一个共同的利益点并作出符合地球利益的共同抉择来拯救地球。

(一)气候集团的利益博弈与国际社会合作共赢

可以说,《京都议定书》生效后,气候变化问题已由简单的科学问题演变为国际政治问题和发展问题,成为不同国家/国家集团为各自利益而进行博弈的工具,也促使各国反思其低碳减排的路线选择问题。

气候变化问题的核心是发展问题,发展水平不同的国家如何取得共赢,是气候谈判在艰难中行进的症结所在。发达国家与发展中国家的不同利益诉求,使其在气候谈判博弈中难以形成合力,历次气候谈判的成果,可以说是不同缔约方力量消长的见证,也可以说,发达国家已经掌握了主动权。欧盟和美国、新西兰、挪威和日本等伞形集团及发展中国家(77国集团+中国)是气候变化国际谈判的主要博弈力量,前两者是发达国家在气候谈判中的利益共同体。在气候谈判中,发展中国家采取共同行动有利于其在未来争取到更多的政策空间,但一直以整体出现的发展中国家集团在联合国气候变化框架公约第四次缔约方大会上却出现了分化,

小岛屿国家联盟由于面临气候变化可能为其带来的"生死存亡"问题而与发展中大国在谈判中出现分歧。而且,在谈判进程中,随着发展中国家关注角度和立场的不同,在减排与发展问题上利益冲突的存在,谈判集团内部的"碎片化"趋势还会加剧,这种内部分化削弱了发展中国家整体谈判实力。实际上,气候谈判中传统的南北阵营已不再明显,在巴黎气候大会上,欧盟、美国和79个"非洲、加勒比海和太平洋"国家又组成了"雄心壮志联盟"(High Ambition Coalition),形成发达国家和发展中国家之间的利益共同体。

应对气候变化应提倡全局观、换位思考,充分协商、充分表达和听取各方意见,遵守已达成的气候协议。无论是《气候变化框架公约》《京都议定书》还是《巴黎协定》,均明确了发达国家向发展中国家提供资金和技术支持的义务。考虑历史上不同国家碳排放量的原因,也考虑现实中处于工业化发展阶段中的发展中国家不具备总量减排能力的现状,发达国家应当正视自己的责任,率先垂范,提高其减排指标,在技术推广和应用方面作出更大的努力,并遵守承诺切实履行向发展中国家提供资金、技术、能力建设等支助义务。在这一前提下,发展中国家也不能无视气候变化问题片面追求经济增长,也要根据自身能力节能减排,转变发展方式,合理利用资源和能源,实现可持续发展。因为不论是发达国家的"享乐性排放",还是发展中国家的"生存性排放",如无节制,对地球都是难以承受之重,对人类都是一场灾难,在气候变化这个人类共同的难题面前,任何国家和个人都不是一座孤岛,人类一荣俱荣,一损俱损,需要处于不同发展阶段的国家各尽其力,构建其低碳发展线路图。发达国家与发展中国家应加强政治互信,为提高应对气候变化行动力度以及达成气候变化协议构建政治基础。只有发达国家与发展中国家精诚合作,加强在节能、环保、低碳等方面的研发和创新合作,扩大信息和技术交流,实现处于不同发展水平的国家的协作共赢,应对气候变化才能取得实质性进展。

## (二)《巴黎协定》中的"共同但有区别的责任"

《巴黎协定》将所有缔约方纳入温室气体减排的行列,以法律文件的形式确定了发达国家和发展中国家在应对气变化问题上的责任区别。《巴黎协定》第 2 条第 1 款第 2 项规定:"履行将体现公平以及共同但有区别的责任和各自能力原则,考虑不同国情。"第 3 条规定:"在公平的基础上,并根据它们共同但有区别的责任和各自的能力。"从文字表述上看,《巴黎协定》坚持了"共同但有区别的责任"原则,但增加了体现"考虑不同国情"、"各自能力",其内容已发生了重大变化。由《京都议定书》规定的只针对附件一发达国家的强制减排的量化目标和义务变为《巴黎协定》涵盖全体缔约方的国家自主贡献,由"强制"变为"自愿",其实是弱化了发达国家的减排责任。《巴黎协定》规定了所有缔约方一体采取减排行动的原则,在国家自主贡献问题上,未区分发达国家与发展中国家,而是将缔约方分为发达国家、新兴的发展中大国和对气候变化不利影响脆弱的发展中国家三类,亦即继续率先减排并开展绝对量化减排、为发展中国家提供资金、技术等支助的欧美等发达国家,根据自身情况提高减排目标、逐步实现绝对减排或者限排目标的中印等发展中大国,及可编制和通报反映其特殊情况的关于温室气体排放发展的战略、计划和行动的最不发达国家和小岛屿发展中国家。协定对于能力最弱和对气候变化不利影响特别脆弱的发展中国家的具体需要和特殊情况给予了充分考虑,强调对发展中国家的支助向最不发达国家和小岛屿发展中国家转移,"有能力的"发展中大国也应适当提供资助。《巴黎协定》以自主贡献减排的方式为区别责任的实质性履行搭建了平台,这样的模式实际上已经改变了"共同但有区别的责任"原则原有的表述机理[①]。后《巴黎协

---

① 李威:《从〈京都议定书〉到〈巴黎协定〉:气候国际法的改革与发展》,《上海对外经贸大学学报》2016 年第 5 期。

定》时代如何解读"共同但有区别的责任"原则,还会由于发达国家的立场、发展中国家的分化以及原则本身的模糊性而存在分歧。

不同发展阶段的国家都应当将应对气候变化当作一种责任和义务。《巴黎协定》的能力建设条款对中国的减排和能力建设提出了更高要求,对我国而言无疑是个重大挑战,我国将面临国际社会现实和自身国情限制的双重压力。作为发展中大国,13亿人口的生存与发展问题使得我国必须面对成为第一碳排放大国的指责,同时,作为一个负责任的大国,我们又必须面对能源结构、经济发展等转型的代价,在减排和发展的博弈中求得平衡。面对西方发达国家希望淡化历史责任转嫁自身减排责任继续维持其主导的国际政治经济秩序之现状,我们必须保持清醒的头脑,警惕其将发达国家和新兴发展中大国责任的"趋同化",跟踪和分析国际气候制度的发展走向,密切关注气候谈判格局的变化,充分考虑发展中国家阵营的重组,加强与"立场相近发展中国家"的沟通协调,争取更多的国际合作的力量,维护发展中国家共同利益,不断增强发展中国家在全球治理体系中的话语权。此外,我国与"一带一路"沿线国家的合作和交流的日益频繁,也为加强气候合作和开展全球气候治理提供了有力平台,我们应当抓住机遇,提高领导创设国际气候制度和博弈规则的能力。我国正积极探索符合国情的发展经济和应对气候变化双赢的可持续发展道路,不断提升自身应对气候变化的能力,还要积极参与《巴黎协定》相关新机制的建设,也将利用这次文明的转型,通过深化与"立场相近发展中国家"的合作,为发展中国家应对气候变化提供力所能及的支持和帮助。

(三)后巴黎时代的碳壁垒

《巴黎协定》改变了《京都议定书》"自上而下"的减排模式,确立了国家自主贡献减排模式的法律地位,这种"自下而上的国家自主贡献"赋予了缔约方较大的自由裁量权,缺乏国际法的强制约束力,尽管《巴黎协定》创设了透明度框架与全球盘点的新遵约机制以期形成制衡,但并未规定完不成减排目标是否应受惩罚以及应受何种惩罚,《巴黎协定》第15条规定,建立一个机制以促进执行和遵守协定的规定,机制应由一个委员会组成,委员会"应以专家为主,并且是促进性的,行使职能时采取透明、非对抗的、非惩罚性的方式。"协定未就遵约形成强有力的规则以对未来各国履行承诺形成"硬约束",在后巴黎时代,发达国家与发展中国家减排政策的差异性,很可能会导致减排政策比较严格的发达国家以防止"碳泄漏"为名,采取碳关税等措施加以应对。《巴黎协定》为单边环境贸易措施重开方便之门,后巴黎时代发展中国家将面临碳关税、碳标准等新型的贸易壁垒。

引发碳泄漏的根源在于各国减排政策的差异性,不对称减排机制只是减排政策差异的集中体现。

中国正处于经济迅猛发展阶段,能源供应和环境压力不断增大,将成为经济持续发展的重要制约因素,成为减缓中国经济增长的瓶颈。因此,节能减排、转变经济发展方式不只是由于欧美碳关税政策在一定程度上对我国经济发展和对外贸易的压力,而主要是出于中国未来发展之所需。气候问题归根结底是发展问题,在气候变化的应对上国际社会的行动更多地表现为各国政治经济利益的博弈。作为国际贸易中的一种贸易政策,碳关税并非仅仅针对贸易,它与政治和外交密不可分,因此,加强该领域相关问题的研究和分析,参与并把握碳规则的制定权至关重要。我国"十二五"规划纲要提出要树立绿色、低碳发展理念,加快转变经济发展方式,增强可持续发展能力,完善现代农业产业体系,发展高产、优质、高效、生态、安全农业,等等,而加快农业现代化步伐和加强生态文明建设,也被双双列入"十三五"规划的任务目标中,这对进一步推进中国的节能减排与环境改善,缓解国内环境约束,满足不断提高的国内民众对环境的要求,以及兑现我国的对外承诺等提供了有力保障。中国要顺应发展低碳经济的国际大趋势,以碳关税为契机,加速转变经济和对外贸易增长方式,发展低碳产业,提升国际经济竞争力,积极抢占经济、贸易、环境等的制高点。

## 三、以新的贸易规则创造公平的国际粮食贸易环境

### (一) 正确认识"粮食"的特殊性

对于"粮食是否是特殊商品",我国理论界曾经有过一段时间的争论。持否定态度的人认为,"特殊商品"是政治经济学上的概念,粮食同其他商品一样具有使用价值和价值,将粮食称为"特殊商品"没有理论上的根据,用经济学的观点来衡量,粮食商品特殊论是难以成立的。粮食商品和其他商品没有什么不同,都是在价值上同质并具有不同使用价值的商品,不能称为特殊商品[1]。持赞同态度的人认为,从粮食作为商品具有价值和使用价值角度讲,粮食与其他商品无异,但它又是一种特殊重要的商品。它是人类生活基本必需品和重要的生活、生产资料,粮食商品的使用价值具有不可替代性,与人类的密切程度和联系程度是其他商品难以比拟的[2]。但无论如何,粮食有其特殊性,在新的形势下尤其应予重视。

"粮食"不同于其他一般商品,它是一种特殊的"日常消费品",是具有刚性需求的商品,与大众的生活密切度极高,是大多数人一日三餐的必备品,是维持人的生命的不可替代的物质基础。在我国,农业是国民经济的基础,粮食是农业的基础,粮食供给不仅关乎国民经济长期稳定发展,更关乎社会的长治久安。同时,粮食是最重要的战略物资,粮食生产的稳定增长对经济发展具有不可否定的推动作用。粮食产业是其他各业发展的前提和基础,是社会安定、政治稳定和国家安全的物质保障。作为战略性产业,粮食产

---

[1] 参见唐益泰、许永立:《粮食是特殊商品吗?》,《中国粮食经济》2001年第9期。
[2] 参见粮食专刊:《粮食为何要搞特殊化》,《中国商贸》1996年第19期。

业在各国经济中具有特殊地位。

粮食的这种特殊性决定了粮食贸易不同于其他一般非粮食贸易,贸易的双方对粮食贸易保护的政策和措施大量存在而且不时调整,粮食进口国一方面要进口粮食以满足国内消费,另一方面又要预防国外低价进口粮对国内粮食生产的冲击,而粮食出口国则一方面尽量扩大国际粮食市场份额,另一方面又要抵制他国粮食的进口以保护国内市场,各国的粮食贸易政策间的矛盾,导致粮食贸易国之间的利益冲突时有发生。创造公平的国际粮食贸易环境必须正视粮食的特殊性,必须考虑粮食弱国尤其是发展中国家的粮食主权。

(二)正视气候变化与国际粮食贸易关系的特殊性

1. 农业属于高风险行业,易受气候变化的影响

研究表明,导致气候变暖的人为因素有两方面:一是化石燃料燃烧、水泥生产等能源和工业过程直接向大气排放的温室气体,二是土地利用变化影响温室气体源和汇的分别和大小。农业影响气候变化,而气候变化、农药化肥等农业投入、市场需求等各方面因素又都会影响到粮食产量,尤其是气候变化带来的极端天气对农业这一高风险行业会造成巨大影响,而且,无论是发展中国家还是发达国家,农业在应对气候变化过程中都表现出程度不同的脆弱性。

气候变化导致土地荒漠化,使人均可耕种面积减少;全球变暖使农业用水缺乏,也使病虫存活的范围更广,为病虫害的扩散创造了更为有利的条件;极端天气如飓风、洪水等频度增加严重破坏农业基础设施,破坏农业生产,导致粮食产量减少,等等。这些又将会导致粮食产量严重依赖更多化肥、农药以及对农业的更多投入,进而增加能源开支。农用机械和化肥等的使用、兴修水利等又会进一步增加温室气体的排放。农业生产与气候变化间的这种特殊关系给人类生存和发展带来了严峻挑战。

## 2. 国际粮食贸易过程中的碳足迹不易计算

产品碳足迹的计算，涉及产品从原材料到制造、储运、销售甚至报废过程中的各个环节，计算出每个环节的碳排放量本身就非易事。欧盟之所以首选将航空业纳入欧盟的碳排放交易机制，正是因为其在碳计算方面较为简单，可以根据飞机的飞行公里数、耗油量和飞行时间以及旅客人数等计算出碳排放量，相对比较容易。而国际粮食贸易从粮食生产到餐桌消费，涉及生产投入、加工、包装、国内国际运输和销售等方面，环节多、过程长，而且，农业生产中的工业投入品在整个供应链上即生产、运输、施用过程中均产生碳排放，较之单项工业产品，其间数据的获取和计算均复杂得多、难度大得多。

资料显示，农业生产过程中能源的利用直接和间接碳排放、工业投入品全生命周期碳排放，以及农业废弃物的最终处置等，是农业源温室气体最重要的三大类来源，尤以化肥（氮肥）的碳排放最多，占整个农业系统碳排放的比重最大，而粮食生产活动本身排放的温室气体所占比重不大。在运输环节，目前空运造成的大量碳足迹已为人们所熟知并加以关注，海运的碳足迹问题却往往被忽视。根据国际海事组织的研究，海运排放的二氧化碳量大大超过之前的预期，随着全球贸易扩张，预计到2020年，海运的二氧化碳排放量将增加70%。统计显示，全球范围内有9万艘船只运送着全球90%的货物，国际粮食贸易中80%的粮食又是通过海上运输的。在我国，2011年铁路粮食运量达9946万吨。粮食运输环节的碳排放量的计算问题也因运输方式的不同计算方法有异，碳足迹计算标准越多，计算频度会越多，粮食贸易成本也越高，尤其是国际粮食贸易中的多式联运，会加大碳排放计算的工作成本。

此外，粮食生产对碳循环的影响具有双重性，既是碳"排放源"，又是碳"吸收汇"。根据联合国粮农组织的观点，作为温室气体的重要排放源,农业耕地释放的温室气体超过全球人为温室气体排放总量的 30%,相当于 150 亿吨二氧化碳。在我国,除了农业耕地外,种子、有机肥等的投入,化肥、农药、农用薄膜等大量工业品的投入,农机使用消耗大量化石能源等,均增加了农业源温室气体的排放量,使农业成为温室气体的重要排放源。但研究也表明,生态农业系统可以抵消掉 80% 的因农业导致的全球温室气体排放量。粮食生产阶段农业投入环节越多,粮食碳排放量计算就越复杂,还应考虑粮食生产过程中的温室气体排放及吸收不同的效果,会涉及碳排放与碳吸收的折抵问题,粮食生产的碳足迹的计算在操作上有一定难度。

3. 粮食碳标签制度的全面推行会增加一些国家的财政负担

碳足迹标签为消费者提供了产品或服务一整套完整的量化碳排放信息,使得消费者在碳信息获取对称的情况下,完全自愿选择与处置不同碳排放量的产品。但碳标签的实施需要核定生产、运输等过程中的温室气体排放量,会给经营者增加额外成本,经营者还存在节能降耗成本太高、资金实力以及环境友好技术短缺的障碍,消费者也要负担由此而生的转嫁成本,在此情况下,碳标签制度能否推行,取决于消费者的环保意识及其低碳责任感。消费者的低碳责任感强,就会选择更低碳更环保的产品,以消费者的需求刺激产品生产经营者的配合,是推进碳足迹标签发展的有效途径。这一点,前面也已提及。

粮食碳标签可以让人们知悉粮食从生产到消费整个生命周期中的碳排放量,了解自己的"碳耗用量",进而选择带有成本加价的碳标签的粮食,意味着人人都要为实施粮食碳标签制度而额外增加的成本"埋单",这对于那些靠进口维持生计的缺粮又缺钱的国家而言,无疑是雪上加霜。至于那些发展中国家的粮食出口国,成本上升一定程度上会减弱其粮食国际竞争力,只有那些发达的粮食出口大国方能忽略这种"成本加价"。

### (三) 正确认识气候变化下国际粮食贸易中的法律问题

**1. 气候变化为国际粮食贸易带来的不仅仅是法律问题**

国际规则的设立往往是受国家利益的驱动。国际农业规则作为规范农业生产、贸易、流通的规则，其制度建立与变迁的驱动力决定于成员国的国家利益博弈①。气候变化为国际粮食贸易带来的，除了法律问题之外，更多的是涉及国际政治力量的博弈问题。受气候变化影响的不同决定了各主要经济体的气候政策不同、在国际气候谈判中的利益诉求及谈判立场各异。发达国家和发展中国家都在为各自的利益而战，借应对气候变化之机谋取经济优势和竞争力。发达国家希望能够保持自身的优势地位，并引领国际气候谈判，而日益发展壮大的发展中大国要维护自身的发展权，希望能够谋得更多的发展空间，这点从历次气候会议上各国的主张中可见一斑，历次气候谈判背后各国减排行动中的权利义务关系，反应了各国对权力与利益的争夺。气候谈判，利益是一切的出发点和终极目标，其实质是发展权与发展空间以及气候话语权的争夺，归根结底是对生态利益的经济主导权的争夺。具体到粮食问题，对某些国家而言，就变成了生存权问题。就我国而言，积极参与气候变化问题的谈判，一方面是显示大国的责任与担当，另一方面，只有积极参与才能在气候谈判中充分表达自己的意愿，争取应有的利益和发展权利，也更能积极有效应对发达国家可能采取的环境贸易措施。

**2. 正确看待气候变化下发达国家在国际粮食贸易中的特殊地位**

以欧美加为首的粮食出口大国利用其在 WTO 中的经济实力，主导了 WTO 贸易谈判，为其农业补贴等谋取了巨大利益，又

---

① 何昌垂主编：《粮食安全——世纪挑战与应对》，社会科学文献出版社 2013 年 1 版，第 246 页。

试图在国际气候变化谈判中扮演领导者的角色,以期继续维持其优势地位,借助气候问题限制新兴经济体的发展。发达国家在新时期国际贸易中的地位不容小觑。

发达国家具有制定游戏规则的实力。按照罗伯特·帕尔伯格的研究成果和国际粮食市场的激烈竞争状况,西方发达粮食大国常常为剩余粮食问题发愁,在谈判中并不具有优势[1]。但其却能够利用其经济实力实现了其在 WTO 主导国际粮食贸易规则的目的,使 WTO 规则主要体现美欧等粮食大国的利益,使广大的发展中国家从一开始就处于不利地位。例如 WTO《农业协议》关于出口补贴的使用的规定就造成了发达国家和发展中国家的不平等。根据该协议,已经接受出口补贴的农产品被允许继续提供补贴,而未接受补贴的农产品却不能够进行补贴。事实上,WTO 协议达成时,提供农业补贴的成员有 25 个,仅美国、欧盟、加拿大三个出口方就占据了 93% 的小麦出口补贴,很少有发展中国家进行农产品出口补贴,这就意味着发展中国家丧失了使用出口补贴与发达国家竞争的权利[2]。除了 WTO 粮食贸易一般规则关于出口补贴和国内支持的规定明显利于美欧等粮食大国外,WTO 粮食贸易特殊规则也显然利于发达国家。如具有出口补贴作用的粮食援助规则并未受到严格管制,能够启动粮食特殊保障措施的主要是发达国家,等等。在气候变化问题上,尽管对气候变暖问题有许多质疑之声,认为那不过是欧洲人为把自身的政治利益转化成全人类共同关心的问题而塑造的全球环境话题,是"阳谋",但世界上绝大多数国家还是"被引领"到气候谈判中来,参与这一游戏规则,围绕碳排放权展开激烈的博弈。

---

[1] 余莹:《国际粮食贸易规则之演进——对国际粮食贸易的政治经济学解读》,《太平洋学报》2011 年第 6 期。
[2] Christopher Stevens,The WTO Agreement on Agriculture and Food Security,London:Commonwealth Secretariat,2000. 转引自余莹:《国际粮食贸易规则之演进——对国际粮食贸易的政治经济学解读》,《太平洋学报》2011 年第 6 期。

发达国家具有引领气候变化与贸易规则的雄心。气候变化对国际贸易规则带来新的挑战,对每个国家而言都是全新的,可以说,大家都处于同一起跑线上,都在努力争取气候谈判的话语权,但是,发达国家显然在这方面占据着主动地位。凝聚了各谈判方广泛共识的"共同但有区别的责任"原则,是《联合国气候变化框架公约》和《京都议定书》所确立的应对气候变化的所有规范、目标和行动均须遵循的基本原则,是国际合作应对气候变化的法律基础和行动指南,它一方面强调各国对保护全球环境负有的共同责任,另一方面也正视发达国家对全球气候变化负有的历史责任以及发展中国家的社会经济条件、应对能力和发展需要等,要求发达国家承担比发展中国家更大的保护全球环境的责任,应当率先采取减排措施,承担强制性减排义务。而在气候变化谈判中,不少发达国家有意模糊发达国家和发展中国家的界线,试图推卸自己的责任让发展中国家承担更大的减排义务。哥本哈根气候会议经过了两周乃至更长时间的艰苦斗争方保住了"共同但有区别的责任"原则,从侧面反映了发达国家在气候谈判中的不容忽视的地位。发达国家一直利用自己在全球经济中的地位,实现着自己的"政治霸权"的目标,不论在国际贸易规则的制定上,还是通过国内法律政策的调整发展低碳经济引领国际社会走向上,都体现出其"用心"。譬如,奉行"美国优先"战略的美国 2017 年一再出尔反尔,在气候谈判方面,先是宣布退出《巴黎协定》后又谋重返《巴黎协定》,在国际贸易谈判方面,曾想通过 TPP 和 TTIP 谈判在 WTO 外"另立门户",为未来的世界多边贸易体系和经济协调机制构建新规则,谋求牢牢把握国际规则制定的主动权,后又高调宣布退出 TPP,之后不久却又"准备与 TPP 成员国进行个别和集体磋商",其作为无不以美国利益至上为其出发点,反映出其权力与责任的严重失衡。至于气候变化下国际粮食贸易中的新问题,作为粮食出口大国,自然也会在其"预谋"之中。

## 3. 加强南南合作促进气候变化下国际粮食贸易规则更加公平

粮食是人类生存之本,农业是经济发展之基。相对于其他国际贸易,粮食国际贸易在全球贸易中的比重并不特别大,但因其关乎国计民生,因而在国际贸易中具有较强的敏感性。面对气候变化、环境污染等给农业发展带来的新挑战,人类需要加强农业交流与合作,建立合作共赢、公平合理、持续稳定的粮食贸易秩序。

气候变化严重影响到了世界各国农业和粮食安全、饮用水和能源供给、自然灾害应对等各个方面,尤其是对发展中国家而言,这种不利影响更为深刻。以中国和印度为例。中国和印度都是近年来发展较为迅速的发展中国家,都属于气候变化十大受害国[①],都面临着经济发展和减缓气候变化的双重挑战。气温升高可能对中国的粮食安全造成难以应对的威胁,中国农业科学院农业环境与可持续发展研究所所长林而达认为,干旱、洪涝这些灾害完全是由于气候变化引起的。预测显示,今后20—50年间,气候变化仍将对农业生产带来严重冲击。到2050年,温度升高、农业需水增加及可用水减少和耕地面积下降等因素更会使中国的粮食生产总水平下降14%—23%[②]。印度的农业、水资源和森林等领域因其对气候的敏感而面临的威胁较大,而农业是印度经济的重要组成部分,受气候变化影响最深的往往是那些贫困人群和弱势群体。印度沿海人口密集地区易受极端气候现象的影响,4 000万公顷的

---

① 法新社2009年12月8日报道:根据今天公布的一份关于气候变化风险的研究报告(注:该报告由一家名为"德国观察"的非政府组织撰写),1990年至2008年受极端天气影响最严重的10个国家依次是:孟加拉国、缅甸、洪都拉斯、越南、尼加拉瓜、海地、印度、多米尼加、菲律宾和中国。所谓"全球气候风险指数"旨在描绘由全球变暖导致的极端天气对一个国家的影响。该指数取决于一组数据,即暴风雨、洪水及其他极端天气造成的死亡总人数;每10万人的死亡人数;按绝对美元价值计算的损失;损失占其国内生产总值(GDP)的百分比。参见:http://news.cnnb.com.cn/system/2009/12/11/006355943.shtml.最后浏览日:2015年12月6日。
② 参见2010年3月31日《第一财经日报》。http://stock.sohu.com/20100331/n271230647.shtml.最后浏览日:2015年12月6日。

土地易受洪水的影响,平均每年影响人口 3 000 万人①。印度要使其弱势群体免受气候变化的负面影响,也必须发展经济提高国民应对气候变化的能力。

印度是世界第三大碳排放国,其"富煤少油"的能源结构与我国相似。按照印度环境部长普拉卡什·雅瓦德卡尔(Prakash Javadekar)的说法,在可预见的未来,印度一半以上的能源将来自煤。印度政府的首要任务是消除贫困,提高本国经济水平,这必定会涉及新的燃煤发电和运输,从而增加排放②。印度是最早表明"共同但有区别的责任"立场的国家,一直拒绝就强制性减排协定进行任何谈判。在 2014 年气候变化峰会期间,雅瓦德卡尔表示,在 2015 年的巴黎气候峰会之前,印度不会提交减排温室气体的方案,并强调发达经济体(主要是美国)对减排负有最大的责任。当然,印度政府也在开展应对气候变化的国内行动计划,进行可再生能源的开发与环境保护,走可持续发展道路。中国和印度在应对气候变化问题上有着相似的国情和立场,加强在气候问题上的合作可以增强发展中国家力量,更好地维护发展中国家的整体利益。与中印人口大国不同,美国人少地多,农产品过剩,短期内不会在乎气候变化对农业的负面影响。在国际气候谈判领域,印度的作用不可忽视,中印必须加强合作以免被西方国家分而治之。

中国也应当团结其他发展中国家特别是那些最不发达国家,改变国际规则制定话语权上的非对等性现状,变"被动"为"主动",制定气候变化下更加公平的国际粮食贸易规则,保障发展中国家的生存权和发展权。

---

① 参见张海滨、李滨兵:《印度在国际气候变化谈判中的立场》,《绿叶》2008 年第 8 期。
② 2014 年 9 月 23 日,联合国气候变化峰会在美国纽约召开。期间,印度新任环境部长普拉卡什·雅瓦德卡尔接受采访时表明的态度。http://news.ifeng.com/a/20140926/42093285_0.shtml.最后浏览日:2015 年 2 月 10 日。

第五章
# 我国的粮食贸易与安全问题及应对气候变化的法律路径选择

## 第一节 国际化背景下我国的粮食安全问题

我国是一个人口大国,也是一个农业大国,粮食问题关乎的不仅仅是吃饭问题,还是一个民族的生存和发展问题。我国以占世界9%的耕地,5%的水资源,养活了占世界25%的人口①,对国际粮食安全做出了重大贡献。目前,我国粮食安全形势总体向好,粮食综合生产能力稳步提高,2015年粮食生产实现历史性的"十二连增"②。但我国粮食安全的基础比较脆弱,人口多,资源短缺,粮食的供需将长期处于紧平衡状态,同时经济全球化也将给我国的粮食安全问题带来许多不确定性。

---

① 肖国安、王文涛著:《中国粮食安全报告:预警与风险化解》,红旗出版社2009年版,第4页。
② 由于受播种面积减少和单产下降的影响我国2016年粮食产量下降,2017年在种植结构调整优化基础上全国粮食再获丰收。

## 一、粮食外贸依存度高给粮食安全带来不确定因素

"手中有粮,心中不慌。"除了国内生产外,实现粮食安全目标的另一个途径是依靠适度进口。我国既是粮食生产大国又是粮食消费大国,就整体而言,进入 21 世纪后,我国属于粮食进口国,粮食消费需求的满足在一定层面上依赖于国际市场。

外贸依存度是指在一定时期内一个国家进出口总额占其国民生产总值或国内生产总值的比重。它反映该国家的对外贸易活动对自身经济发展的影响,衡量其经济发展对进出口贸易的依赖程度,是该国对外开放程度的重要评估与衡量指标。一般而言,一国的外贸依存度越高,其经济发展对外贸的依赖程度就越大。就粮食而言,如果粮食产需缺口全部由进口来弥补,则粮食安全缺口占总需求量的比值,就称为粮食外贸依存度①。粮食外贸依存度的大小反映了一国粮食市场对国际粮食市场的依赖程度。按照国家粮食安全规划报告中粮食外贸依存度的安全水平(5%),加入WTO 后整体上中国粮食外贸依存度的平均水平达 8.18%②。客观认识我国粮食外贸依存度,能够有效把握我国的粮食安全状况,为我国粮食保障提供可靠性参考、正确制定我国的粮食对外贸易战略。

根据国家统计局的统计数据,我国的货物进出口总额已从 1978 年的 206 亿美元、世界排名第 29 位跃居到了 2012 年的 38 671 亿美元、位居世界第 2 位,国际贸易对于中国货物贸易和经济的发展具有巨大的调节作用,粮食问题也不例外。新中国成立至改革开放初期,我国的粮食贸易先以进口为主转向出口为主,改

---

① 陈尚宾:《对我国粮食安全现状的认识》,《东方企业文化·天下智慧》2010 年第 4 期。
② 参见武雪平、陈乾坤:《粮食外贸依存度变动趋势研究》,《经济与管理》2011 年第 4 期。

革开放以后,随着中国人口数量的不断上升,物质需求的不断提高,粮食主要以进口为主以满足国内市场的供应[1]。我国粮食进出口贸易,不仅在于总量平衡,而且在于粮食品种间的调剂。在粮食供应量中,小麦、玉米和水稻三种作物的供应量占总供应量的85%,其余10%的粮食供应由其他作物提供,5%的粮食由进出口贸易来平衡[2]。其实,在粮食进口问题上,我国一直采取较为保守的政策,在2011年以前仅允许进口少量的优质大米和小麦,玉米的进口量近乎为零。

分析2000—2011年我国国有粮食企业分品种收购、销售情况的数据[3],可以看出,除2001年和2006年外,整体的收购额小于销售额,特别是大豆,其收购量严重小于销售量,这些贸易粮差额则需要外来市场的供给。2012年,我国粮食总产量达58 957万吨,进口总量超过了7 000万吨,进口数量和金额同时创出新高,数据显示,该年中国粮食自给率已经下降到90%以下。我国粮食进口量还在不断增加,2014年粮食进口1亿吨(其中70%以上是大豆,达7 140万吨,谷物类进口量只有1 952万吨,玉米、小麦进口量下降,大米以及一些工业用粮有所增加)。随着我国城镇化的推进,农业人口不断转向居民人口,粮食消费从"自我供给模式"转变成为"商品交换模式",加上粮食副食品需求和工业用量的上升,我国粮食缺口将出现更为严峻的局面,粮食外贸依存度将进一步提高。

---

[1] 新中国成立以来,除20世纪50年代和1997年后中国是粮食连续净出口的年份外,在大多数年份一直是粮食的净进口国。如1961—1984年、1987—1992年,中国是粮食净进口国。1997年是中国粮食进出口形势逆转的关键一年。1997年后粮食进出口趋势表现为一种从粮食的连续净进口转变为粮食的连续净出口逆转的态势。参见中华粮网:"粮食外贸历程:中国粮食进出口贸易的回顾和分析",http://www.cngrain.com/Publish/market/200812/394749.shtml. 最后浏览日:2014年10月9日。

[2] 任晓娜著:《气候变化与中国粮食生产贸易政策》,中国农业科学技术出版社2012年版,第2页。

[3] 数据来源:国家粮食局网站,http://www.chinagrain.gov.cn/n16/n1062/n1452/n1497/index.html. 最后浏览日:2015年1月10日。

粮食外贸依存度过高,易导致粮食安全的不确定因素增多。例如,大豆是我国主要粮食品种之一,在国民经济和人们生活中的地位不可或缺。作为中国进口量最大的粮食作物,2011—2012 年度大豆外贸依存度达 79.9%,2012—2013 年度提高至 81.9%,由于大豆产业过度依赖进口,致使跨国粮商逐步控制了我国大豆产业链,而大豆国际贸易的价格一向又是以美国芝加哥期货交易所的交易价格为定价基准①。所以,国际市场粮食价格的任何变动都会对我国粮食安全带来影响,如果粮食安全得不到制度性保障,面临粮食危机的可能性就会增大。因此,必须把握好粮食进口与国内粮食自给率之间的平衡点,减少大面积进口对国内产业的冲击。

## 二、产业开放过度危及国家粮食安全

在全球自由贸易主义盛行之际,外资不断收购东道国企业进而可以参与到该国更多的经济活动领域。印度农业部长在 1991 年曾说:"粮食安全并非依赖堆在粮仓里的粮食,而是兜里的美元。"并多次重申,粮食安全不是依靠粮食"自给"(当地出产的粮食服务于当地消费),而是依靠粮食"自足"(从国际市场上购买粮食)②。粮食资本全球化运作,跨国粮商控制了粮食贸易的绝大部分利益。在我国,农业可能是涉嫌外资操控最明显的领域,随着我国粮食产业的不断开放,外资参与我国粮食贸易越来越深入,成为最大的粮食价格受益者。以国内农产品产业中对外开放最早、最彻底的大豆产业为例来分析:

我国是大豆的发源地,有五千年的栽培历史。国产大豆具有很大优势,纯天然大豆品种丰富,大豆蛋白质含量高,曾一度是世界上最大的大豆生产和出口国。1994 年前我国是大豆净出口国,

---

① 参见成林:《我国大豆外贸高依存度发展研究》,《现代商业》2013 年第 34 期。
② 参见[印]范达娜·席瓦著,唐均译:《失窃的收成》,上海人民出版社 2006 年版,第 14 页。

1995年开始有微量进口,1996年起放开大豆市场,当年进口大豆111万吨,首次突破100万吨,该年我国也从大豆的净出口国转变为大豆的净进口国,之后每年均呈上升趋势,1997年进口大豆626万吨,2003年进口量达2 000多万吨,首次超过国内大豆产量,到2005年增至2 659万吨,增长325%。数据显示,2005年中国成为世界上最大的大豆进口国,占全球进口量的1/3。随着大豆产业的开放,国内大豆对外依存度不断攀升[1]。一方面是进口大豆数量的持续上升,我国海关公布的数据显示,2011年进口量达5 263.4万吨,约为国产大豆产量的3.63倍;2012年进口大豆5 838万吨,进口实现跨越式增长;2013年大豆进口量为6 340万吨,同比增长10%。大豆进口量连续三年创历史新高,截至2013年底,进口大豆已占国内供给总量的80%以上,中国已成为名副其实的全球头号大豆进口国,且进口的大豆主要是转基因品种。2014年大豆进口总量首次突破7 000万吨,为7 140万吨,同比增长12.7%;2015年又突破了8 000万吨的水平,进口量达8 169万吨,约为世界大豆贸易量的70%,是我国进口依存度最高的农产品。另一方面是国产大豆的大幅减种、减产,国内大豆种植面积最大的省份黑龙江省,2010年播种面积为6 400万亩左右,2011年缩减到5 100万亩[2],2013年下降到3 105万亩,大豆种植面积缩减显著,直接原因即是进口大豆的冲击。全国的大豆种植情况亦如此,2014年、2015年大豆播种面积持续下滑。

超常规进口大豆严重冲击国内大豆产业,使国内大豆产业遭遇"重创"陷入困境,原因在于:① 低门槛高利润吸引外资来华。1996年大豆贸易放开之后,我国进口关税仅为3%,并且没有设置

---

[1] 根据中华人民共和国国家统计局公布的《中国统计年鉴》等数据整理。
[2] 参见孟辉、袁泉、王梦纯、冯华:《普通大豆为何不敌转基因大豆》,《人民日报》2012年12月24日第004版。

配额等非关税贸易壁垒,几乎完全与国际市场接轨①。根据我国的入世承诺,加入 WTO 后实行农产品贸易自由化,取消对大豆、小麦、油菜籽、花生油等的进口关税壁垒,关税低、没有过渡期也没有进口数量限制,甚至没有及时采取 WTO 允许的反倾销、反补贴和保障措施等贸易救济措施,致使国外低价转基因大豆蜂拥而入。而跨国公司则凭其雄厚的资金、先进的技术与管理经验及知名品牌,享受着中国引进外资的优惠政策待遇,通过控股、参股的方式轻易进入尚"幼稚"的国内农业龙头企业,从而控制产业链条的关键环节,影响整个产业链的发展。邦吉、来宝、托福等企业都加入了收购中国企业的行列。② 对外依存度高。中国在国际大豆市场上没有话语权,致使中国大豆产业直接受国际大豆市场价格波动影响,而国际大豆价格暴涨暴跌的巨幅波动往往令国内大豆压榨企业难以应对。2012 年国内大豆压榨行业陷入全行业亏损,2013 年、2014 年都出现了大面积亏损,2015 年国产大豆压榨利润也处于不断下滑境况。由于民族大豆产业竞争能力普遍低下,大部分大豆压榨产能被外资控股或参股,大量大豆原材料进口与加工业被外资操控,国内大豆产业链从原料开始便受制于外资,国家丧失了对大豆油的定价权。国内的豆农及中小加工企业无力与外资抗争,"ABCD"四大粮商通过并购国内榨油企业实现了对大豆产业的控制,并大量进口美国高补贴的大豆和南美低成本的大豆,形成所谓"南美种大豆,美国定价,中国买大豆"的格局。此外,我国粮食贸易品种不平衡,大豆进口量不断加大,大豆外贸依存度的偏高也拉动了粮食外贸依存度上升。③ 劣豆驱逐良豆,国产大豆成本较高,市场需求量逐渐下降,种植环节受到冲击,出现大幅减种、减产,而国际大豆价格下跌也直接影响着豆农的选择,出现"豆

---

① 参见江涛、姜荣春、王军:《从大豆产业开放及其产业格局演变看粮食安全》,《国际贸易》2012 年第 2 期。

退苞进"局面。④ 国产大豆产业没有形成自己的价格体系。大豆蛋白是优质植物蛋白资源,不同于有安全问题之争的转基因大豆,国产大豆是非转基因高蛋白大豆,蛋白质含量达40%以上,5 000年的栽培历史印证其不存在任何安全隐患,具有得天独厚的优势,是美国、日本、韩国等国家和欧盟市场上的畅销品。在国际上,转基因大豆和非转基因大豆是两种产品,价格不同,非转基因大豆比转基因大豆价格要高30%—50%,而在美国则要高出近1倍。大豆蛋白需要的原料为非转基因大豆,据悉,中国大豆蛋白已经占据欧洲市场50%的份额。但在国内,人们无视进口转基因大豆与国产大豆在种质资源和品质上的本质区别,国产大豆优质不优价,没有形成转基因与非转基因大豆及其制品的市场价格体系,出于经济利益的考虑,大豆加工企业多选择价格便宜的进口转基因大豆,致使国产大豆在竞争中屡屡受挫。

　　大豆话语权的丧失将给中国大豆市场带来极大的风险。大豆产业链长,涉及生产、油脂加工、食品加工、养殖业等多个行业,过度依赖国际大豆市场,会对我国的粮食安全体系构成威胁。因为国际大豆产量受播种面积、单产水平以及天气等多因素影响,稳产增产具有诸多的不确定性,国际大豆价格亦将由于供需关系的变化甚至跨国粮商的操控而剧烈波动,一旦无法采购到足够的大豆,将会影响到下游的一系列行业,大豆外贸依存度过高会使其面临更大的市场风险。实际上,全球70%以上的大豆货源被少数几家跨国粮商控制着,他们利用其对原料采购的优势,使占全球1/3的大豆进口国的中国没有定价话语权,而国际粮商对中国大豆产业链的控制,又使中国失去了国内大豆市场上的话语权,大豆应何时进口、进口多少、价格几何等均听命于国外参股控股企业,跨国粮商的垄断经营,还有可能成为国际市场风险的主要转移途径。受土地等资源匮乏的限制,我国的优势在于下游劳动力密集型的加工环节而非上游的生产环节,外资通过掌握国内大豆压榨企业,不但直接控制了大豆的上游产业种植业,还间接控制了大豆的下游产业如豆粕、饲料加工及畜牧业等,完成从原料供应到加工环节的供应链控制,不但会影响到国内市场的稳定,而且还会影响到国家的粮食安全,我国的油菜、玉米等农作物也面临与大豆产业当初相似的处境,完全依赖于外国市场的粮食供给模式显然无法应对国内需求的突发性变化,必须加强国际风险的监管、防范和控制。

尽管我国有学者从国际大豆供应能力、市场风险、外资垄断可能性等角度分析得出结论说,跨国公司主导下的大豆产业发展新格局并没有对我国粮食安全造成现实性威胁,反而具有积极影响①。单从大豆的单位产量以及比较优势理论来看,把国内播种的重点放到水稻和玉米上,将能够更大程度上保障我国粮食安全。不可否认,跨国公司对于国际市场的控制具有一定的牵制性,当供求关系出现极度偏差时价格上涨也成为外商投资的主要经济来源。过度开放农产品导致的结果之一即是耕地复种指数低,利用单一化,降低整体农作物收入,因为部分农作物的生长需要借助外在物质互助,吸收彼此释放的元素成分。粮食产业的过度开放或者说国内粮食种植品种的单一化,将导致国内粮食品种供应失衡,影响粮食安全保障。国际市场本身的局限性和跨国公司的利益主导使得国内农民粮食消费成本上升,间接降低了农民收入,粮食保障也会受到外在威胁。

### 三、气候变化加剧我国粮食危机

当前,制约中国粮食安全的因素主要是土地、水、种子与资金,而这四方面因素都与粮食生产有密切联系。水资源和气温变化是光热资源外影响粮食作物生产的最大气候因素,气候变化对农作

---

① 参见江涛、姜荣春、王军:《从大豆产业开放及其产业格局演变看粮食安全》,《国际贸易》2012年第2期。

物的影响有正面和负面两种,正面影响如气候变暖带来作物种植熟制北移、冬季的冻害减轻等,其负面的影响可归结为渐发和突发两种方式:

第一,由气候变化本身所引起的农业生产的不稳定性增加带来的粮食安全风险。农业是受自然因素影响较大的产业,农作物对气候变化具有本质性高度敏感特性,增加了未来我国农业生产的不稳定性,粮食生产成本和投资将由于气候变化而发生改变。我国耕地集中在东部季风气候区,农业生产受有限的热量条件和高降水变率的双重限制,气温和降水的均值变化不仅改变灾害发生的强度和几率,还会改变农业生产的平均热量和水资源条件,这种影响往往是隐性的、逐步的,要在多年代甚至百年的尺度上才有显著表现①。生态学认为农作物与外界环境因子是一个统一的系统,各地的农业生产制度均是在适应当地气候的过程中形成的,气候变化打破了区域作物布局及品种布局,"引起了作物生育期、种植制度等的改变,灾害发生频率和强度更加严重,给粮食生产系统和粮食安全带来风险和压力"②。例如,黑龙江、吉林和辽宁东北三省是我国水稻、玉米、大豆等粮食主产区,随着近50年来气温的不断升高,热量资源的增加,玉米和水稻等喜温粮食作物的种植范围明显北扩,为粮食增产提供了可能性,但也加大了遭遇早霜冻和干旱缺水的风险,带来了粮食增产的不确定性。而华东地区种植的小麦等作物大多是早熟品种,气候变暖缩短了作物的越冬期,使其返青拔节时间提前,减弱了植株的抗寒能力,导致其容易遭受冻害的侵袭。返青拔节时期是决定小麦成穗率高低、粒数及粒重的关键时期,气候变暖会给华东地区小麦产量带来严重损害。

---

① 参见方修琦、郑景云、葛全胜:《粮食安全视角下中国历史气候变化影响与响应的过程与机理》,《地理科学》2014年第11期。
② 谢立勇、李悦、钱凤魁、赵洪亮、韩雪、林而达:《粮食生产系统对气候变化的响应:敏感性与脆弱性》,《中国人口·资源与环境》2014年第5期。

二氧化碳是产生温室效应的主要气体,如果说气候变化的主要原因是由于大气中二氧化碳含量的增加,那么全球变暖的过程也同样会影响我国的粮食安全。一方面,二氧化碳浓度升高导致各地降水的格局逐渐发生改变,影响到农作物灌溉的面积和次数,进而影响到一些农作物的种植和产量;另一方面,二氧化碳是植物光合作用不可缺少的原料,二氧化碳的饱和在一定程度上可以促使植被更充分进行光合作用,尤其是那些生长在较为寒冷的高纬度地区的植物,能够提高光的利用率,农作物会因生长期延长而相应增加产量。但是二氧化碳浓度的升高打乱了某些植物的生长规律[①],气候变暖后,较高的温度可能加快作物生长的速度,作物生长期普遍缩短,物质积累和籽粒产量将有所减少,相应的种植格局也发生了很大变化[②]。二氧化碳浓度变化对作物生产体系和种植制度带来一定的影响。

第二,全球变暖导致极端天气的频繁发生引发粮食减产。事实证明,全球变暖导致极端天气的频繁发生是引发我国粮食减产的主要原因,这种影响往往是显性的、直接的。例如,小麦、水稻和玉米是我国主要的三大作物,但"气候变暖将使春玉米平均减产2%—7%,夏玉米减产5%—7%;灌溉玉米减产2%—6%,无灌溉玉米减产7%左右……到2030—2050年间,由于气候变化和气候极端事件会使粮食生产总量下降约10%,其中小麦、水稻和玉米三大作物均以减产为主"[③]。有研究表明,气候变化会影响到人类的基本生活元素——水的获得、粮食生产、健康和环境。极端农业

---

[①] 譬如,研究人员发现,在加利福尼亚,同一片土地上生长的一些野生禾木科植物的开花期推迟而其他野生草本植物的开花期却提前,进而迫使植物争养料而最终改变生态系统的原有特征。参见余家驹:《谁是气候变暖的最大受害者》,《世界科学》2007年第11期。
[②] 参见郭彩云、陈占锋:《气候变化视角下我国粮食安全问题分析》,《三门峡职业技术学院学报》2012年第1期。
[③] 引自《中华人民共和国气候变化初始国家信息通报》。

气象灾害事件频度与强度的增加,特别是干旱和洪涝灾害的不断出现,会加剧水资源极度匮乏和分布不均的局面,将导致农作物产量降低甚至绝收,造成农业生产的不稳定性增加,使我国粮食产量受到严重威胁。气候变化影响我国粮食产量和质量的问题已成为一种客观现象而存在。

## 四、耕地数量减少质量下降影响国家粮食保障

耕地是特殊的公共资源产品,耕地数量、质量优劣对一个国家尤其是我国的粮食安全意义非凡。长期以来,我国农业生产以高投入、高产出模式超负荷进行,耕地负载逐年加大,面临"严重透支",而随着经济的快速发展和城镇化进程加快、人口增长及消费升级,不仅耕地数量减少的趋势难以逆转,而且耕地污染等问题也日益严重。专家指出,土壤污染最难治,自净完全复原周期长达千年。耕地锐减和质量下降严重削弱了耕地综合生产能力,对我国粮食安全带来威胁。

### (一)耕地面积锐减

我国耕地资源十分紧张,耕地占国土面积的比重为13.7%,远低于印度的49.4%、法国的33.2%、英国的24.9%、美国的18.7%,人均耕地明显低于世界人均耕地3.38亩的水平,且呈下降之势(1996年人均耕地1.59亩,到2009年已下降到1.52亩,不足世界人均耕地水平的一半[①])。从1996年到2012年,我国耕地面积持续减少1.3亿亩[②]。随着工业化、城镇化及人口的增长,耕地保护形势更加严峻。

---

① 国土资源部、国家统计局、国务院第二次全国土地调查领导小组办公室《关于第二次全国土地调查主要数据成果的公报》中称:"从人均耕地看,全国人均耕地0.101公顷(1.52亩),较1996年一次调查时的人均耕地0.106公顷(1.59亩)有所下降,不到世界人均水平的一半。"
② 丁声俊:《我国有信心、有能力保障粮食安全》,《期货日报》2014年1月7日第004版。

以城镇化带来的耕地数量变化为例。城镇化最基本的指标在于城镇居住人口与总人口的比重。人口流动需要解决居住和就业问题,意味着土地资源大量转向建设用地,而农用地、耕地面积不断转向建设用地已是我国城镇化进程中一个不争的事实①,据查,2010 年全年国有建设用地实际供应总量 42.82 万公顷,比 2009 年增长 18.4%②。分析 2006—2011 年国有建设用地供应的变化情况不难得出结论,自 2008 年起建设用地总面积呈高速平稳增长趋势。土地资源的用途转变是城镇化、工业化发展的必然,城镇化程度越高,建设用地指数也将随之不断升高。建设用地大量消减了耕地数量。

2013 年 12 月 30 日,国土资源部、国家统计局、国务院第二次全国土地调查领导小组办公室发布的《关于第二次全国土地调查主要数据成果的公报》显示,截至 2009 年 12 月 31 日,全国共有耕地 13 538.5 万公顷(20.31 亿亩),另据国土资源部网站上披露的资源概况,截至 2013 年底,全国共有耕地 13 516.34 万公顷(20.27 亿亩),比 2009 年减少了 22.16 万公顷③。除了 2013 年比 2012 年耕地有所增加外,2009—2013 年全国耕地面积一直处于递

---

① 例如,统计数据显示,仅 2012 年全国住宅用地供应总量 11.08 万公顷,超过前 5 年平均水平 29.3%。参见国土资源部网站:http://www.ffw.com.cn/1/84/305/152454.html. 最后浏览日:2015 年 12 月 11 日。
② 这其中,工矿仓储用地、商服用地、住宅用地和其他用地供应量分别为 15.27 万公顷、3.87 万公顷、11.44 万公顷和 12.24 万公顷,与 2009 年相比,分别增长 7.9%、40.4%、40.3%和 10.2%。数据来源:国土资源部网站。
③ 2009—2013 年全国耕地面积分别为:13 538.46 万公顷(20.31 亿亩)、13 526.83 万公顷(20.29 亿亩)、13 523.86 万公顷(20.29 亿亩)、13 515.85 万公顷(20.27 亿亩)和 13 516.34 万公顷(20.27 亿亩)。数据来源:国土资源部网站 http://www.mlr.gov.cn/zygk/,经作者加工。需要说明的是,2012 年,全国因建设占用、灾毁、生态退耕等原因减少耕地面积 40.20 万公顷,通过土地整治、农业结构调整等增加耕地面积 32.18 万公顷,年内净减少耕地面积 8.02 万公顷。2013 年,因建设占用、灾毁、生态退耕、农业结构调整等原因减少耕地面积 35.47 万公顷,通过土地整治、农业结构调整等增加耕地面积 35.96 万公顷,年内净增加耕地面积 0.49 万公顷。分别参见国土资源部《2013 中国国土资源公报》和《2014 中国国土资源公报》。

减态势①。

耕地是农业生产的基础,耕地数量的变化将直接影响到粮食整体产量变化,要维持粮食的平稳供应,基本的前提是确保耕地面积的稳定。国土资源部的资料显示,尽管每年都有新增农用地和耕地,但批准的建设用地面积远多于新增面积。例如,2011年我国新增农用地23.91万公顷、耕地23.37万公顷,但是,该年批准建设用地61.17万公顷,其中有41.05万公顷农用地和25.30万公顷耕地转为建设用地,同比分别增长26.3%、21.6%、19.4%②;2012年全国新增农用地54.45万公顷、耕地46.56万公顷,而全国批准建设用地61.52万公顷,其中,42.91万公顷农用地和25.94万公顷耕地转为建设用地,同比分别增长0.6%、4.5%和2.5%③。根据国土资源部《2015中国国土资源公报》,截至2015年末,全国耕地面积为20.25亿亩,2015年因建设占用等原因减少耕地450万亩,年内净减少耕地面积99万亩。皮之不存,毛将焉附?谷物的生长以土壤为载体,大面积土地用途改变,必然影响粮食作物的生长环境。

(二) 耕地质量下降

1. 城镇化带来耕地质量下降

城镇建设有一定的特殊性,尽管也有像陕西延安那样"削山造城的"④,但绝大多数建在地势平坦地带,往往是土质较好、谷物生产能力充足的土地上。而优质耕地也需要地势平坦、水源充足、地

---

① 参见国土资源部:《2013中国国土资源公报》。
② 参见国土资源部:《2011中国国土资源公报》。
③ 参见国土资源部:《2012中国国土资源公报》。
④ 据凤凰网报道,陕西延安将投资千亿削平33座山头造新城,计划用10年时间整理出78.5平方公里的土地……有关人士表示,延安的"削山造城"工程是目前世界上在湿陷性黄土地区规模最大的岩土工程,在世界建城史上也属首例。http://finance.ifeng.com/news/macro/20121227/7490036.shtml.最后浏览日:2015年3月12日。

力肥沃等,极易出现城镇建设与粮食生产"争地"现象,实践中也不乏征用城镇郊区的优质耕地的情况。多年来,我国一直坚守18亿亩耕地红线,但是确保粮食安全不能只看耕地数据上的平衡,还要高度重视耕地的质量。根据第二次全国土地调查的耕地质量等别成果,我国耕地平均质量总体偏低①。据农业部全国农业区域开发总体规划的资料显示,中国高产稳产田占耕地面积的21.54%,中产田占37.24%,低产田占41.22%。中低产田占总耕地面积的78.46%,其主要限制因素包括水土流失、沙化、盐渍化、养分贫瘠、土壤次生潜育化和酸化等②。城镇化过程中,在耕地占补平衡政策下,由于普遍存在着"占多补少、占近补远、占优补劣、占水田补旱地,甚至以拆顶垦"等现象,耕地质量很难得到保障。实际上,由于补充地块质量差,后续培肥等措施不力,新开发的耕地存在着耕地地力等级低等问题。而与城镇化息息相关的土地流转,也存在着流转后规模经营的土地"非粮化"种植现象,例如改种花卉等经济植物或者经营农家乐等,大规模的非粮化利用不仅造成耕地面积的减少且导致耕地质量的下降,甚至导致土地利用不可逆转的损失,这将会严重影响我国的粮食安全。另外,城镇化建设让更多的农村人口转为城镇人口,农产品结构性需求变化还会增加粮食的需求,同时又带来了"谁人来种粮"的难题。因此,实行最严格的耕地保护制度,不仅要守住耕地数量的红线,还要画定并守住耕地质量的红线,提高耕地的产出能力,才是保障粮食安全的王道。

2. 土壤污染直接导致耕地质量受损

2014年4月环境保护部、国土资源部发布的《全国土壤污染状况调查公报》显示,我国部分地区土壤污染较重,耕地土壤环境质量堪忧,工矿业废弃地土壤环境问题突出,全国土壤环境状况总

---

① 详见国土资源部《全国耕地质量等别调查与评定主要数据成果》。
② 参见蔡鹭斌、孔祥斌、段建南、相慧:《国外经验对中国耕地质量监测布点的启示》,《中国农学通报》2014年第14期。

体不容乐观,造成土壤污染或超标的主要原因是工矿业、农业等人为活动等[①]。调查结果显示,全国土壤总的超标率为16.1%,而又以耕地点位超标率最高,为19.4%,其中轻微、轻度、中度和重度污染点位比例分别为13.7%、2.8%、1.8%和1.1%,主要污染物为镉、镍、铜、砷、汞、铅、滴滴涕和多环芳烃[②]。另据中国地质调查局《中国耕地地球化学调查报告(2015)》显示,在所调查耕地13.86亿亩中,重金属中—重度污染或超标的点位比例占2.5%,覆盖面积3 488万亩,轻微—轻度污染或超标的点位比例占5.7%,覆盖面积7 899万亩[③]。耕地土壤中的镉、镍、铜等重金属,将我国许多地区的良田污染为"毒地"。此外,我国耕地污染物还包括大量有机污染物。除了自然因素(如某些地区土壤中重金属本底值较高)外,当前造成耕地污染的人为因素主要有:

(1)工业"三废"的排放。土壤重金属污染的成因应当首推工矿企业排放的废气、废水、固体废弃物等造成的点源污染。不少重金属在开采、冶炼、加工过程中进入大气、水体、土壤和生物体,尤以土壤为主要载体,它可以随大气沉降落入土壤,也可以通过废水灌溉进入土壤并长期累积,不断加大局部地区耕地土壤污染的负荷。由于工业"三废"中包含大量的铅、汞、镉、砷等重金属元素,工

---

① 根据国务院决定,2005年4月至2013年12月,我国开展了首次全国土壤污染状况调查。调查范围为中华人民共和国境内(未含香港特别行政区、澳门特别行政区和台湾地区)的陆地国土,调查点位覆盖全部耕地,部分林地、草地、未利用地和建设用地,实际调查面积约630万平方公里。全国土壤总的超标率为16.1%,其中轻微、轻度、中度和重度污染点位比例分别为11.2%、2.3%、1.5%和1.1%。详见环境保护部、国土资源部2014年4月17日公布的《全国土壤污染状况调查公报》。

② 根据《全国土壤污染状况调查公报》的注释,点位超标率是指土壤超标点位的数量占调查点位总数量的比例。据专家介绍,多环芳烃是具有两个或两个以上苯环的一类有机化合物,迄今已发现有200多种,其中有相当部分具有致癌性,可以通过呼吸或者直接的皮肤接触使人体致癌。世界卫生组织的国际癌症研究中心(IARC)1976年列出94种对实验动物致癌的化合物,其中15种属于多环芳烃。

③ 参见国土资源部中国地质调查局:《中国耕地地球化学调查报告(2015)》,2015年6月发布。此次调查耕地13.86亿亩,占全国耕地总面积(20.31亿亩)的68%。调查结果显示,重金属污染或超标耕地主要分布在南方的湘鄂皖赣区、闽粤琼区和西南区。

业"三废"未经处理或处理不当直接排放,会导致土壤污染环境破坏,"镉大米""血铅""砷毒""重金属蔬菜"等事件的发生即是例证。镉在冶金、塑料、电子等行业中具有非常重要的意义,经废水排放后,通过灌溉进入农田,水稻因对镉的吸收富集能力比较强而成为"受害作物"。2002 年农业部稻米及制品质量监督检验测试中心对全国市场稻米进行安全性抽检的结果就显示,镉的超标率为 10.3%。重金属污染不像空气污染那样给人直观感觉,但危害程度绝对不亚于空气污染,它给土地带来的最直接后果是土地变质,地力下降,耕地面积隐形减少,终将严重损害粮食产量。而且工业"三废"的排放,也影响了灌溉水的水质,加剧粮食危机。

(2) 农业投入品的滥用。农业投入品滥用造成的面源污染是土壤重金属污染的重要原因。我国是世界上最大的化肥和农药使用国,农膜使用量也已居世界首位。对产量和经济效益的追求使得一些农民弃用有机肥改用氮肥和磷肥,把提高粮食产量过高寄于化肥施用量的增加上,导致农业源中氮和磷的排放量有增无减逐年上升。专家介绍,225 千克/公顷是国际上公认的化肥施用安全上限,而我国使用化肥的强度平均 400 千克/公顷,平均使用量是化肥安全使用上限的 2 倍[1]。目前,中国粮食生产平均每公顷使用化肥量为 480 千克,但实际利用率约为 30%[2]。缺乏科学的指导和量化计算,导致浪费和流失,肥料利用率低,过多的化肥遗留在土壤表层上,造成土壤板结,且大部分随降水和灌溉进入水体,下渗导致土壤污染。和化肥一样,我国的农药也存在着过度使用和利用率低的问题。据悉,我国有 20 多种害虫,1 000 多种农药,每年农药用量 337 万吨,仅有不及 10% 的农药起到杀虫作用,其余大部分进

---

[1] 参见国务院发展研究中心国际技术经济研究所:"《我国农业污染的现状分析及应对建议》黄皮书",2006 年 6 月发布。
[2] 刘畅、陈寂、马姝瑞:《中国提出粮食安全战略新思路》,《中华合作时报》2013 年 12 月 17 日第 A02 版。

入生态环境,威胁生态和人类健康。化肥农药可以短期提高土地生产率,但过量的化肥农药就成了污染源,使土地出现贫瘠化、酸化等问题。土壤酸性增强也增强了土壤中重金属的活性,致使其更易被作物吸收,从而加剧重金属污染的危害,使粮食生产陷入恶性循环。另悉,我国每年残留于土壤中的农膜达百万吨,这些残膜不能自然降解,会妨碍作物的生长使农作物减产,常年在土壤里累积,还可能破坏土壤结构等。总之,随着农业生产持续高强度地使用化肥、农药、保鲜剂、除草剂和农膜等农业投入品,由此造成的污染也成为农业生态系统破坏的主要原因,危及我国粮食生产的可持续性。

(3)污水灌溉。我国水资源短缺,农业生产严重依赖灌溉,耕地灌溉率是世界平均水平的3倍。污水再利用可以缓和水资源短缺的局面,早在1957年我国就开始了污水灌溉试验,兴建污水灌溉工程,至1998年污水灌溉面积已达到361.8万公顷,占全国灌溉总面积的7.3%。尽管生活污水及工业污水中含有许多植物所需要的氮、磷、钾、铜、锌、镁等营养元素,污水灌溉可以起到节省肥料、降低成本、增加土壤肥力、提高作物产量等效果,但污水中也含有许多有毒有害的重金属、酚、氰化物等物质,如果常年使用未经处理的污水灌溉农田,土壤中的这些有毒有害物质就会累积,造成耕地有机污染和酸碱盐污染,以及重金属污染,会导致土壤及农作物的生产力降低。事实上,我国不合理的污水灌溉已经严重污染了土壤,2006年环保部门公布的数据显示,我国的污水灌溉污染耕地已达到3250万亩。污水灌溉面积和区域不断增加,原本可以"变废为宝"的污水灌溉,给农田带来了重大祸患。2013年1月,国务院办公厅发布文件——《近期土壤环境保护和综合治理工作安排》,首次明文禁止在农业生产中使用污水、污泥[①]。但是部分

---

[①] 文件指出:"禁止在农业生产中使用含重金属、难降解有机污染物的污水以及未经检验和安全处理的污水处理厂污泥、清淤底泥、尾矿等。"

地区尤其是北方地区由于缺水严重,耕地干渴,污水灌溉成为无奈之举,加之有关部门监管不力,导致令行不止,污染难以遏制。2014年《全国土壤污染状况调查公报》显示,在调查的55个污水灌溉区中,有39个存在土壤污染。在1 378个土壤点位中,超标点位占26.4%,主要污染物为镉、砷和多环芳烃[①]。长期不科学地引用未经任何处理的污水灌溉,导致土壤中的有机污染物和重金属含量远远超过了土壤吸持和作物吸收能力,污染土壤和作物,破坏土壤生态系统平衡,产生环境生态问题,并通过食物链危害人体健康。

(4) 生活垃圾、畜禽排泄物及固体废弃物的无序处理。一些地区生活垃圾、固体废弃物随处乱扔,一些畜禽分散养殖地区,粪污无序堆放,农村污水得不到及时处理,其中的有害物质经过空气、水流的传播造成二次污染,直接或间接危害耕地土壤。据了解,我国工厂化养殖动物每年产生27亿吨动物粪便,畜禽排泄物处理不当带来很大问题,将太多的粪肥直接施到地里,有的会把庄稼烧死,有的会导致土地质量泛碱。而无序堆放的固体废弃物和有毒有害垃圾被随意丢弃在田间地头、河水里,导致水源和土壤的污染,电池、废旧家电等也给农村环境和土壤带来污染,据悉,我国每年因固体废弃物堆存占地和毁田达200万亩。有研究表明,我国土壤正出现越来越多本来没有或微不足道的危险元素。固废等不能妥善处理,不仅会严重影响耕地质量,还将会对环境及人类健康带来重大隐患。

此外,土壤污染与大气污染、水污染等相互影响、相互渗透。大气污染会影响农作物生长,水源污染会影响农作物灌溉,污水灌溉时会产生硫化氢等有害气体,会导致地下水或河水污染。污染

---

① 参见环境保护部、国土资源部2014年4月17日发布的《全国土壤污染状况调查公报》。

的加剧致使土壤中的有益菌大量减少,耕地土壤的自净能力减弱,进而影响到作物的产量与品质,某些重金属又通过可食农产品进入人体内危害人体健康。"镉大米"、癌症村等即是明证。据研究,大气、水等其他环境要素的污染90%最终都要归于土壤污染,土壤污染的影响是根本性的[①]。受伤的耕地最后伤及人类,令人担忧的是,由于缺失污染土地种植的规范,有些已被污染的耕地还在继续种植粮食作物。

## 五、其他影响我国粮食安全的因素

### (一) 农业生物技术引发的粮食风险

为了让有限的耕地满足日益增长的人口粮食供应,农业生物技术得以广泛应用。对于生物基因技术,在提高粮食产量方面不可否定其功效,但是,转基因是不同的类群之间跨界转换基因,转基因产品的安全性还存在很大争议,自1996年以来,转基因作物在是否商业化争论中不断发展,需要科技界来释疑。抛开转基因产品本身的安全性、转基因作物对生态、人类健康的影响等不谈,单从转基因粮食作物商业化对我国粮食生产主权的影响而言,有关政府部门对转基因粮食作物的商业化也应当慎之又慎。

对转基因农作物商业化影响粮食生产主权的担忧主要是种业安全和知识产权问题。种子是生产环节最重要的农业生产资料,国际上农业竞争首先是良种的竞争。20世纪90年代中后期,孟山都、杜邦、先正达等发达国家的农业化工跨国公司以收购、兼并专业种子公司的方式进军种子领域,掀起了全球范围内的种业兼

---

[①] 王飞:《国外土壤污染防治法律制度对我国的启示》,《平顶山工学院学报》2008年第1期。

并、重组浪潮,世界种业出现国际化、多元化、集中化特点①。2000年,我国放开蔬菜、花卉种子市场,孟山都、杜邦先锋、拜耳等跨国种业公司相继进入我国,凭借其"培育、繁殖、推广"一体化的优势瓜分我国种业市场,对"散、小、弱"的国内种业构成巨大威胁。优良品种对农作物增加产量和改善品质至关重要,谁控制了种子,谁就掌握了农业竞争的主动权,专利法为这种垄断提供了法律依据。据报道,巴西农民购买孟山都的转基因大豆后,仍需支付转基因大豆销售额2%的专利费②。在美国,孟山都公司因为专利侵权的事件所起诉的农民已经超过了100多个,并且对于那些已经被证实使用了其专利种子而没有支付相应费用的案件均获得胜诉③。我国种业在与跨国种业的竞争中一直处于弱势地位,在生物技术选育的新品种方面,尽管我国自主克隆了100多个水稻基因,但目前转基因水稻中主要的两类目标基因抗虫基因和抗除草剂基因均来自国外,缺少 Bt 和 Bar 两个基因的知识产权,为这两类转基因水稻在中国的推广埋下不利因素④。缺乏技术上的优势,在目前大多转基因作物知识产权为外国公司所控制的情况下,贸然推进主粮作物转基因品种的商业化可能会加速外资对我国种业的控制,给我国种业粮食安全带来重大隐患,进而对粮食生产主权产生负面影响,也不利于我国农业生物技术产业的发展。

---

① 例如,美国化工巨头杜邦公司兼并了世界最大的玉米种子公司——先锋种子公司;法国最大的种子公司——利玛格兰公司先后并购重组了五家经济作物种子公司,成为欧洲最大的种子公司之一,并参股我国的隆平高科种业。参见李黎红、倪建平:《国内外种子产业特点和我国水稻种业的发展趋势》,《中国稻米》2011年第6期。
② 参见何十:《"孟山都税单"的启示》,《第一财经日报》2012年6月28日商业版。该文还指出:"根据2011年巴西转基因大豆出口金额高达241亿美元,意味着支付给孟山都的专利费在5亿美元左右。"http://www.yicai.com/news/1851236.html. 最后浏览日:2014年11月6日。
③ 《孟山都关于转基因种子专利诉讼案件再度胜诉》,中国农化招商网,http://www.1988.tv/news/56764. 最后浏览日:2014年11月8日。
④ 参见李黎红、倪建平:《国内外种子产业特点和我国水稻种业的发展趋势》,《中国稻米》2011年第6期。

## （二）生物能源耗粮现象严重

生物能源消耗大量粮食给我国带来粮食危机要从两个方面来看：一是我国作为世界粮食消费大国和粮食进口大国，国际市场粮食供应量减少及因减少而价高给我们带来的不利影响；二是国内发展生物能源而导致粮食的直接减少带来的粮食供应不稳定对粮食安全的不利影响。

前面已经分析，由于生物能源是以农产品等为基本生产原料经过加工后产生燃料的清洁能源，发展生物能源不仅在种植层面上减少粮食耕种面积，在部分生物能源的开发过程中也大量耗费粮食。欧美农民被鼓励生产生物原料作物，耕地面积被分作了不同效用的耕植模块，粮食产量受到源头上减产威胁。而美国1/3以上的玉米被用于生产生物乙醇，欧盟近半的植物油用于生产生物柴油，粮食也随之再次消减。国际货币基金组织认为，西方国家的生物能源政策是导致粮食安全问题的原因之一。2008年全球粮食危机被认为是"生物能源惹的祸"，危机的主要诱因是西方国家极力推行的生物能源政策，据英国《卫报》获得的世界银行的一份秘密报告称，生物燃料因素占到全球粮价上涨的75%，远远高出早先的估计[1]。美国作为世界上最重要的粮食出口国之一，其新能源政策极大改变了世界粮食的供需形势，支撑了世界粮食价格的上涨[2]。我国是粮食消费大国，也是粮食进口大国，多年来强劲的玉米进口需求一直是国际农产品市场多头的强心剂，而美国则是中国玉米进口的最大供应国[3]。无论是国际市场粮食供应的

---

[1] 新华网2008年7月2日消息：《世行秘密报告：世界粮食危机的"主谋"是美欧国家》，http://news.xinhuanet.com/world/2008-07/08/content_8507740.htm. 最后浏览日：2015年11月3日。
[2] 参见马涛、冯冰、高自立：《再起纷争：生物能源VS粮食安全》，《生命世界》2009年第9期。
[3] 截至2014年，美国一直是中国最大玉米供应国，2015年乌克兰超越美国成为我国玉米最大供应国。

减少还是粮食价格的走高,对我国而言都是潜在的不利因素。

我国生物能源产业起步较晚,本世纪初期开始启动燃料乙醇项目,研究以玉米、小麦等陈化粮加工生产燃料乙醇,2001年以政府直接投资等方式发展生物能源。如同美欧等发达国家一样,我国也出台了相应的法律、法规和政策措施指导生物能源发展、鼓励生物能源消费。例如,对生产企业给予税收优惠、实行补贴等,国家出台了《可再生能源法》(2005年)对生物能源的发展给予法律保障,各试点地区也出台了地方法律法规助力生物乙醇的生产和消费,至2011年,我国燃料乙醇产销量已达193.76万吨,是世界第三大燃料乙醇生产国和消费国,仅次于巴西和美国。

我国燃料乙醇生产主要分布在粮食主产区,原料以玉米、小麦为主,主要是储备粮中时间比较久的陈化粮。1996—1999年,我国粮食连年丰收,粮食储备已经超过了国际储备标准,粮食库存积压,财政不堪重负,农民卖粮难。为了解决粮食过剩、缓解能源短缺以及推进生态环保,"十五"期间,我国在河南、安徽、吉林和黑龙江分别建立了以陈化粮为原料的燃料乙醇生产厂,在9省27个市开展车用乙醇汽油销售。国家政策的扶持使燃料乙醇生产迅速膨胀,库存迅速下降,原有的陈化粮已消化殆尽,开始转向新粮。2000年始,我国连续四年粮食减产,对燃料乙醇生产原料供应提出挑战,引起各界对燃料乙醇生产膨胀威胁我国粮食安全的担忧。尤其是国际上粮食价格的不断上涨,更加剧了这种忧虑。国家发改委2007年开始叫停了以粮食为原料的燃料乙醇项目的扩张,转而鼓励非粮生物质原料生产燃料乙醇,以木薯、甘薯、甜高粱等原料替代[①]。

---

① 2007年国家发改委《可再生能源中长期发展规划》规定:"不再增加以粮食为原料的燃料乙醇生产能力,合理利用非粮生物质原料生产燃料乙醇。近期重点发展以木薯、甘薯、甜高粱等为原料的燃料乙醇技术,以及以小桐子、黄连木、油桐、棉籽等油料作物为原料的生物柴油生产技术,逐步建立餐饮等行业的废油回收体系。"

发展生物能源产业,如靠国内农产品为原料,我国耕地资源有限,靠国外进口玉米为原料来源,又会面临粮价上涨等不确定性状况;而发展非粮生物质能源可以做到"不与人争粮,不与粮争地",但其主要生物质原料如海藻、林木及其残留物等又担负着维系生态平衡的角色,过度开发可能会带来"生态难题",况且由以陈化粮制乙醇为主向非粮燃料乙醇发展需要技术上的突破。尽管我国的生物质能源产业经过十余年的发展取得了显著成绩,但也有许多不足,如产业发展规模小、生产成本高、技术水平低等,因此发展我国的生物能源产业,需要突破许多瓶颈。

除了上述主要的几种原因外,还存在着其他一些威胁我国粮食安全的因素,如粮食浪费问题、世界粮食金融化风险等。粮食浪费问题:一是"粮食产后的浪费",主要是在粮食运输、储藏、加工等各环节操作不当导致的浪费,据说此类损失占15%—20%;二是"餐桌上的浪费",生活水平的不断提高使人们追求高档次的现代消费模式,粮食的浪费也随之成为普遍现象,无数的消费者为了面子而浪费粮食的行为无形中加剧了中国粮食危机。粮食浪费问题威胁着粮食安全,而世界粮食金融化亦将是威胁我国粮食安全的重要因素。

## 第二节 气候变化对我国粮食安全的影响

### 一、相关概念:"极端天气气候事件"与"农业气象灾害"

气候变化对粮食生产的影响主要通过气温、$CO_2$、降水、日照、极端天气事件来影响作物的生理生长继而影响到产量[①]。受全球

---

① 任晓娜:《气候变化与中国粮食生产贸易政策》,中国农业科学技术出版社2012年版,第51页。

气候变暖影响,近年来极端天气事件频繁发生,每年造成的损失占整个自然灾害损失的绝大多数。"极端天气气候事件"是指当地的天气状态严重偏离其平均态时,在其统计参考分布之内的罕见事件,其出现的频率等于或小于10%[1]。根据联合国世界气象组织(World Meteorological Organization,WMO)的规定,当气压、气温、湿度等气候要素的时、日、月、年值达到25年一遇或者与相应的30年平均值之差超过标准差的2倍时,即可归之为极端天气。换言之,极端天气即是指严重偏离常态,且接近或超出已有天气变化极值的天气现象[2]。全球气候变暖,大气中能量分布会发生变化,比如蒸发加大、水循环速率加快等,从而造成极端天气事件如洪涝、干旱、飓风、热带气旋、台风和冰雪灾害等发生的频率和强度大大增加[3]。极端天气事件频发,会严重影响粮食的产量及品质,根据英国全球粮食安全项目的研究报告,由于气候变化的原因,至2050年,同极端天气相关的百年一遇的粮食歉收会每十年发生一次[4]。

"农业气象灾害"是指不利气象条件使农业生产遭受损失的自然灾害,具体是指热量、降水等气候条件发生急骤变化,危及农作物如水稻、玉米、小麦时使农业生产遭受的灾害。它不同于灾害性天气,灾害性天气是造成气象灾害的直接原因,是指能够对人类生

---

[1] 丁一汇主编:《中国气候变化科学——科学、影响、适应及对策研究》,中国环境科学出版社2009年版,第88页。

[2] 参见姜晨怡:《我们迎来了"极端天气"时代了吗?》,《科技日报》2012年8月17日第07版。

[3] 以干旱和洪涝为例,气候变暖后,陆地和海洋表面的气温都会增加,更容易发生蒸发和蒸腾,大气中水汽含量就会增加,可容纳的水分就会增多。这意味着要达到降水条件,就需要更多的水汽。如果大气达不到饱和状态,大气就会不断吸收水分,使得陆地更加干燥,形成干旱。而一旦大气达到饱和状态,由于大气含水量的增加,容易形成强降水,从而可能导致洪涝灾害。此外,由于南北半球热量、水汽交换加强,气候就更容易变得异常。参见衷在飞:《全球极端天气为何越来越多?》,《光明日报》2012年8月10日第04版。

[4] 消息来源:《极端天气或频繁引发全球粮食歉收》,《中国科学报》2015年8月17日第02版。

产、生活或生存环境造成破坏和损失的特殊天气,包括水分、温度和气流异常引起的灾害性天气三大类。水分异常引起的气象灾害有旱灾、洪涝灾害、雪害和冰雹等,温度异常引起的气象灾害有热害、冻害、霜冻、热带作物寒害和低温冷害等,气流异常引起的气象灾害有干热风、冷雨和冻涝害等。我国农业气象灾害具有范围广、频率高、群发性突出、连锁反应显著等特点。据中国气象局发布的全国主要农业气象灾害预警评估,仅2011年9月至2012年8月期间,全国农业就遭遇了暴雨洪涝、连阴雨、病虫害、台风、农业干旱、高温、低温、寒害冻害和雪灾、大风冰雹等九大灾害性天气。

农业气象灾害只是自然灾害的一种。根据我国民政部制定、国家统计局批准的《自然灾害情况统计制度》(民发〔2011〕168号)的规定,"自然灾害"除了指干旱、洪涝灾害、台风、风雹、低温冷冻、雪、沙尘暴等气象灾害外,还包括火山、地震灾害,山体崩塌、滑坡、泥石流等地质灾害,风暴潮、海啸等海洋灾害,森林草原火灾和生物灾害等。本书中涉及农业气象灾害带来的农业损失数据时会用到几个常用的术语,如农作物受灾面积、成灾面积、绝收面积等。农作物包括粮食作物、经济作物和其他作物,其中,粮食作物包括水稻、小麦、薯类、玉米、高粱、谷子、大豆和其他杂粮等。按照《自然灾害情况统计制度》中的指标解释,《自然灾害情况快报表》中的"农作物受灾面积",是指因灾减产一成以上的农作物播种面积,如果同一地块的当季农作物多次受灾,只计算一次;"农作物成灾面积"是指农作物受灾面积中因灾减产三成以上的农作物播种面积;如果因灾减产八成以上则为"农作物绝收面积"。本书中的统计数据中的术语含义即采用上述规定。

## 二、影响我国粮食生产/安全的农业气象灾害及其危害

我国地处东亚季风区,具有明显的季风气候特点,生态环境脆弱,干旱、洪涝、风雹、高温酷暑、低温冷害、霜冻等农业气象灾害对

粮食安全构成严重威胁。据统计,我国每年因各种气象灾害造成的农作物受灾面积达5 000万公顷,直接经济损失占GDP总值的3%左右,占GDP增加值的10%以上①。其中危害最大的农业气象灾害是干旱和洪涝。我国干旱、半干旱及半湿润偏旱地区约占国土面积52.5%,干旱可加剧水资源供需矛盾,导致土地荒漠化;因属于季风性气候,降水季节变化大易带来洪涝灾害,暴雨洪水易引发泥石流、水土流失,造成农业生态环境的破坏,对粮食安全带来不可忽视的影响。

我国农业尤其是粮食生产对气候变化非常敏感,属于易受灾害性天气影响的弱质产业,全球变暖使我国农业气象灾害、水资源短缺、农业病虫害的发生程度均呈加剧趋势。气温升高将导致干旱地区降水量减少②,土壤风蚀严重,沿海地区水分蒸发量增加,土壤盐渍化程度加重,削弱农业生态系统抵御自然灾害的能力。2006年我国发布的《气候变化国家评估报告》中称,气候变化对我国的影响主要集中在农业、水资源等方面,可能导致农业生产不稳定性增加、南方地区洪涝灾害加重、北方地区水资源供需矛盾加剧等。根据2008年《中国应对气候变化的政策与行动》白皮书,气候变化对农业生产的负面影响体现在,"农业生产不稳定性增加、局部干旱高温危害严重、因气候变暖引起农作物发育期提前而加大早春冻害",以及气象灾害造成的农业损失增大等,并认为,未来气候变化对农业的影响仍以负面影响为主,"小麦、水稻和玉米三大作物均可能以减产为主。农业生产布局和结构将出现变化;土壤有机质分解加快;农作物病虫害出现的范围可能扩大……"③2014年12月中国发布的《第三次气候变化国家评估报告》认为,气候变

---

① 孙杭生、徐芃:《影响我国农业生产的气象灾害分析》,《边疆经济与文化》2009年第4期。
② 土壤温度升高和降雨量的变化可能造成土壤有机质含量减少和土壤肥力下降。
③ 参见2008年10月中华人民共和国国务院新闻办公室颁布的《中国应对气候变化的政策与行动》第二部分:气候变化对中国的影响。

化对中国弊大于利,"利"体现在农业光热资源增加,部分作物种植面积扩大和森林等生态系统受益,"弊"体现为可能影响粮食产量与品质、水资源、海洋环境与生态、城市等,而且未来进一步增温主要带来的是不利影响。

气候变暖导致我国极端灾害性天气多发、频发、重发,波及范围广。据统计,在各类自然风险中,与极端天气和气候事件有关的灾害占 70%以上[1],这将使粮食生产面临更多的不确定性和挑战性。多年来,我国的粮食生产以农户为主,相对而言,种植的规模小,抵御灾害的能力弱,更易遭受农业气象灾害的打击。事实上,气候变化引起的高温、干旱、虫害等因素已经在局部导致粮食减产。此外,气候变化直接导致粮食生产的热、水、光等气候资源条件发生变化,通过改变水资源和热量条件,直接影响我国的农业布局和农作物种植结构的改变,对农作物的品种和品质造成重大影响;气候变暖还加速土壤退化、侵蚀和盐渍化的发展,导致土壤肥力下降,农药、除草剂、化肥施用量和灌溉用水量增加,土壤改良和水土保持的费用提高,而灾害频发又增加了抗灾、防灾的投入,致使农业投入加大、粮食生产成本上涨,进而还会影响到粮食价格、粮食储备与流通、粮食消费等方方面面,会影响到粮食生产的可持续发展,最终危及我国的粮食安全。

## 三、气候变化对我国粮食安全负面影响的具体体现

我国是世界上最严重的气候脆弱区之一,一直以来,气象条件

---

[1] 数据来源:《第三次气候变化国家评估报告》。我国曾于 2007 年和 2011 年先后对外发布《第一次气候变化国家评估报告》和《第二次气候变化国家评估报告》。2014 年发布的《第三次气候变化国家评估报告》由科技部、中国气象局、中国科学院等多部门共同组成的专家组,历时三年编撰而成。报告共形成 13 项结论。该报告强调对我国造成不利影响的气候灾害包括:局部地区干旱持续范围扩大,时间延长,暴雨急速降雨程度增加,未来水资源量可能总体减少 5%,而且灾害对东部地区影响更大。

是影响我国粮食产量波动的重要因素。农业气象灾害的发生以干旱、洪涝、风雹、低温冷冻和雪灾等为主,直接导致粮食作物受灾、产量减少,受灾后的作物单产也会不同程度地下降,给农业生产造成巨大危害。气象灾害发生的范围和程度及时间的不同,导致农作物受灾程度差异较大,不同种类的作物对同一种灾害的敏感性以及同种农作物不同生长阶段对同一种灾害的敏感性不同,农作物受灾的程度也存在差异。近年来主要的灾种导致的危害具体表现为:

(一)干旱灾害

干旱灾害是影响我国粮食生产最重的自然灾害之一,在平均每年因气象灾害造成的粮食损失中,干旱造成的损失颇为严重。根据水利部水旱灾害公报的解释,"由于降水减少、水工程供水不足引起的用水短缺,并对生活、生产和生态造成危害的事件"称为干旱灾害[1]。干旱灾害一般发生范围大、持续时间长,使原本匮乏的水资源变得更为紧缺,以致农业灌溉用水缺乏,导致粮食单位产量减少甚至绝收,成为农业和粮食生产持续增长的严重障碍,而且旱灾的影响是全国性的。下列数据足以说明问题:1949—1991年间,我国有14年发生严重干旱,又以1959、1960、1972和1978年最为突出,受灾面积都在4亿—5亿亩,成灾面积在2亿亩以上,其中3年粮食减产都在1 500万吨以上。1983—2006年,我国平均每年农作物受旱面积达2 500多万公顷,占全国农业受灾面积的半数以上,2000年全国农田受旱面积高达4 000多万公顷。在特大干旱年如1997年、2000年和2001年,旱灾所造成的粮食损

---

[1] 另据我国2011年《自然灾害情况统计制度》附录中的术语解释,"干旱灾害"指在较长时间内降水异常偏少,河川径流及其他水资源短缺,致使土壤水分严重不足,对人类的生产、生活,特别是农业生产、人畜饮水及吃粮所造成损失和影响的灾害。参见《自然灾害情况统计制度》(民发〔2011〕168号)附录之(一)灾害种类术语解释。

失分别占到当年粮食总产量的 9.6%、13.0% 和 11.8%[①]。另据数据显示,1995—2005 年,我国因旱灾造成的粮食减产损失每年大约为 1 500 万—2 500 万吨,是我国粮食总产量的 4%—8%,占因灾总损失的 55% 以上,每年旱灾面积约占耕地面积的 1/6 左右[②],旱灾对粮食生产造成较大影响。

随着极端天气气候事件的增多增强,我国的区域降水和河川径流变化波动明显增大,致使旱灾发生频率增强、灾害损失加重,全国的年均受灾面积、因旱粮食损失以及粮食损失占全国粮食总产量的比例不断增加。例如,2009 年初,我国北方冬小麦主产区干旱严重,出现 30 年一遇的冬春连旱,局部地区旱情达 50 年一遇,其中河北省 2008 年 11 月至 2009 年 3 月的降水量为 1951 年以来最少;2010 年春,西南地区遭遇罕见旱情,云南、贵州、广西、重庆、四川等省、自治区、直辖市都发生大范围持续干旱,部分地区降水比往年偏少七至九成,其中云南省秋冬春连旱、贵州省秋冬连旱总体均为 80 年一遇的严重干旱,有的地区甚至遭受了百年一遇的特大干旱,干旱的范围和强度均已突破历史极值;2011 年 6 月,长江中下游地区又出现旱涝急转现象,给当地居民生命、财产带来了重大损失[③];2013 年,广东汕头南澳岛出现近 30 年来同期最严重旱情,上万人面临饮水难问题。而同期,甘肃省农作物受旱面积达 516 万亩,导致 52 万人饮水困难,云南更是连续几年干旱[④];

---

[①] 数据来源:《第一财经日报》2011 年 3 月 1 日,《气象灾害致粮食损失年均超 500 亿公斤》,新华社记者专访中国气象局局长郑国光。http://www.cnstock.com/08yaowen/hqrd/201103/1177747.htm. 最后浏览日:2015 年 10 月 11 日。

[②] 数据来源:《辽宁日报》2012 年 8 月 24 日,《全球变暖弊大于利 如何从气候变化中解救农业》,辽宁日报记者采访中国农业科学院副院长唐华俊。http://www.weather.com.cn/climate/qhbhyw/08/1698562.shtml. 最后浏览日:2015 年 11 月 6 日。

[③] 参见封国林等:《2011 年春末夏初长江中下游地区旱涝急转成因初探》,《大气科学》2012 年第 5 期。

[④] 专家(云南省社会科学院长助理、研究员郑晓云)称,如果云南干旱得不到彻底解决,未来 50 年云南将有可能出现沙漠化现象。

2014年,全国大范围干旱,涉及26个省、自治区、直辖市,旱灾尤以辽宁、河南、内蒙古、河北、山西、山东、甘肃、湖北8省、自治区为重,其中辽宁全省出现63年来最严重夏旱,河南特大旱灾粮食绝收。该年作物因旱受灾面积1227.17万公顷,其中成灾面积567.71万公顷、绝收面积148.47万公顷,因旱粮食损失200.65亿公斤[①],8个重灾省份作物因旱受灾面积占全国的七成,仅辽宁、河南、内蒙古3个灾情较重的省、自治区的作物因旱受灾面积就占到全国的四成。由于持续旱情,局部地区的生态环境也受到严重影响。

据了解,我国耕地的有效灌溉面积仅占总面积的46%,许多地区降雨的多少很大程度上决定着当年农作物收成的好坏。与气温的大范围升高相伴生的旱灾频度的增加,进一步加剧了土地沙化、地下水下降等生态危机,在某种程度上也引致农作物布局和农业生产结构的调整。例如,对自然条件要求不严、最适应气候变化的玉米,原是我国第三大粮食作物,仅次于水稻、小麦,近年来在我国的种植面积急剧上升,2012年其产量超过水稻,成为我国产量第一粮食作物。连年旱灾还将对粮食生产造成严重影响,威胁我国粮食安全。

(二)洪涝灾害

根据水利部水旱灾害公报的解释,洪涝灾害是指"因降雨、融雪、冰凌、溃坝(堤)、风暴潮、热带气旋等造成的江河洪水、渍涝、山洪、滑坡和泥石流等,以及由其引发的次生灾害"。我国洪涝多发区主要分布在东部和南部,洪涝灾害主要发生在长江中下游,以及华南、华中、华北和东北等地区。我国洪涝灾害的发生较为频繁,具有突发性强、危害性大等特点。1954年、1956年、1963年、1964年和1985年灾情较突出,而1998年我国的"世纪洪水"更使29个省受灾。资料显示,1950—2005年我国平均每年因暴雨洪涝造成

---

① 数据来源:中华人民共和国水利部《2014中国水旱灾害公报》。

受灾农作物面积为943万公顷左右①,占气候灾害总面积的27%。20世纪90年代是我国建国以来洪涝灾害最严重的十年,受灾程度远高于常年平均,每年平均洪涝受灾面积高达1531.4万公顷,成灾面积为872.2万公顷②。

进入21世纪以来,全国洪涝灾害导致农作物的灾情相对较轻,其中尤以2001年、2004年、2011年和2014年为轻,农作物的受灾面积分别为713.78万公顷、778.19万公顷、719.1万公顷和591.943万公顷;农作物成灾面积分别为:425.34万公顷、401.71万公顷、339.3万公顷和282.999万公顷。2014年全国遭受洪涝灾害的有28省、自治区、直辖市,但受灾总体偏轻,农作物受灾面积占2014年GDP的百分比较之2000—2013年平均值偏少48.3%③。2015年尽管20个省、自治区、直辖市遭遇洪涝灾害,但全国洪涝灾情总体较轻,与2000年以来同期均值相比,农作物受灾面积指标大幅下降。这固然与种子改良、耕作技术以及土地和水管理的改善有关,但我国抗灾能力明显加强也是一个不可忽视的因素,有效的防灾救灾工作的开展最大限度地减少了各种灾害的影响和损失。

虽然近几年我国洪涝灾害表现出灾害总体偏轻的特点,但灾害导致的局部损害却较为严重。如2016年7月份的强降雨,涉及长江中下游干流地区、华北地区等的29个省、自治区、直辖市,导致6 120.9万人次受灾,农作物受灾面积518.98万公顷,其中农作物绝收面积122.21万公顷,直接经济损失2 132.4亿元④,受灾

---

① 秦大河:《影响我国的主要气象灾害及其发展态势》,《中国应急救援》2008年第6期。
② 孙杭生、徐芃:《影响我国农业生产的气象灾害分析》,《边疆经济与文化》2009年第4期。
③ 数据来源:中华人民共和国水利部《2014中国水旱灾害公报》。
④ 数据来源:民政部国家减灾办发布的2016年7月份全国自然灾害基本情况。http://www.gov.cn/xinwen/2016-08/10/content_5098641.htm.最后浏览日:2018年4月9日。

及损失情况都达到近年同期最高值,灾情尤以河北、湖北、安徽和河南等省为重。强风、暴雨还造成部分地区作物植株倒伏、农田被淹被毁、农业基础设施损毁等。

(三) 风雹灾害

风雹灾害是我国气象灾害中发生频次最多的灾害,在我国农业自然灾害中处于第三位,它指的是大风、龙卷风、冰雹、雷电等强对流性天气所造成的灾害。风雹灾害频发于季风气候地区,在我国各地均有分布,相对比较分散,统计显示,我国每年平均发生风雹灾害近千次,发生的频次高、范围广。大风、龙卷风使得农作物倒伏继而导致农作物减产,冰雹会砸倒、砸死农作物造成作物减产甚至颗粒无收,雷电虽能够促进作物生长利于我国南方植物(如水稻),但其释放强力电流会对农作物生长产生危害,被雷电击中的农作物会被大面积烧焦导致绝收、与之伴随的强降雨及大风等也会导致农作物倒伏①。风雹灾害往往导致局部灾情严重,但其累积灾害造成的损失更不容忽视。

近年来,除了 2012 年局地风雹灾害强度大、灾情较重,以及 2016 上半年强对流天气偏多、风雹灾害突出外,其余年份如 2013 年、2014 年和 2015 年,我国风雹灾情总体偏轻,风雹灾害对农作物带来的损失也偏轻。从全国来看,2012 年上半年自然灾害以洪涝、风雹为主,根据民政部、国家减灾办 7 月 11 日的初步统计,风雹灾害给全国 30 个省(自治区、直辖市)带来灾害,导致农作物受灾面积达 257.43 万公顷,其中绝收面积 37.48 万公顷②。从地方来看,根据黑龙江省民政厅报告,2012 年 7 月 6 日以来,哈尔滨、黑河等地遭遇大风、冰雹等天气,至 7 月 16 日 9 时统计,农作物受灾面积达 1.83 万公顷,其中绝收 0.1 万公顷,至 7 月 30 日 9 时统

---

① 参见姚和菊:《雷电对农作物的影响》,《农民致富之友》2015 年第 7 期(下半月)。
② 数据来源:中央政府门户网站 http://www.gov.cn/jrzg/2012 - 07/12/content_2181362.htm.最后浏览日:2015 年 11 月 23 日。

计,7月25日以来的风雹灾害造成农作物受灾面积14.49万公顷,其中绝收0.83万公顷。2016年上半年,我国自然灾害仍以洪涝、风雹为主,但洪涝灾情较近年同期基本持平,风雹灾害却极为突出,直径为20毫米以上的大冰雹发生次数为2011年以来同期最多。风雹灾害造成全国农作物受灾面积达214.22万公顷,其中绝收面积达24.67万公顷,直接经济损失214亿元。风雹灾情总体偏重,风雹灾害导致失踪、死亡人口及直接经济损失均达到2011年以来的最高值。尽管有的年份如2013年、2014年和2015年风雹灾害不那么严重,但因点多面广,累积灾害造成的损失还是比较严重的。

（四）高温热害与低温冷害

高温对植物生长发育和产量形成的损害称为高温热害。高温热害限制作物生产,影响玉米、大豆、高粱等的种植及其产量,抑制水稻等的生长,一般以水稻危害较为明显,水稻高温热害可导致空秕粒率上升而减产甚至绝收。进入21世纪以来,夏季高温危害的出现频率有加剧之势。例如,2003年,湖北省武汉市约27万公顷水稻受高温危害,占水稻总面积近50%,空粒率平均约40%,严重的达90%[①]。2013年我国南方地区遭受1951年以来最强的高温热浪袭击,但我国主要粮食作物产区光、温、水总体匹配较好,干旱、暴雨洪涝、高温、低温冷害等农业气象灾害发生范围小、影响轻。持续高温会加剧干旱的发展,造成水库干涸,河水断流,而"暖冬"会导致许多农作物在初春时节提前发育,抗寒能力下降,出现农作物冻害。

低温冷害是指在农作物的主要生长阶段,气温降至作物生理下限温度,影响作物正常生长发育,甚至造成减产的一种农业气象

---

① 参见"气候变化威胁粮食安全 低碳农业应运兴起",中国天气网：http://www.weather.com.cn/static/html/article/20091020/112106.shtml.最后浏览日：2015年11月23日。

灾害。包括低温连阴雨、春寒或倒春寒、夏季低温、秋季低温、寒露风、霜冻、寒潮、冻雨等。低温连阴雨、主要发生在长江中下游,夏季低温经常出现在东北三省、内蒙古、宁夏及河北等省、自治区,秋季低温、寒露风主要发生在长江流域,等等。低温冷害对农作物产量影响非常大,例如,2008 年罕见的连续低温,使不少冬种作物严重减产甚至绝收,造成了严重危害①;2012 年低温雪灾连袭我国华北、东北以及青海、新疆等地,造成设施农业受损严重;2016 年上半年,我国多次遭遇大范围寒潮和雨雪冰冻天气,因低温冷冻和雪灾,全国农作物受灾面积达 171.19 万公顷,其中绝收面积 15.77 万公顷,直接经济损失 167.1 亿元,低温冷冻和雪灾灾情接近近年同期水平。

此外,农业病虫害的多发、重发、频发已成为我国农业生产的又一大威胁。据统计,我国每年农作物病虫害发生面积近 70 亿亩次,由于防控能力有限造成每年粮食损失近 500 亿斤、经济作物损失 350 多亿斤②,中国农业产值因病虫害造成的损失约为农业总产值的 20%—25%③。农业病虫害是粮食增产和品质提高的重要制约因素,例如,2012 年入夏以来,河北、内蒙古、黑龙江、吉林等地相继爆发了粘虫灾害,对玉米、谷子、水稻等粮食作物生产造成严重威胁,或导致减产,不管是面积还是危害程度均为 10 年来之最。据测算,粘虫受灾面积占总种植面积的 10% 左右,粗略估算 150 万吨左右产量受影响。实际上,农作物病虫害的发生有着明显的季节性,温度和湿度变化对于害虫虫卵的孵化起到关键作用,因

---

① 陈芬菲:《关于粮食生产气象灾害现状与对策探讨》,《农村经济与科技》2011 年第 4 期。
② 冯华:《绿色防虫　农药残留少一点(政策解读)》,《人民日报》2013 年 5 月 20 日第 002 版。
③ 王长燕、赵景波、李小燕:《华北地区气候暖干化的农业适应性对策研究》,《干旱区地理》2006 年第 5 期。转引自李祎君等:《气候变化对中国农业气象灾害与病虫害的影响》,《农业工程学报》2010 年增刊 1。

此,农作物病虫害的发生或流行和气候条件有着密切的关系。研究表明,气候变化会导致病虫害发生规律性变化。气候变暖利于害虫的繁殖和越冬,造成害虫繁殖代数增加,为害时间延长、为害程度加重,还导致许多只存在南方的害虫开始向北方蔓延,增加了农作物遭受病虫害侵害的概率。还以 2012 年为例,2012 年上半年,由于气候异常导致虫害泛滥,广西壮族自治区遭受了历史上最严重的稻褐飞虱灾害。气候变暖加剧病虫害的流行和杂草蔓延,农作物病虫害的连续发生,一定程度上会影响到农业粮食增产。

总之,我国灾害种类多,受灾面积广,成灾比例大,农业气象灾害频发已成常态,导致粮食大幅度减产和粮食产量波动,对我国粮食生产带来不利影响,为我国粮食安全带来隐患。

## 第三节 我国现行相关法律规定及其存在的问题

### 一、国际化背景下我国粮食安全法律保障体系

(一) 我国有关粮食安全保障的法律规定

我国现行法律法规中关于粮食安全的规定不健全,没有直接针对粮食安全保障的单行法。归纳起来主要有:

1. 直接涉及粮食安全的法律规定

我国涉及粮食保障性规定的现行法律法规有很多,最直接的当属 2013 年 1 月 1 日起实施的《中华人民共和国农业法》(以下简称《农业法》)[①]。该部法律堪称我国第一部对农业生产等方面规

---

① 我国农业法于 1993 年 7 月 2 日第八届全国人民代表大会常务委员会第二次会议通过,后经 2002 年、2009 年和 2012 年三次修订。

定比较健全的法律,较为系统地规定了农业生产经营体制、农产品的生产、流通与加工以及与农业有关的资源和环境保护等方面内容,其最大亮点是首次单章对粮食安全进行了原则性规定。《农业法》第五章"粮食安全"从建立耕地保护制度对基本农田依法实施特殊保护、对部分粮食品种实行保护价制度、粮食购销制度、粮食预警制度、粮食储备调节制度等方面为粮食安全提供了制度性保障,虽然这些规定比较原则,尚需具体的配套措施,但却是我国粮食安全保障方面的一大进步。另外,《粮食流通管理条例》也对粮食安全作了原则性规定。

2.粮食流通和储存保障方面的法律规定

粮食的流通和储存是粮食安全保障的重要环节,是在国家宏观调控和市场自主调控的过程中对粮食进行必要维护和监管的制度性保障。我国这方面的规章制度相对较为健全。

在粮食流通方面,2004年国务院颁布的《粮食流通管理条例》[①]对粮食流通进行整体监控和管理,规定了粮食经营、宏观调控、监督检查、法律责任等方面内容,确保在国家宏观调控和市场自主调控下粮食流通和加工过程中价格和质量安全以及对非法粮食经营活动的惩处措施,以实现其保障国家粮食安全,维护粮食流通秩序等立法目的。根据该《条例》及国家有关法律法规的要求,各级粮食行政管理部门制定和完善了一系列制度措施,例如,《国家粮食流通统计制度》(2004年)、《粮食收购资格审核管理暂行办法》(2004年),以及《粮食流通监督检查暂行办法》(2004年)等,逐步建立健全了以《粮食流通管理条例》为核心的粮食流通法律体系,建立了粮食收购市场准入制度、粮食经营者最低最高库存量制

---

① 该条例于2004年5月26日中华人民共和国国务院令第407号公布并实施,1998年6月6日国务院发布的《粮食收购条例》、1998年8月5日国务院发布的《粮食购销违法行为处罚办法》同时废止。《粮食流通管理条例》实施后,分别于2013年和2016年做了两次修订。

度、粮食应急制度、粮食质量和卫生管理制度、粮食流通统计制度和粮食市场监管制度等,推进了依法行政和依法管粮,维护了粮食市场正常秩序。

粮食生产和消费之间必不可少的一个环节是粮食储备,包括粮食收购、储存、运输、销售等一系列过程。储备粮体系是指国家对所储备的粮食建立和实行的操作运行系统,包括对粮食储备的基础设施、相关法律、法规、政策、制度以及相关人员的管理和组织机构等[1]。根据《国家粮食安全中长期规划纲要(2008—2020年)》,我国粮食仓储设施条件有所改善,从1998年至2003年,利用国债资金建设国家储备粮新增库容527亿公斤,粮食物流"四散化"(散装、散卸、散存、散运)变革开始起步[2],我国的粮食宏观调控体系已逐步完善。2011年12月国家发展和改革委员会与国家粮食局发布的《粮食行业"十二五"发展规划纲要》,要求粮食宏观调控能力、仓储物流能力和科技支撑能力明显提高,提出"十二五"期间我国将加强仓储设施建设,优化粮食仓储设施布局。除了《农业法》规定的粮食储备制度以外,我国粮食储备法律体系主要是指以2003年8月国务院颁布并实施的《中央储备粮管理条例》(经过2011年和2016年两次修订)为中心建立的中央储备粮计划、储存、动用和监督检查制度。中央储备粮作为国家应对自然灾害或突发事件的后备资源,在国家发展中具有深远的意义[3]。根据条

---

[1] 参见广西区粮食局课题组:《关于完善储备粮体系与粮食宏观调控问题研究》,《粮经学会简讯》2008年第7期。
[2] 参见《国家粮食安全中长期规划纲要(2008—2020年)》之"我国粮食安全取得的成效"部分。
[3] 中华人民共和国国务院令第388号公布的《中央储备粮管理条例》第二条规定:"本条例所称中央储备粮,是指中央政府储备的用于调节全国粮食供求总量,稳定粮食市场,以及应对重大自然灾害或者其他突发事件等情况的粮食和食用油。"该条例是第一个关于中央储备粮方面的最高层次的管理法规。

例,国家实行中央储备粮垂直管理体制,其管理应当"严格制度、严格管理、严格责任",以"确保中央储备粮数量真实、质量良好和储存安全,确保中央储备粮储得进、管得好、调得动、用得上并节约成本、费用"(第五条)。只有经国务院批准方能动用中央储备粮的动用条件,对确保我国粮食安全和社会稳定的作用及其重要。为了加强中央储备粮管理,规范中央储备粮代储行为,国家发展和改革委员会、财政部、国家粮食局于 2004 年联合发布了《中央储备粮代储资格认定办法》,对中央储备粮代储资格主体的取得做了严格的条件和程序性规定。除此之外,还有《国家粮油仓库仓储设施管理试行办法》(1992 年)、《粮食库存检查暂行办法》(2006 年)、《粮油仓储管理办法》(2009 年)、《农户科学储粮专项管理办法》(2011 年)、《国有粮油仓储物流设施保护办法》(2016 年)等规章,都对粮食或粮油储备条件和标准等加以规定。整体来说,尽管我国有关粮食储备的法律法规仍需改善和加强,但粮油储备法律体系已基本形成。

3. 与粮食安全有关的基本农田保护

粮食的生产离不开土地,保障粮食安全必先保障耕地安全。《中华人民共和国土地管理法》(2004 年修订)是我国关于土地所有权和使用权、土地利用总体规划、耕地保护、建设用地等规定的基本法。该法规定严格限制农用地转为建设用地,控制建设用地总量,对耕地实行特殊保护。根据该法,在编制土地利用总体规划时,首先遵循"严格保护基本农田,控制非农业建设占用农用地"原则(第一十九条)[①];国家保护耕地,严格控制耕地转为非耕地(第

---

① 参见《中华人民共和国土地管理法》(2004 年修订)第一十九条:"土地利用总体规划按照下列原则编制:(一)严格保护基本农田,控制非农业建设占用农用地;(二)提高土地利用率;(三)统筹安排各类、各区域用地;(四)保护和改善生态环境,保障土地的可持续利用;(五)占用耕地与开发复垦耕地相平衡。"

三十一条)①;实行基本农田保护制度(第三十四条)等②。为了更好地贯彻基本农田保护制度,1998年12月国务院令第257号发布了《基本农田保护条例》③,规定了基本农田保护区的划定和特殊保护,明确了农田保护的监督管理和法律责任,从制度上对耕地进行保护。党的十七届三中全会首次提出了"划定永久基本农田,确保基本农田总量不减少、用途不改变、质量有提高"的政策,国土资源部出台了《基本农田保护区调整划定工作验收办法》(2000年),国土资源部和农业部联合下发了《关于划定基本农田实行永久保护的通知》(2009年)及《加强和完善永久基本农田划定有关工作的通知》(2010年),以确保对基本农田的特殊保护。该项工作于2010年启动后,全国总体上落实了15.6亿亩划定任务,为保障国家粮食安全起到了重要的基础性作用。十

---

① 该条第二款规定:"国家实行占用耕地补偿制度。非农业建设经批准占用耕地的,按照'占多少,垦多少'的原则,由占用耕地的单位负责开垦与所占用耕地的数量和质量相当的耕地;没有条件开垦或者开垦的耕地不符合要求的,应当按照省、自治区、直辖市的规定缴纳耕地开垦费,专款用于开垦新的耕地。"

② 该条规定:"下列耕地应当根据土地利用总体规划划入基本农田保护区,严格管理:(1)经国务院有关主管部门或者县级以上地方人民政府批准确定的粮、棉、油生产基地内的耕地;(2)有良好的水利与水土保持设施的耕地,正在实施改造计划以及可以改造的中、低产田;(3)蔬菜生产基地;(4)农业科研、教学试验田;(5)国务院规定应当划入基本农田保护区的其他耕地。"国务院制定的《基本农田保护条例》(1999年)对基本农田的界定是"指按照一定时期人口和社会经济发展对农产品的需求,依据土地利用总体规划确定的不得占用的耕地"(第二条第二款)。并规定"基本农田保护实行全面规划、合理利用、用养结合、严格保护的方针"(第三条)。"基本农田保护区经依法划定后,任何单位和个人不得改变或者占用"(第一十五条)。

③ 1994年8月18日国务院令第162号发布的《基本农田保护条例》在新的《基本农田保护条例》于1999年1月1日起施行的同时被废止。1999年条例规定:根据土地利用总体规划,铁路、公路等交通沿线,城市和村庄、集镇建设用地区周边的耕地,应当优先划入基本农田保护区;需要退耕还林、还牧、还湖的耕地,不应当划入基本农田保护区;占用基本农田的单位应当按照县级以上地方人民政府的要求,将所占用基本农田耕作层的土壤用于新开垦耕地、劣质地或者其他耕地的土壤改良;因发生事故或者其他突然性事件,造成或者可能造成基本农田环境污染事故的,当事人必须立即采取措施处理,并向当地环境保护行政主管部门和农业行政主管部门报告,接受调查处理。

八大以来,党中央、国务院更加重视耕地保护工作,国土资源部和农业部于 2014 年 11 月联合下发《关于进一步做好永久基本农田划定工作的通知》,将现有的城镇周边、交通沿线易被占用的优质耕地优先划为永久基本农田。2015 年的中央 1 号文件和《政府工作报告》也提出要全面开展永久基本农田划定工作。国土资源部和农业部于 2016 年 8 月联合发布《关于全面划定永久基本农田实行特殊保护的通知》,对"划准、管住、建好、守牢"永久基本农田做了具体部署,为永久基本农田的特殊保护带上了制度的"紧箍咒"。我国基本农田保护制度的建立,为粮食综合生产能力的提高、实有耕地面积的基本稳定和粮食安全提供了极其重要的保障。

4. 与粮食安全有关的其他规定

除了上述规定之外,还有很多法律规章都与粮食安全息息相关,例如:① 关于食品安全。《中华人民共和国食品安全法》(2009 年)[①]生效之前的《食品卫生法》(1995 年)是食品安全保障方面的专门性法律,它对食品安全风险检测与评估机制,生产加工、进出口都进行了严格的规定,确保食品安全贯穿于食品生产、加工、销售、消费的每一个环节;《国务院关于加强食品等产品安全监督管理的特别规定》(2007 年)主要通过农业、卫生、质检、商务、工商、药品等监督管理部门的职责的规定,对食品等产品安全进行监督管理。② 关于农产品安全。《中华人民共和国农产品质量安全法》(2006 年)对我国农产品质量监管进行了分工,并就生产地条件、生产过程中辅助生产要素标准进行了相关规定,尤其是产品质量标记和档案保存方面;《中华人民共和国产品质量法》(2000 年)从整体上规定了我国产品质量监管体系,生产者、销售者的产品质

---

① 《中华人民共和国食品安全法》已由中华人民共和国第十二届全国人民代表大会常务委员会第十四次会议于 2015 年 4 月 24 日修订通过。

量义务,损害赔偿责任划分以及相关处罚措施。③ 关于农业转基因生物。《农业转基因生物安全管理条例》(2001年)对在我国境内从事农业转基因生物的研究、试验、生产、加工、经营和进出口活动做了详细又严格的规定,以确保人体健康和动植物、微生物安全,以及保护生态环境。根据该条例,2001年农业部制定了《农业转基因生物安全评价管理办法》,要求针对农业转基因生物对人类、动植物、微生物和生态环境构成的危险或者潜在的风险做出评价。条例和管理办法都将转基因种子和转基因农产品的直接加工品列入农业转基因生物范围内。需要说明的是,2004年和2016年农业部两次对《农业转基因生物安全评价管理办法》做了修订,明确了从事农业转基因生物研究与试验的单位为农业转基因生物安全管理的第一责任人,并要求从事农业转基因生物研究与试验的单位加强农业转基因生物试验的可追溯管理,加强了对农业转基因生物的风险管理。④ 关于种子保障。《中华人民共和国种子法》(2015年)[1]的立法旨意是保护和合理利用种质资源,规范品种选育、种子生产经营和管理行为,保护植物新品种权,维护种子生产经营者、使用者的合法权益,提高种子质量,推动种子产业化,发展现代种业,保障国家粮食安全,促进农业和林业的发展(第一条)。⑤ 关于检验检疫。《中华人民共和国进出境动植物检疫法》(1992年)规定了关于动植物进出口检疫的类别,其中包括了粮食、粮食产品和种子,并规定国务院农业行政主管部门主管全国进出境动植物检疫工作。1996年国务院根据该法颁布了实施条例,对植物种子、种苗及其他繁殖材料的检疫审批、进出境和过境检疫等做了具体要求。这些规定及其有效实施为我国粮食安全增加了一道"安全锁"。随着我国粮食进口量的不断增长,进口粮食中的

---

① 我国种子法于2000年7月8日第九届全国人民代表大会常务委员会第十六次会议通过,并于2004年、2013年和2015年修订,新《种子法》于2016年1月1日起实施。

大量检疫性有害生物被截获,为了更好地保障粮食安全,2016 年 7 月 1 日起施行新的《进出境粮食检验检疫监督管理办法》,原《出入境粮食和饲料检验检疫管理办法》(2001 年)同时废止。新的管理办法增加了"风险及监督管理""法律责任"等内容,重新界定了粮食的概念①,把大豆、油菜籽等油料作物籽也纳为管理范畴。规定未取得《检疫许可证》的粮食,不得进境(第十条)等,大大丰富了管理办法的内容。我国其他粮食安全保障的法律法规不再一一列举和说明。

（二）现行粮食安全保障法律体系的特点及缺陷

1. 法律规定过于分散

综上可以看出,我国现行的关于粮食安全保障的法律并不全面、系统。首先,现行法规规定比较单一。每一部法律或者规章都只是规定了关于粮食保障的某一个方面或者是一种倡导性制度。例如,《农业法》尽管设单章对粮食安全进行了规制,但也仅仅停留在对粮食价格制度、耕地保障制度等的指导性层面,缺少具体的配套法规;而《粮食流通管理条例》与《中央储备粮管理条例》也只是分别对粮食的流通和储存进行了规制。其次,法出多门,粮食控制过于分散。多头管理是法律法规制定执行中的大忌,责任不明确,容易出现搭便车和相互推诿的现象。粮食安全制度的制定主体过多,而且主要集中在国务院各部门之间。比如《粮食流通监督检查暂行办法》的制定主体为国家发展和改革委员会、国家粮食局、财政部、卫生部、国家工商行政管理总局和国家质量监督检验检疫总局,《粮食收购资格审核管理暂行办法》则由国家粮食行政管理部门和国家工商行政管理部门制定。这些办法体现了

---

① 《进出境粮食检验检疫监督管理办法》第二条第二款规定:"本办法所称粮食,是指用于加工、非繁殖用途的禾谷类、豆类、油料类等作物的籽实以及薯类的块根或者块茎等。"而之前的相关办法界定的粮食指禾谷类、豆类、薯类等粮食作物的籽实（非繁殖用）及其加工产品。

联合行政的理念,但在实际操作中有诸多不便,行政相对人也很难全面掌握这些规定。再次,部门规章过多,位阶过低。法律法规的制定大都是自上而下的过程,粮食方面的规定也不例外。由于法律本身的文字特性,制定层次越多越容易扭曲最基本、最原始的内容,甚至违背上位法的主要立法精神,失去立法最初的本意,不利于法律的实施。此外,从另一个角度看,影响粮食安全的一些重要因素也缺乏专门法的规定,例如,没有关于耕地质量管理方面的全国性专门法律①,仅仅依靠《土地管理法》《土地管理法实施条例》和《基本农田保护条例》中的原则性规定,不利于耕地质量检测体系的建立健全,难以制止和追究导致耕地破坏和耕地质量严重下降责任者的法律责任,无法及时、有效地保护耕地质量。

2. 过多强调食品安全而非粮食安全

粮食安全和食品安全是两个既相互关联又各有侧重的概念,事实上,一直以来我国对食品安全的重视程度可谓高于对粮食安全的重视,早在 1983 年我国就颁布了《中华人民共和国食品卫生法(试行)》,1995 年的《中华人民共和国食品卫生法》对食品卫生、食品添加剂卫生、食品生产设备和包装器材卫生、卫生监督和法律责任等做了比较详细的规定。2009 年的《中华人民共和国食品安全法》废除了之前的《食品卫生法》,规定了食品安全风险监测评估、进出口检验、安全事故处理等方面内容,使我国食品安全法律更符合现代科技的要求,为保证食品安全,保障公众身体健康和生命安全提供了更为充分的法律依据。2015 年的《中华人民共和国食品安全法》号称史上最严——"最严谨的标准、最严格的监管、最

---

① 2007 年 9 月 29 日湖南省第十届人民代表大会常务委员会第二十九次会议通过、2008 年 1 月 1 日起施行的《湖南省耕地质量管理条例》是我国首部耕地质量管理法规,之后,2010 年 3 月《吉林省耕地质量保护条例》、2011 年 11 月《江苏省耕地质量管理条例》、2013 年 11 月《湖北省耕地质量保护条例》等相继获得通过并实施。

严格的处罚和最严肃的问责",规定食品生产经营者应当建立食品追溯体系,增加了对网络食品的规制,为大众舌尖上的安全提供了法律保障。与食品安全相较,粮食安全的法律保障机制稍逊一筹。尽管粮食安全的法律规定远比食品安全方面的规定多,但其实际可操作性和保障效果却不及食品安全,而且我国对粮食保障的规定更侧重于粮食储存制度。改革开放以来,我国大众生活水平不断提升,人们对食物的多样化需求增加,食品安全问题也随之增多,由此对食品安全法律的关注度与要求也提高,但对于粮食安全保障问题却缺乏足够的重视。近年来,随着党和国家领导人对粮食安全问题的关注增强,我国对粮食安全保障的法律规定也将会日臻完善。

3. 有关粮食进出口贸易的法律规定有待完善

我国现行的有关粮食安全保障的相关法律均以国内粮食生产及销售为主要调整范围,对粮食收购、储存等有着详细的要求,但整体缺乏粮食进出口贸易的规定。粮食贸易不仅仅是我国关注的焦点问题,那些掌握着粮食贸易主动权的西方发达国家,更是通过其跨国粮商左右着国际粮食贸易走势。纵观国际粮食贸易状况,全球粮价涨跌的原因除了与粮食产量变化、生物质能的开发利用等相关外,还有一个不容忽视的因素即各国在农业投入和农业贸易政策方面带来的影响。发达国家通过高额的农业补贴扶植国内农业生产,严重冲击了发展中国家的农业,扭曲了国际粮食贸易,甚至摧毁发展中国家的粮食生产体系。而跨国粮商对农业价值链的垄断又会增加发展中国家粮食部门的脆弱性。我国的农产品贸易长期处于贸易逆差地位,WTO《农业协定》规定所有农产品非关税措施关税化,根据我国加入WTO的承诺,我国农产品的关税税率从2001年的21.3％降至2005年的15％,我国所能利用的WTO农业国内支持空间也很小,甚至是负保护,农产品出口鼓励政策更是受限,主要是出口补贴而不再使用任何形式的农业补贴①,因此应当调整我国的粮食贸易政策和农业支持政策,加强对粮食贸易法律的规定,以便在国际粮食贸易新形势尤其是在碳关税受到关注的情况下,在维护本国粮食安全方面发挥效用。

另外,粮食保障机制主要基于生产、流通和消费三个环节。在流通方面,现有的法律法规如《粮食流通管理条例》《粮食流通监督检查暂行办法》《国家粮食流通统计制度》《粮食收购资格审核管理暂行办法》《中央储备粮管理条例》《中央储备粮代储资格认定办法》《食品安全法》和《农产品质量安全法》等对购买、储存、加工做了专门性规定,但在粮食生产(即粮食来源)和消费环节却缺少明确具体的法律要求。粮食来源上,我国的《农业法》《种子法》《基本农田保护条例》都只是对粮食生产条件做附带性或原则性规定,在消费方面则更多的是"提倡节约、反对浪费"的倡导,缺乏基本的尤其是处罚性规定。保障粮食安全,必须在每个环节都要有强有力的有效规制。

## 二、我国应对气候变化的法律机制

气候变化引发的频繁极端天气给人类带来巨大的伤害,为减缓和适应全球气候变暖,世界范围内多次召开应对气候变化的会议并努力达成共识,世界各国也不断加强自身立法,如英、美、日、德、菲律宾等国都制定了应对气候变化方面的综合性法律。我国也根据自身现状,在力求经济效益、社会效益和环境效益统一协调的原则下,顺应国际国内环境形势,出台了一系列应对气候变化方

---

① 中国加入 WTO 的承诺:农业产品的平均关税将降至 15%,农产品进口和销售无须通过国营企业和中介机构。中国国内农业补贴上限为 8.5%。取消对大麦、大豆、油菜籽、花生油、葵花籽油、玉米油和棉花籽油的进口关税配额体制。2001 年以来我国按照加入 WTO 的承诺逐年下调进口关税,截至 2010 年 1 月 1 日,降税承诺已全部履行完毕,关税总水平由入世前的 15.3%进一步降至 9.8%,其中,农产品平均税率由加入 WTO 前的 18.8%降至 15.2%。

面的法律规定和政策性文件,已经形成了较为完善的政策法律体系,并取得实质性的效果。

(一) 与气候变化有关的法律法规政策

1.《联合国气候变化框架公约》下的中国行动

本着"共同但有区别的责任"原则,发达国家与发展中国家在应对气候变化方面承担着不同的义务。尽管发展中国家不承担在法定时间内完成温室气体减排量的法律义务,但不论是《气候变化框架公约》还是《京都议定书》,都为所有缔约方设定了应尽的责任和义务。如前者第4条第1款规定所有缔约方(发达国家和发展中国家)的8条共同承诺,后者也要求发展中国家制定应对气候变化的国家方案。中国作为负责任的发展中大国,高度重视自己所承担的国际责任,出台了系列应对气候变化的政策规章并加以积极落实。

(1) 履行信息通报义务。自1992年以来,中国政府便开始采取相关行动和措施推动我国的可持续发展进程,先后于1994年、2003年制定了《中国21世纪议程》与《中国21世纪初可持续发展行动纲要》,首次提出适应气候变化的概念(前者),明确中国的可持续发展战略和行动措施。为了履行《气候变化框架公约》向缔约方会议提交有关履约的信息通报的义务[1],中国政府于2004年向联合国提交了以《中国国家温室气体清单(1994年)》为核心的《中华人民共和国气候变化初始国家信息通报》[2],它由中国国家气候

---

[1] 根据《联合国气候变化框架公约》的规定,每一个缔约方都有提交本国的信息通报义务,包括温室气体各种排放源和吸收汇的国家清单,为履行公约所采取的措施和将要采取措施的总体描述,以及缔约方认为适合提供的其他信息。

[2] 《中华人民共和国气候变化初始国家信息通报》基本上反映了中国与气候变化相关的国情,分为国家基本情况,国家温室气体清单,气候变化的影响与适应,与减缓气候变化相关的政策措施,气候系统观测与研究,宣传、教育与公众意识,资金、技术和能力建设方面的需求等章节。根据报告,1994年中国二氧化碳净排放量为26.66亿吨(折合约7.28亿吨碳);甲烷排放总量约为3429万吨,氧化亚氮排放总量约为85万吨。参见国家信息通报网：http://nc.ccchina.gov.cn/web/NewsInfo.asp? NewsId=214. 最后浏览日：2015年12月20日。

变化对策协调小组组织有关单位和专家研究编制,内容包括温室气体各种排放源和吸收汇的国家清单,以及气候变化的影响与适应、与缓解气候变化相关的政策措施、气候系统观测与研究、教育宣传与公众意识、资金技术和能力建设方面的需求等中国应对气候变化已经采取及将要采取的政策、措施等多种信息。这份历时四年编制完成的报告,给出的国家温室气体清单为 1994 年数据,其他章节有关现状的描述一般截止到 2000 年,部分内容延伸至 2003 年。2008 年,中国启动了第二次国家信息通报的研究编制工作,以 2005 年为基准年统计,形成《中国国家温室气体清单(2005年)》,该份清单统计的温室气体由第一份的二氧化碳($CO_2$)、甲烷($CH_4$)和氧化亚氮($N_2O$)等三种扩充至包括氢氟烃(HFCs)、全氟碳(PFCs)和六氟化硫($SF_6$)等在内的六种,统计范围增加了香港、澳门两大地区,在温室气体数量和统计地域范围等方面较之第一份清单都更加完善。以《中国国家温室气体清单(2005年)》为核心的《中华人民共和国气候变化第二次国家信息通报》于 2012 年 11 月多哈气候谈判会议之前向《联合国气候变化框架公约》缔约方大会提交[1]。此外,根据缔约方大会关于非附件一缔约方在适当情况下提交第三次国家信息通报的要求,我国已开展了编写工作。

(2) 发布应对气候变化国家方案及政策与行动年度报告。根据《京都议定书》中发展中国家编制应对气候变化的国家方案的要求,2007 年我国政府制定实施了《中国应对气候变化国家方案》,这是第一部发展中国家颁布的应对气候变化的国家方案,涵盖了

---

[1] 《中华人民共和国气候变化第二次国家信息通报》全面反映了中国与气候变化相关的国情,分为国家基本情况、国家温室气体清单、气候变化的影响与适应、减缓气候变化的政策与行动、实现公约目标的其他相关信息、资金、技术和能力建设方面的需求、香港特别行政区应对气候变化基本信息、澳门特别行政区应对气候变化基本信息等篇章。该报告给出的国家温室气体清单为 2005 年数据,其他章节有关现状的描述一般截至 2010 年。

我国气候变化的现状和我们的应对努力,气候变化对中国的影响与挑战,中国应对气候变化的指导思想原则与目标、相关政策和措施,以及中国对若干问题的基本立场和国际合作需求等五个方面的内容,系统阐述了各项适应气候变化的任务;在此基础上,2008年中国政府发布了首份《中国应对气候变化的政策与行动》白皮书,宣示了中国在应对气候变化方面采取的政策、行动与取得的进展,之后每年发布一份。举例来说,《中国应对气候变化的政策与行动 2009 年度报告》(以下各年度报告用简称)总结了 2008 年下半年以来我国在减缓、适应,地方行动与国际合作,体制机制建设及公众意识提高等应对气候变化方面所取得的新进展;《2011 年度报告》介绍了"十一五"以来应对气候变化工作进展,并对"十二五"应对气候变化工作目标任务进行了展望;《2012 年度报告》从减缓气候变化、适应气候变化、开展低碳发展试验试点、加强能力建设、全社会广泛参与、积极参加国际谈判以及加强国际交流与合作七方面介绍了在应对气候变化方面中国所做的努力;《2013 年度报告》分应对气候变化面临的形势、完善顶层设计和体制机制、减缓气候变化、适应气候变化、开展低碳发展试点示范、加强基础能力建设、全社会广泛参与、建设性参加国际谈判、加强国际交流与合作等九个部分,全面介绍了中国应对气候变化方面所采取的一系列政策、措施、行动和取得的成效;《2014 年度报告》全面介绍了我国在应对气候变化方面采取的措施和取得的成效,包括减缓和适应气候变化、低碳发展试点与示范、能力建设等方面;《2015年度报告》指出我国在"十二五"期间,通过加快推进产业结构调整、节能与提高能效、优化能源结构、增加碳汇等工作,在应对气候变化方面取得显著成效;《2017 年度报告》重点介绍了我国 2016年以来应对气候变化的最新进展和主要成就,通过减缓、适应气候变化、规划制定和制度建设等七个部分全面展示了我国各个部门、各地方、各领域应对气候变化的政策行动及成效。可以看出,每份年度报告都是对我国应对气候变化取得最新成果的及时总结,反映了每年度我国应对气候变化工作的不同侧重,通过不断积累经验,适时调整,为下一步更好地减缓与适应气候变化提供依据和参照。

（3）通过应对和适应气候变化的决议及战略规划。2009年8月,十一届全国人大常委会第十次会议通过了《关于积极应对气候变化的决议》,这是我国最高国家权力机关首次专门就应对气候变化问题做出的决议,是我国在应对全球气候变化方面的重大举措。2011年3月十一届全国人大四次会议通过的《国民经济和社会发展第十二个五年规划纲要》设应对气候变化专章（第21章）,强调坚持减缓和适应气候变化并重,完善体制机制和政策体系,依靠科技提高应对气候变化能力。2011年12月国务院《"十二五"控制温室气体排放工作方案》是我国在"十二五"发展规划中有关温室气体排放的政策性规定,主要规定了单位二氧化碳排放量规划、循环经济和新能源规划等。2012年5月,我国第一部专门的应对气候变化科技发展规划——《"十二五"国家应对气候变化科技发展专项规划》,是科学技术部、外交部、国家发展和改革委员会、环境保护部等16个部门历经3年研究和编制而成,提出了十大关键减缓技术、十大关键适应技术等重点任务,为我国科学应对气候变化起到指导作用。2013年11月正式对外发布的《国家适应气候变化战略》,是由国家发展和改革委员会、水利部、农业部、林业局、气象局、海洋局等9个部门历时两年多共同编制完成的,是中国第一部专门针对适应气候变化方面的战略规划,它明确指出了我国适应气候变化工作所存在的薄弱环节如适应气候变化的法律法规不够健全等①,提出了适应目标、重点任务、区域格局和保障措施,对

---

① 这些薄弱环节包括：基础设施建设不能满足适应要求、适应工作保障体系尚未完成、敏感脆弱领域的适应能力有待提升、生态系统保护措施亟待加强。

国家适应气候变化综合能力的提高意义非凡。国家发展改革委员会于2014年9月发布的《国家应对气候变化规划(2014—2020年)》,则是我国第一部应对气候变化中长期规划,作为我国应对气候变化领域的首个国家专项规划,明确了控制温室气体排放等重点任务,提出根据我国的主体功能区定位来制定区域应对气候变化政策,分别针对城市化地区、农产品主产区和重点生态功能区确定差别化的减缓和适应气候变化目标、任务和实现途径。不止强调"减排",还要重视"适应"气候变化的战略,并且将其上升到国家战略规划的高度,表明了中国已更加全面地应对气候变化,以减少气候变化带来的不利影响。

2. 相关法律对环境保护的规定

生活环境和生态环境是人类生存与发展中的人文环境与自然环境的表现形式,国家致力于保护和改善这两大环境,防止污染和其他公害。我国宪法对此作了强制规定,其他的相关法律也都围绕这一根本目的从不同层面做出了具体要求。如:《环境保护法》(2014年修正)将环境定义为,"影响人类生存和发展的各种天然的和经过人工改造的自然因素的总体",并以列举的方式将大气、水、海洋、土地、矿藏、森林、草原、湿地等都涵盖其内。《环境影响评价法》(2016年修正)开宗明义明确了其目的在于预防因规划和建设项目实施后对环境造成不良影响,以促进经济、社会和环境的协调发展[①]。协调发展是我国现代社会经济发展的一个基本要求,以牺牲环境为代价过量排放温室气体换取经济效益,不符合经济效益、环境效益和社会效益相统一的基本理念。《固体废物污染环境防治法》(2016年修正)规定"城市人民政府应当有计划地改进燃料结构,发展城市煤气、天然气、液化气和其他清洁能源"。

---

① 《环境影响评价法》第二条规定,环境影响评价,是指对规划和建设项目实施后可能造成的环境影响进行分析、预测和评估,提出预防或者减轻不良环境影响的对策和措施,进行跟踪监测的方法与制度。

2016年1月1日起实行的"史上最严"《大气污染防治法》(2015年),以改善大气环境质量为目标,强调坚持源头治理,注重大气污染综合治理协同控制。除了对违法企业从严、从重处罚外,还对政府和公众提出了协同控制的新要求,规定应当加强对燃煤、工业、农业等大气污染的综合防治,强化了政府责任,规定地方政府对辖区大气环境质量负责,以及环境保护部对省级政府实行考核等一系列制度措施,为大气污染防治工作提供了强有力的法律保障。《水污染防治法》(2017年修订)将生态文明建设的新要求和《水污染防治行动计划》提出的新措施予以规范化、法制化,除了增加河长制强化了地方政府水环境保护的责任、增强了水环境违法行为的处罚力度等以外,对于农业农村水污染防治问题,该法增加了国家支持农村污水、垃圾处理设施的建设,推进农村污水、垃圾集中处理;制定化肥、农药等产品的质量标准和使用标准,应当适应水环境保护要求;畜禽散养密集区所在地县、乡政府应对畜禽粪便污水进行分户收集、集中处理利用;禁止向农田灌溉渠道排放工业废水或者医疗污水等新规,为解决水污染和水生态恶化问题提供了强有力的法律武器。另外,《循环经济促进法》(2008年)通过在生产、流通和消费等过程中进行的减量化、再利用、资源化提高资源利用效率,保护和改善环境;《森林法》(2009年修订)主要是对《宪法》"植树造林、保护林木"的具体化,它强调保护、培育和合理利用森林资源,并发挥其调节气候、改善环境等方面的作用。

  能源方面的法律规定与环境保护有密切关系。能源作为现代社会发展的焦点,影响国家经济命脉,有效利用现有能源,开发新型能源对实现经济社会的协调可持续发展有着十分重要的作用:《电力法》(2015年修订)规定电力建设、生产、供应和使用应当依法保护环境,减少有害物质排放,防治污染和其他公害;《煤炭法》(2016年修订)强调煤炭资源的依法开发利用,防治污染和其他公害,保护生态环境;《节约能源法》(2016年修订)强调有效、合理地利用能源,加强用能管理,规定国家鼓励、支持开发和利用新能源、可再生能源,限制发展高耗能、高污染行业,发展节能环保型产业,它定义的节约能源强调"从能源生产到消费的各个环节,降低消耗、减少损失和污染物排放"[1];《清洁生产促进法》(2012年)规定国家鼓励和促进清洁生产,从源头削减污染,提高资源利用效率,减少或避免生产等过程中污染物的产生和排放;《可再生能源法》(2009年)规定非化石能源如风能、太阳能、水能、生物质能、地热能、海洋能等为可再生能源,其开发利用是我国能源发展的优先领域。实际上,可再生能源的大力发展和利用直接降低了原有能源所产生的温室气体排放量,在应对气候变化上起到积极作用,符合经济社会发展的基本要求。值得一提的是,后三部法律均以可持续发展作为法律的基本理念和目标,强调改善能源结构,保护和改善环境。

此外,我国还颁布了一系列与农业气象灾害有关的法律法规,如《水法》(2016年修订)、《防洪法》(2016年修订)、《防汛条例》(2011年修订)、《抗旱条例》(2009年)、《河道管理条例》(2017年修订)、《气象法》(2016年修订)、《气象灾害防御条例》(2017年修订),等等,这些法律法规对我国水资源的合理开发、利用、节约、保护与管理,对防治洪水,防御、减轻洪涝灾害,保障防洪安全,发挥江河湖泊的综合效益,预防和减轻干旱灾害及其造成的损失,以及监测预警和防御气象灾害,积极应对气候变化等起到极其重大的作用。

(二) 我国当前应对气候变化机制的不足

完善的应对气候变化法律体系是一个国家应对气候变化问题

---

[1] 《节约能源法》第三条:"本法所称节约能源(以下简称节能),是指加强用能管理,采取技术上可行、经济上合理以及环境和社会可以承受的措施,从能源生产到消费的各个环节,降低消耗、减少损失和污染物排放、制止浪费,有效、合理地利用能源。"

水平高低的重要标志。尽管作为自愿减排国家,我国积极应对气候变化且已取得了实质性的效果,但也应审视在应对气候变化方面法律上的不足。

1. 综合性应对气候变化的立法缺失

在国际上,加强应对气候变化立法已成为世界各国科学应对气候变化的主流,许多发达国家制定了应对气候变化的法律,形成了专项立法与分散立法两种模式。前者以英、日为代表,后者以美国为典型。英国是全球应对气候变化的主要推动者之一,围绕着气候变化的应对措施,在科学研究、立法与政策、国际合作等方面采取了一系列行动,其2008年《气候变化法》是世界上首部以立法形式确定减排目标的国内立法,为其后50年应对气候变化规定了具体计划和目标,为碳减排目标的实现确立了经济上可行的路径;日本1993年颁布的《环境基本法》是应对气候变化的综合性法律,1998年4月颁布的《全球气候变暖对策推进法》,是日本也是世界上第一部应对气候变化的专门法律,此外日本还制定、修订了相关配套的法律法规,如《全球气候变暖对策推进法实施令》《促进新能源利用特别措施法》《能源利用合理化法》《电力事业者利用新能源等的特别措施法》《氟利昂回收破坏法》等,构建了较为完善的应对气候变化的法律体系;美国是分散式立法的代表,迄今为止,尚未形成一部应对气候变化的专门立法,但《国家能源政策法》(2005年)、《清洁能源安全法》(2009年)、《清洁空气法》(1990年修订版)等一系列法律构成了美国应对气候变化的法律体系。尽管不同国家立法模式不一,但制定专门的气候变化立法应当是一个趋势。

相比而言,我国应对气候变化的立法不具有系统性,存在着专门法律缺乏、相关配套法律制度不够完善等缺陷。我国首部应对气候变化的全面的政策性文件——2007年的《中国应对气候变化国家方案》,并未上升到法律层面,缺乏制度性和规范性;我国首次由立法机关制定的专门应对气候变化的宣示性立法——2009年的《关于积极应对气候变化的决议》,提出要综合运用经济、科技、法律、行政等手段,全面加强应对气候变化能力建设,有学者认为应将其视为国家立法机关专为气候变化所立的"准法律"[1],但该决议具有临时性,需要正式立法的跟进;而2013年的《国家适应气候变化战略》中最重要的是完善体制机制,健全适应气候变化的法律体系。由于气候变化本身的复杂性,尽管我国现行法律中约有30部与气候变化相关,但也并未能很好地解决应对气候变化的问题,现行的气候变化法律和政策决议已无法满足现实需求,需要由一部专门性法律——《气候变化应对法》来统领全局,并接轨国际相关法规,这已经成为社会各界的共识,有关部门正在进行立法起草工作,可见,我国应对气候变化的综合性立法的出台已非遥遥无期。

2. 能源立法不尽完善

能源立法尤其是可再生能源立法在应对气候变化法律体系中的地位举足轻重。清洁能源的开发和利用必须通过法律手段来保障,将"开源节流"用于应对全球气候变化问题依旧适用。所谓"开源"是指开发新的能源,减少温室气体排放,实现清洁能源或者可再生能源代替化石能源和不可再生能源;"节流"则是使二氧化碳含量处于一个可接受的合理比例。在消耗层面上,"开源节流"主要是通过增加碳汇或者是对其本身的再利用来实现。尽管近年来有研究表明温室气体或可直接转化为燃料[2],但目前显然再利用的条件尚未成熟。通过大量的植树造林来增加碳汇的方法在目前较为可取,但大量退耕还林将会导致耕地减少,直接影响粮食的产

---

[1] 参见李艳芳:《论中国应对气候变化法律体系的建立》,《中国政法大学学报》2010年第6期。
[2] 参见新闻中心-中国网:《美研究人员发现温室气体或可直接转化为燃料》,http://news.china.com.cn/tech/2012-11/19/content_27157745.htm.最后浏览日:2013年6月9日。

量。从长远利益来看,清洁能源和再生能源从源头上控制了"污染源",是解决气候变化问题最有效的途径,也是未来应对全球变暖的主要手段,加强能源方面的立法亦应该是未来法制工作的一个重心。尽管我国现行的《可再生能源法》《节约能源法》《清洁生产促进法》等法律都对能源做了相关规定,但并未对可再生能源和清洁能源的概念加以完整表述,列举方式未能穷尽所有新型能源,应做进一步界定。何况我国《能源法》长期缺位,能源领域里的综合性、全局性问题未能在法律层面上得到有效调整,天然气、核电等领域尚缺少相应的能源单行法,已有的部分相关法律也未能很好地得以执行。能源法的实施涉及政府、企业和社会公众等多个主体,面临能源监管体制、技术与市场、公众意识等多方面挑战。近年来我国政府大力发展非化石能源,如水能、风能、太阳能、生物质能、核能等,现有的能源法律体系已经与能源行业发展的现状不相适应,要实现"能源替换"目标,必须完善能源立法。

3. 部分现行法规过于原则,可操作性不强

法律的社会效用在于其本身的操作性,否则不足以保证其有效的实施。在应对气候变化方面,我国很多法律仅仅具有一定的原则性或者指导性,如:《节约能源法》只是一个政策宣示和政策框架性的立法,需要有与之配套的法规方能得以有效实施;《清洁生产促进法》规定了"国家建立清洁生产表彰奖励制度"(第三十二条),要求人民政府表彰和奖励那些在清洁生产工作中做出显著成绩的单位和个人,但何谓"显著",标准模糊,很难说能够激发当事人对"清洁生产"的积极性。无独有偶,《节约能源法》第二十五条也规定用能单位建立节能目标责任制,对取得成绩的集体、个人予以奖励。2016年初生效的《大气污染防治法》也有不尽如人意之处,如对能源结构调整只是原则性而非具体规定。

## 第四节　我国应对气候变化与解决粮食
　　　　　国际贸易问题的法律对策

### 一、国际上：寻求责任与能力的平衡

（一）正确看待中国的贸易大国地位

1978年中国进出口贸易总额207亿美元,位列世界第29位。近年来,我国在国际贸易中的地位不断上升。从中国进出口贸易来看,继2004年首次突破1万亿美元关口之后,进出口总值又于2007年和2011年分别突破了2万亿美元和3万亿美元大关,2013年再创年度历史新高,超过4万亿美元,再次突破整数万亿美元的关口,成为我国外贸发展新的里程碑。近十年我国进出口贸易发展突飞猛进、举世无双,根据海关统计,2013年我国货物进出口总额为25.83万亿人民币(折合4.16万亿美元),比2012年提高1.4个百分点。而根据2013年美国商务部公布的美国全年贸易数据,货物贸易总值为3.91万亿美元,中国的货物贸易总值超过美国,这是继2009年中国出口规模超越德国成为全球第一大出口国后[①],中国成为全球第一货物贸易大国。在世界经济继续处于脆弱复苏阶段的2013年[②],中国的对外贸易继续迈上新台阶实属罕见。但是传统的贸易量统计方法存在着缺陷,进出口贸易数据只

---

① 据《纽约时报》报道,1999年,美国、德国、日本、法国和英国是世界前五大出口国,其出口值占全球前40大国家出口值的43%,到2009年降至34%。中国1999年出口排名第九,2009年升为第一。

② 根据IMF数据显示,2013年全球经济增长率为2.9%,低于2012年的3.2%,其中发达经济体增长率为1.2%,新兴及发展中经济体的增长率为4.5%,全球贸易增长不乐观。而我国国家统计局数据显示,2013年中国国内生产总值为568 845亿元,比上年增加近5万亿元,增量超1994年全年经济总量,GDP增速达7.7%。数据来源：http://www.nxnews.net/cj/system/2014/01/23/010986323.shtml. 最后浏览日：2014年1月23日。

是贸易规模的体现,并未真实反映一国所创造的贸易增加值,对此我们必须正确地认识并保持足够的清醒。

1. 全球第一货物贸易大国——"大而不强"

尽管中国的进出口贸易总额不断增加,但中国的贸易结构不尽合理,产品质量不高,从价值链分工角度看总体上处于国际价值增值曲线的底部,无论从贸易结构、贸易竞争力,还是人均 GDP 等来看,我国和贸易规模大且经济福利水准高的贸易强国还有很大差距。作为一个人口大国,不仅要追求贸易总量,还要追求更高的贸易质量,不但要成为贸易大国,还要成为贸易强国。

关于贸易强国的基本特征,我国学者将其归纳为:① 经济与贸易高度发达,对世界贸易具有较强的影响力;② 位于国际分工价值链的顶端;③ 掌握出口商品关键技术和销售渠道,拥有大批跨国公司和众多国际知名品牌;④ 国家经济贸易规则的制定者,具有一定的话语权[1]。尽管中国已经成为贸易大国,但从出口产品的结构、自主创新能力以及产业核心竞争力,从所占全球的市场份额以及其贸易增加值,从国际贸易标准和规则的制定等角度来看,中国还远称不上贸易强国。何况若按人均贸易额衡量,我国货物和服务贸易占国际市场总份额并不高,附加价值较高的研发、设计、关键零部件制造、营销、服务和供应链管理等环节成为我们的短板,而技术、品牌、质量和服务在出口产业链上的比重也应大大增加。

(1) 从服务贸易规模角度看。贸易强国不但要看货物贸易规模,还要看服务贸易规模,而且从全球贸易的趋势来看,全球经济竞争的重点正从货物贸易转向服务贸易。英国经济学人网站 2014 年 1 月 13 日发表题为《中国贸易额攀升》的文章称,中国已

---

[1] 参见曲如晓:《中国成为贸易强国的战略路径》,《经济理论与经济管理》2005 年第 9 期。

经超越美国,成为世界上最大的货物贸易国。但文章又指出:"如果对两国的进口贸易使用一致的衡量标准(加上运费和保险的成本),直到2013年美国依然稍稍领先。如果把服务业贸易加进来计算,那么美国在未来的一段时间里依然是全球最大的贸易国。"[1]服务业是美国的优势产业,会计、咨询、设计、软件等领域都处于世界领先地位,美国正在积极推进其服务业中的优势产业如金融、教育、医疗、信息、知识产权等高端服务业的可贸易化,未来将在多方面改变世界,包括现行国际贸易规则。发达国家越来越注重服务贸易在一国贸易中的地位,美、英、德、法等国的服务贸易出口额均已占到其国民生产总值的10%以上。相比之下,从1995年起,中国服务贸易由顺差变为逆差,逆差主要集中在传统服务贸易领域中的运输和旅游行业,服务贸易发展严重失衡,且随着服务贸易快速增长服务贸易逆差也快速扩大。据海关总署、商务部等部门统计,2008—2010年中国服务贸易逆差总额分别达到115亿美元、295亿美元和219.3亿美元。2011年服务贸易进出口总额达4191亿美元,服务出口和服务进口分别位居世界第四和第三位,逆差额为549.2亿美元[2]。2012年中国服务进出口总额达到4 706亿美元,比2011年同比增长12.3%,跃居世界第三位,位列美国和德国之后。但服务贸易逆差达897亿美元,逆差增幅较高,同比增长60%,贸易逆差来源于旅游、运输服务等领域。2013年,中国服务进出口总额首次突破5 000亿美元,达5 396.4美元,同比增长14.7%。其中,服务进口增长17.5%,服务出口增长10.6%,服务贸易逆差由2012年的897亿美元扩大至1 184.6亿美元,增幅高达32.1%,中国成为服务贸易最大逆差国,逆差主要

---

[1] 参见郝伟凡编译:"中国超越美国成全球最大货物贸易国",海外网,http://world.haiwainet.cn/n/2014/0114/c351699-20161987.html.最后浏览日:2015年1月20日。

[2] 2011年我国服务贸易逆差行业较为集中,主要集中于旅游、运输及保险服务以及专有权利使用费和特许费等领域。

来自旅游、运输服务、专有权利使用费和特许费、保险服务领域。从服务贸易逆差占服务进出口总额的比重看,2010—2012年这一数据分别为6.05%、13.10%和19.04%,2013年则达到22%,比重在不断攀升。到2014年,中国服务进出口总额达6 043.4亿美元,服务贸易逆差扩大至1 599.3亿美元。2015年中国服务贸易逆差较之2014年收窄了14.6%,为1 366.2亿美元。中国的服务贸易自1995年至2014年已连续20年出现逆差,且逆差规模总体呈扩大趋势,反映出我国服务业整体上国际竞争能力不足,服务贸易竞争力与主要发达经济体尚存在较大差距。相比货物贸易世界第一的地位,我国的服务贸易发展落后甚远,2012年,中国在全球服务贸易中的占比仅为5.6%,是货物贸易占比的一半左右[①]。未来国际市场的竞争,将会由以货物贸易为核心的竞争转向以服务贸易为核心的竞争,服务业将成为决定各国国际竞争力的关键。我国转变外贸增长方式,应当协调发展货物贸易和服务贸易,否则在新一轮的全球化进程中,我国货物贸易所积累的顺差将会被服务贸易的逆差所吞噬,何况服务贸易较之货物贸易具有能源消耗低、碳排放污染少、附加值高等优势,大力发展现代服务贸易可以作为提升我国参与国际竞争层次的重要抓手,减轻货物贸易出口多、顺差大给资源和环境带来的压力。

(2)从经济福利水准考量。贸易强国不但要看贸易规模,更要看重经济福利水准,因为获得最大经济福利是一个国家进行对外贸易的最重要原因。在对外贸易中,如果耗费了很多资源出口商品卖价却很低,福利水平就低,反之福利水平就高[②]。由于全球价值链U形曲线(亦称"微笑曲线")高价值两端被欧美等发达国

---

[①] 参见财新网:《2013年中国服务贸易逆差1184亿美元》,http://economy.caixin.com/2014-02-13/100638132.html.最后浏览日:2015年1月20日。
[②] 参见王琪:《浅析国际贸易新理论对我国外贸竞争力的影响》,《中小企业管理与科技》2010年第25期。

家的跨国公司所控制,我国企业缺少自主创新能力和核心技术,主要依赖低廉劳动力供给优势,以加工贸易为主,处于全球价值链低端,利润微薄。第一贸易大国的地位并未给我国的外贸企业带来利益分配的增长,相反过度的贸易顺差增加了贸易风险。缺乏自主创新能力和核心技术,出口商品档次普遍不高、价格较低等,使我国获得的贸易福利有限,而以加工贸易为主的贸易分工结构又高估了我国的贸易份额,夸大了货物贸易顺差,大大增加了与主要贸易伙伴的贸易摩擦和纠纷。实际上,截至 2015 年,我国已连续 20 年成为全球遭遇贸易摩擦最多的国家。因此中国外贸发展需调整思路,从追求市场份额、出口规模和数量,转移到提升进出口的质量和效益上,着力培育以技术、品牌、质量、服务为核心的外贸竞争新优势,加快提质增效步伐,改变我国贸易地位"大而不强"的现状。

2. 全球贸易测算新方法下的贸易平衡再审视

当前国际上以进出口产品总值为基础的国际贸易统计方法存在弊端,它包含了转口贸易、中间品贸易等重复计算部分,统计跨境总量贸易而非净增加值,无法准确反映全球贸易增长和失衡格局,夸大了全球贸易失衡的严重性。为了更准确地反映全球化时代国际贸易现状,客观反映国家之间贸易失衡状况,2011 年 WTO 开始推动国际贸易统计的改革,建立以"贸易增加值"为统计口径的评价标准。2013 年 1 月 16 日,WTO 与经济合作与发展组织(OECD)在巴黎召开贸易峰会,联合发布了"全球贸易测算新方法——附加值贸易测算法",并建立了新标准下的国际贸易统计数据。

附加值贸易测算法与传统的贸易测算法的测算要素不同,两者有本质性区别。传统的国际贸易统计方法只测算总贸易流量,仅统计各经济体的进出口账面数据,无法确切反映生产链全过程,易导致商品原产地被曲解、产品出口方贸易额被高估,这也是我国一直处于贸易"顺差大国"状况的原因。新的计算方法将进出口产品本身所包含的国家和地区元素加以划分,以单个商品在全球生产链上不同经济体产生的附加值①为基础进行贸易统计,它将使贸易统计额发生巨大变化,有助于世界各国重新评估贸易失衡问题②,国际机构认为新标准可以更加真实的显示出国际贸易水平。按新的国际贸易标准计算,美国对华贸易逆差比官方数据所显示的要减少许多,以 2009 年为例,该年中美贸易顺差是 1 760 亿美元,如果按新贸易标准核算,则贸易顺差值直接减少至 1 310 亿美元,减少了 25%,即该年美国对华贸易逆差比原先的官方数据"缩水"约 25%③。WTO 于 2011 年发布报告《东亚的贸易模式和全球价值链》,认为以附加值方法计算,2008 年逆差规模将降低超过 40%④。根据 2013 年联合国贸发会议报告(UNCTAD2013),在 2010 年全球出口的 19 万亿美元中,约有 5 万亿美元是重复核算的。伴随新计算方法的问世,中美贸易失衡的格局也将发生实质性改变。

新的统计方法本质基于产品中所包含的国家元素,进口成本不再属于出口贸易中的统计成分,更能反映出一国的实际贸易水平。换个角度说,附加值贸易测算法也是世界分工、优势互补的必然结果,有助于世界各国改变国际社会的传统贸易观,重新审视评估现行国际贸易制度和规则,有助于人们更好地理解国际产业链,

---

① 所谓"附加值",是指一件产品由于劳动力补偿、关税或利润等原因而产生高于原有价值的新价值。
② WTO 首席统计学家分析说:"按照附加值标准计算,美国对华贸易逆差减少了,而美国与日本、韩国的逆差增加了,因为日本和韩国把他们的零部件运往中国,生产商品后再出口到美国。这样的话,美国总的贸易逆差没变化,而是双边贸易的数据发生了变化。"参见朱增兰国际在线报道:《经合组织与世贸组织联合推出国际贸易计算新标准》,《中国日报》2013 年 1 月 17 日,http://www.chinadaily.com.cn/hqgj/jryw/2013-01-17/content_8060689.html. 最后浏览日:2015 年 12 月 1 日。
③ 数据来源:商务部网站 http://www.mofcom.gov.cn/article/i/jyjl/l/201302/20130200019053.shtml. 最后浏览日:2015 年 12 月 1 日。
④ 魏革军:《用附加值测算国际贸易更为科学》,《中国金融》2012 年第 11 期。

认清本国在国际产业链中的位置,帮助各国政府制定更符合国家利益的贸易政策,尤其是作为"世界工厂"的中国,在新规则之下要重新审视贸易失衡问题,正确认识中国在全球格局中的地位。附加值贸易测算法也让中国人明白了为什么我们的货物贸易总值居于世界第一,但却算不上真正的贸易强国的缘由。

中国经济的快速增长带来对化石能源的巨大消耗,"中国制造"也让我国的二氧化碳排放量超越美国跃居世界第一位,根据世界银行 WDI 数据库数据显示,1990—2007 年我国二氧化碳排放量年均增长率 5.9%,位居世界榜首。尽管根据新的贸易测算方法,中国离第一贸易大国的地位还有很大的距离,但作为总量 GDP 大国和最大的温室气体排放国,在世界环境责任中我们也应有大国的担当。

(二)中国的"主动作为"与"被动承担责任"

国际社会对发展中国家,尤其是作为全球第二大经济体的中国,在承担气候变化责任方面有着过高的期许。

全球变暖主要是近百年来发达国家工业化进程的结果已是公认的事实,工业发达国家当然具有历史排放的责任。曾被誉为"人类自救第一步"的《京都议定书》以限制发达国家的温室气体排放量为核心,体现了"共同但有区别的责任"原则,作为发达国家的美国理应带头承担应有的责任,但其却以议定书对美国经济发展带来过重负担为由宣布退出,从而长期游离于强制减排温室气体公约之外。作为世界上科技最先进、经济最发达的超级大国,总排放和人均排放第一的富裕大国,美国的退出使国际碳减排行动中缺少了一个主要国家,也带来了不良的示范效应。继美国之后,加拿大于 2011 年正式退出,成为在南非德班召开的联合国气候变化大会闭幕后第一个退出《京都议定书》的国家,其退出的理由是所谓的"议定书仅仅涵盖了很小一部分排放量"。加拿大环境部长彼得·肯特在声明中说:"《京都议定书》没有包括世界上两个最大的排放国——美国和中国,所以它不会起作用。"作为当时世界上人均温室气体排放大国之一的加拿大的退出,与国际社会的减排努力背道而驰,严重损害了联合国的气候变化谈判进程,也是极其不负责任的行为。在 2012 年的德班气候大会上,对气候变化问题一向积极的欧盟却表示,在美国需做出可比性的减排承诺、发展中大国要做出相对的自主减排努力的条件下,欧盟愿意认可第二承诺期。

诚然,《京都议定书》中未对发展中国家规定具有约束力的减排义务,但这决不能成为发达国家拒绝承担减排责任的正当理由。正如美国加州大学伯克利分校法学院教授丹尼尔·法伯[①]所言,全球变暖引发的国际责任的承担犹如共同侵权,"没有人能够因为其他人也需要负责而推脱责任"。虚无的"中国责任论"不能成为发达国家转嫁责任的借口,作为国际社会成员,每个国家都是一个独立的责任主体,义务的履行,责任的承担,不能以他人是否满足自我的要求为前提。"中国将来承担责任的可能性不管有多大都无法使美国将其责任一笔勾销,即使中国拒绝碳排放,美国的碳排放事实上已经带来了危害后果,所以美国资助发展中国家采取适应措施的责任更重大"[②]。

中国一向是有责任和担当的。2010 年,在西方经济萎靡不振之时,中国成为带动全球经济增长的最强引擎。在第二大经济体的背景下,"中国制造"、投资、购买希腊国债被世界各国所认同,彰显了负责任的大国形象。同样,中国政府也高度重视全球气候变化问题,敢于正视碳排放大国的事实,也在践行着一个发展中大国的承诺。例如:2007 年中国率先发展中国家发布的《中国应对气候变化国家方案》,提出了节能减排的具体目标;2008 年交通部发

---

① Daniel A.FarBer,University of California,Berkeley-School of Law.
② 参见丹尼尔·法伯:《气候变化正义议题中"中国责任论"的荒谬》,王慧、张红伟译,《环境经济》2012 年第 12 期。

布的《公路水路交通节能中长期规划纲要》，提出了营业性公路运输、水路运输和港口生产等重点领域结构节能、技术节能和管理节能的主要任务，它要求，2015年营运车辆综合单耗将比2005年下降10%，2020年下降15%，而营运船舶综合单耗将比2005年下降15%，2020年下降20%；2007年发布的《可再生能源发展中长期规划》提出，力争到2020年使可再生能源消费量达到能源消费总量的15%①。围绕这些目标，中国通过调整产业结构、优化能源结构、节能增效、增加碳汇等多种途径，达到减少温室气体排放的目的。在2011年德班联合国气候变化大会上，中国政府首次以政府代表团名义推出"中国角"系列边会，借以向全世界展示中国政府、企业、学术界和非政府组织及中国青年为应对气候变化所做的努力和贡献。中国正在通过各方面积极的努力，提高适应和减缓气候变化的能力，为全球应对气候变化尽大国之力，并且在气候变化国际谈判中积极助推谈判取得新进展。

国际能源署（IEA）2013年的《世界能源展望》年报称，2012年全球与能源相关的二氧化碳排放量达316亿吨，增长1.4%，创下新纪录。其数据显示，中国是最大的碳排放国，为全球排放量的增加"贡献"了3亿吨，增幅3.8%。换个角度来看，这个增幅是十年最低数字之一，从侧面反映了中国通过采用可再生能源和提高能源利用效率所作出的减排努力及其减排成效。另据全球气候变化研究领域的权威学术机构——丁铎尔气候变化研究中心的科研报告《维持全球升温低于2℃的挑战》以及该中心研究人员主导的"全球碳计划"②2012年度研究成果，2011年全球碳排放最多的国

---

① 参见张焕波：《中国、美国和欧盟气候政策分析》，社会科学文献出版社2010年版，第103—104页。
② 全球碳计划（Global Carbon Project，GCP）是科学家们跟踪记录碳排放的一个国际合作组织的项目，是在全球范围内进行碳循环研究合作和交流的主要平台，为国际气候变化控制协议谈判和执行提供科学基础和决策咨询。2001年设立，分别在澳大利亚、日本、中国和欧洲设立办公室，在世界各地设有研究单位。

家和地区依次为：中国(28%)、美国(16%)、欧盟(11%)及印度(7%)。该年中国和印度的碳排放分别增加了9.9%和7.5%,而美国和欧盟分别下降了1.8%和2.8%。从人均排放量看,中国人均6.6吨,美国人均17.2吨,欧盟人均降至7.3吨,印度的人均排放较低,仅为1.8吨①。另据2013年度"全球碳计划"的数据：2012年化石燃料的最大排放源包括中国(27%)、美国(14%)、欧盟(10%)及印度(6%),主要排放国中,中国和印度的二氧化碳排放增长率较高,分别为5.9%和7.7%②。

  不论上述数据计算是否科学,数据是否准确,但中国是二氧化碳排放大国是毋庸置疑的,但是任何事物都是一分为二的,抛开人均排放量、历史累积量、发展的不同阶段等不谈,仅仅从国际贸易的角度来看,也必须正确地看待与理解碳排放的真正贡献者。不可否认的是,当今世界,新兴经济体不断向世界提供产品和服务,通过贸易由西方发达国家所消费,换言之,发达国家通过国际贸易将其部分二氧化碳排放转嫁到新兴经济体的份额之中。据悉,中国作为制造业大国、世界加工厂,为世界各国生产了大量的生活日用品和生产设备,消耗了我国的资源、能源,在排放总量中有30%左右的份额属于转移排放,为那些从中国出口产品中受益的国家承担了部分排放压力。而该部分本应计入消费国家的碳排放却计入生产国的头上,导致碳排放数据的失真与碳排放责任归属的错位。因此中国应该在不回避大国责任的同时还要注意避免"被动承担责任"。

（三）国际责任与能力的平衡及中国的责任担当

地球是人类的家园,应对全球气候变化是地球人共同的义务,

---

① See UK Tyndall Centre. (2011, Dec 4). Nature Climate Change: Global Carbon Emissions Reach Record 10 Billion Tons—Threatening 2 Degree Target.
② 数据来源：2013年度《全球碳预算》报告,http://www.tanpaifang.com/tanguihua/2013/1120/26186.html.最后浏览日：2015年11月3日。

国际社会的每个成员都应当结合自身的能力承担相应的责任。"共同但有区别的责任"原则是《联合国气候变化框架公约》的精髓,它向我们展示的是在如此一个发展不平衡的世界里,面对国际社会共同的责任时,如何运用公正的手段分配差距巨大的各国际主体间的责任。发达国家与发展中国家"共同"地承担减排责任体现了公平,有"区别"地承担减排责任体现了公正,应当正视历史排放责任与现实发展需求,考虑一个国家应对气候变化的态度与行动及其成效。

　　责任与能力的平衡是中国在国际社会中应该寻求并努力实现的目标。中国不否认自己的大国地位,改革开放为中国经济和世界经济接轨创造了良好的条件,中国的发展离不开世界同时也惠及世界。中国是世界上最大的发展中国家,人口众多,工业化、城镇化、农业现代化建设等不断推进,在今后相当长时期内仍会处于发展上升期,还会产生相当量的碳排放。中国也不否认自己的贸易大国地位,但抛开进出口总量、GDP等表象的数据,中国的确还算不上贸易强国,实际上与发达国家还有相当大的差距。但中国并未否认在适应和减缓气候变化中的责任,"最大的发展中国家""全球贸易第一"的贸易大国地位,要求我们在应对气候变化方面展示"大国"的形象与风范,对此,我们一直在努力:

　　第一,在国内,我们在节能减排方面正竭尽所"能",举全国之力,减排增效;当然我们也不能无视自己的发展阶段,受制于"增长的极限"论而使经济发展裹足不前。当前,中国正把推动发展的着力点转到提质增效上,大力推进绿色发展、循环发展、低碳发展,为应对气候变化而积极作为。第二,在国际上,持续了近20年的联合国气候变化谈判并未能够实现减少二氧化碳等温室气体排放目标,美国长期游离于《京都议定书》之外拒绝承担国际责任,加拿大、日本、新西兰等发达国家极力推卸历史责任,对切实兑现承诺减排并向发展中国家提供资金援助、绿色技术支持缺乏政治意愿……如此种种,而作为发展中国家的中国却表示将尽自己的能力对其他发展中国家进行援助。在 2012 年多哈气候大会期间,中国政府宣布已安排加强南南气候合作的专项资金以支持和帮助非洲、最不发达国家和小岛屿国家等应对气候变化。当年还与格林纳达等 10 个国家签署了应对气候变化物资赠送谅解备忘录,以实际行动彰显了中国是有担当的国家。中国还积极推动 2015 年达成并于 2016 年世界地球日(4 月 22 日)签署了《巴黎协定》,在公约 2016 年 11 月正式生效、2017 年 6 月美国宣布退出后,中国表示将继续坚定履行《巴黎协定》承诺,继续推动《巴黎协定》的落实,展现出中国在气候变化领域的领导力和负责任大国的担当,也赢得国际社会的广泛赞誉。《巴黎协定》为 2020 年后全球应对气候变化行动做出安排,规定了各方将以"自主贡献"的方式参与全球应对气候变化行动。但落实《巴黎协定》面临很多严峻的挑战,为此中国将继续发挥建设性作用,积极推动建立公平合理的国际气候制度,坚持《巴黎协定》的基本原则,广泛参与相关国际对话与交流,积极参加公约外气候变化会议和进程,继续本着"互利共赢、务实有效"的原则积极参加和推动与各国政府、国际组织、国际机构的务实合作,重点加强适应和减缓气候变化的实用技术和方法的交流与合作,提高应对气候变化的能力,包括农业方面应对气候变化的能力,以自己的行动及减排成效赢得国际社会的尊重与在国际谈判中的话语权,以自身实力承担能力范围内的责任。

此外,在粮食贸易问题上,中国也彰显了大国的担当。中国为世界减少贫困和饥饿、实现联合国千年发展目标有着重大贡献,人口多、耕地少是不容忽视的现实,一方面,13.7 亿人口且人口持续增长对粮食的需求必然增长,加之随着生活水平的不断提高,对肉蛋奶等粮食转化食品的需求也在不断增长,导致粮食消费量的刚性增长;另一方面,耕地少、淡水资源缺乏等对粮食生产的硬约束越来越强烈,在实现了粮食连续十几年大幅度增产之后再增产的难度大、增长空间有限,粮食产需将长期处于紧平衡的状态。近几年来国内外粮价倒挂,国际市场粮源充裕、粮价持续下行,而由于国产粮食生产成本高,国内粮食价格比国际高出 30%—50%,国内外粮食价差巨大。直接进口粮食可以解决谁来种地问题、缓解生态环境的压力,但是考虑到世界上尚有 70 多个国家还处于粮食严重紧缺状态,8 亿多人口还处于饥饿、半饥饿状态中,作为一个负责任的发展中大国,中国不能长时间大量地进口粮食,不能在国际市场上与贫困缺粮国争粮,否则大量从国际市场购粮将会导致粮价暴涨,无疑会使国际粮价低时却仍无法足额买粮的 70 多个缺粮国雪上加霜。把"立足国内、适度进口"作为当前的粮食战略固然有其他方方面面因素的考量,但也反映出中国的大国责任担当。

## 二、在国内:应对气候变化和粮食安全带来的双重挑战

中国是生态脆弱、气候条件复杂的人口大国,也是遭受气候变化不利影响最为严重的国家之一,而气候变化带来的极端天气又是影响粮食生产、运输、存储等的重要因素。同时粮食贸易的全球化、金融化等也给我国的粮食安全带来一定程度的风险,工业化、信息化、城镇化快速发展的特殊时期,也使保障粮食供给与资源环境承载力的矛盾日趋尖锐,中国正面临应对气候变化和粮食安全带来的双重挑战,需要未雨绸缪。所幸的是,无论是政策层面还是法律层面,我们都已经开始布局并已有成果显现。

(一)政策导向:保障粮食安全和保护生态并举

立足国内保障粮食基本自给一直是我们坚持的方针。中共中央在 1982 年至 1986 年连续五年发布"三农"(农业、农村、农民)主题的一号文件。自 2004 年起至 2018 年,中共中央、国务院印发的中央一号文件,已经连续 15 年聚焦农业问题,反映了农业的重要性,凸显中央对农业问题的重视。十八大报告明确提出确保国家粮食安全和重要农产品有效供给,2014 年的中央一号文件把粮食

安全上升到了基本国策,要求破除体制机制弊端,坚持农业基础地位不动摇,加快推进农业现代化,将抓紧构建新形势下的国家粮食安全战略作为2014年及其后一个时期的工作重点,规定要实现"三个转变",即向加快构建新型农业经营体系、推进农业发展方式和大力发展优质安全农产品转变①。不同于以往的中央一号文件,此次重视粮食安全,已不仅仅是指粮食的数量安全,它包含了量的安全和质的安全,以可持续的方式确保"双安全":首先,在量的安全上,文件强调既要把饭碗牢牢端在自己手上,任何时候都不能放松国内粮食生产,以"确保谷物基本自给、口粮绝对安全",同时又要积极利用国际农产品市场和农业资源,来"有效调剂和补充国内粮食供给";其次,在质的安全上,文件强调要"强化农产品质量和食品安全监管",从农产品源头监管并覆盖全过程,从基层抓起推进质量安全检测体系和监管能力建设,提升完善法律法规和标准体系落实主体责任,等等。可见,2014年的中央一号文件对如何处理国内粮食安全与国际粮食贸易的关系、重要农产品供给与资源环境承载能力的矛盾等问题,已经给出了非常明确的答案。

2015年的中央一号文件,针对我国农业自身发展所面临的资源约束和生态环境受损、农业生产能力几近极限等问题,提出必须加快转变农业发展方式才能做强农业②,要转变过去主要追求产量和依赖资源消耗的粗放经营方式,做到数量质量效益并重,"走产出高效、产品安全、资源节约、环境友好的现代农业发展道路"。2016年的中央一号文件正视我国农业发展取得巨大成就的同时所付出的资源环境代价的现实,提出"加强资源保护和生态修复,

---

① 2014年的中央一号文件指出,要实现"以解决好地怎么种为导向加快构建新型农业经营体系,以解决好地少水缺的资源环境约束为导向深入推进农业发展方式转变,以满足吃得好吃得安全为导向大力发展优质安全农产品"。
② 文件指出,要"尽快从主要追求产量和依赖资源消耗的粗放经营转到数量质量效益并重,注重提高竞争力、注重农业科技创新、注重可持续的集约发展上来,走产出高效、产品安全、资源节约、环境友好的现代农业发展道路"。

推动农业绿色发展",同时,强调要健全从农田到餐桌的农产品质量和食品安全监管体系,食品安全追溯体系,加强标准体系建设,健全风险监测评估和检验检测体系等。2017年的中央一号文件提出把深入推进农业供给侧结构性改革作为新的历史阶段农业农村工作主线,强调在确保国家粮食安全的基础上,优化产品产业结构、推行绿色生产方式、拓展农业产业链价值链等。综上可以看出,近几年的中央一号文件多次强调加快转变农业发展方式,农业发展要向资源节约型、环境友好型转变,实现农业的可持续发展;也多次强调提升农产品质量和食品安全水平,建立全程可追溯、互联共享的信息平台,体现了中共中央、国务院对保障粮食安全和保护生态的高度重视,必将对我国粮食安全和绿色贸易发展带来重大影响。

(二)《粮食法》:粮食安全的法律保障

我国并没有一部完整的关于粮食安全的法律,《种子法》《农业法》中有关粮食安全方面的概括性或者专章式规定不能满足粮食安全保障体系的要求,其他关于收购、储存方面的粮食法律规定还停留在法规或规章层面,不足以突出粮食安全在国家发展中的重要地位。经过多年的酝酿,《中华人民共和国粮食法(征求意见稿)》于2012年2月由国务院法制办公室向社会各界征求意见,2014年11月再次就修改完善后的《粮食法(送审稿)》及其说明征求社会各界意见。

1.《粮食法(送审稿)》的优点

《粮食法(送审稿)》有其合理性与可行性,其优点在于但不限于以下几点:

(1)统一规定粮食生产、流通、消费活动。我国现行保障粮食安全的立法对粮食安全的维护是根据环节分别规定的,粮食生产方面有《种子法》《基本农田保护条例》,粮食流通环节有《粮食流通管理条例》《粮食流通统计制度》等,粮食储存环节有《中央储备粮管理条例》《粮油仓储管理办法》等,而在粮食消费环节尚未制定专门的法律,大多以政策性文件进行宣传教育、积极引导。《粮食法(送审稿)》改变了过去的零散规定,将粮食安全保障涵盖粮食收购、储存、运输、销售等粮食生命周期的各个环节①,非常注重增强粮食调控能力,也非常重视粮食消费和节约并设专章加以规定,积极倡导粮食在收获、储存、运输、加工以及在餐饮食用中的节约行为,对于肆意浪费粮食、造成粮食严重损失的,实行惩戒制度。这些规定简洁明了,操作性强,便于执行,为保证粮食的质量安全提供了法律支撑。

(2) 扩大了粮食范畴。现行涉及粮食安全的法律中粮食的范畴主要是谷物②,未将豆类和薯类列入其中,在进行市场调节时不能全面维护我国的粮食安全。粮食安全的充分保障必须以"粮食"本身明确的概念和范畴为前提,《粮食法(送审稿)》规定"本法所称粮食是指谷物及其成品粮、豆类和薯类"(第二条第二款)。粮食范围的扩大,符合国际社会关于粮食范畴的基本理念,也是我国进一步与国际粮食贸易市场接轨的体现。

(3) 严格实行行政首长负责制。首长负责制是我国行政体制的基本特点。根据《粮食法(送审稿)》第五条,粮食安全实行国家宏观调控下的省级人民政府行政首长负责制,由其负责所辖区域的粮食生产、流通、储备和市场调控等。该规定明确了权力和责任分配,加强了地方政府对粮食生产、流通的监管力度,更有利于区域性粮食保障体系建设。《粮食法(送审稿)》还指出,国家实行粮食安全考核问责制度,同时也明确了各级粮食行政主管部门各自的职责权限,减少了职责交叉,可以避免法律实施中的职责部门争

---

① 例如,规定粮食储存应当符合国家粮食储存标准和技术规范;粮食运输工具、包装材料应当符合国家标准和技术规范,禁止使用被污染的运输工具或者包装材料运输、包装粮食;鼓励和支持粮食生产者改善粮食收获、干燥和储藏条件,保障粮食产后品质良好,等等。
② 即小麦、玉米、稻谷,三大主粮品种被视为我国粮食安全的生命线。

相行使权力或者互相推诿现象的出现,有助于提高效率。

（4）与现行国家政策相统一。《粮食法（送审稿）》实行最严格的耕地保护制度和水资源管理制度,保护和提高耕地质量、提高粮食生产用水保障能力和使用效率;加强粮食生产防灾减灾体系建设,建立和完善粮食生产支持保护体系,保护粮食生产积极性;重视科技创新,鼓励和支持开展应用技术的开发和推广;增强对粮食质量的安全监管,实行粮食质量检验制度,建立健全粮食质量追溯体系,保证粮食质量安全,等等。《粮食法（送审稿）》的上述规定与现行国家政策相统一,是政策的制度化法律化,为我国粮食安全战略的实现提供了制度保障。

2.《粮食法（送审稿）》的缺陷

相比我国现行的粮食安全法律保障体系,《粮食法（送审稿）》有其自身的先进之处,但也有进一步完善的空间。

（1）某些重要规定缺失。首先,没有对粮食安全做出明确的界定。《粮食法（送审稿）》第八十二条专门对各种用语的含义做出解释,例如,粮食流通、粮食收购、粮食加工、粮食深加工、政策性粮食等,尽管多次提到粮食安全,但并未对其从法律角度予以明确。从《粮食法（送审稿）》整体来看,它强调的粮食安全侧重于粮食的数量安全与质量安全,主要立足国内粮食保障,只是在总则里提到粮食适度进口的粮食安全战略,但完整的粮食安全还包括进出口的调剂等内容,粮食价格的波动、粮食贸易依存度也是考量一个国家粮食安全的因素。近几年,我国的粮食进口连年增加,也增加了国际国内粮食价格的联动性,国际粮价暴涨暴跌对我国粮食价格与粮食安全带来挑战,粮食立法对粮食安全的概念做出解释,利于公众对当前粮食产量、库存量、进口量"三量齐增"怪象的理解。其次,缺乏对转基因粮食的规定。现代生物技术的发展对传统的粮食作物和粮食安全带来重大挑战,需要法律对此严格管理,在《粮食法（征求意见稿）》第一十二条第二款对此曾作了原则化、简单化的规定①,而在《粮食法(送审稿)》中对转基因粮食问题却只字未提,作为一部国家统筹粮食安全领域的基本法律,应该对转基因粮食作出充分而强有力的规定,这也是现代生物技术发展的必然要求。

(2)对粮食消费环节应作更明细规定。开源节流是稳保物质增长的基本方式。在我国粮食流转过程中,粮食的浪费严重打压了粮食的供应能力,成为我国粮食危机的根源之一。粮食浪费主要体现为直接性浪费和间接性浪费。直接性浪费是指在粮食的生产、流通、消费过程中,由于生产设备、储存设备、加工技术和消费观念的落后所导致的成品粮减少现象。据联合国粮农组织和国家粮食局数据显示,我国每年生产的粮食中有35%被浪费,仅在粮食储存、运输和加工环节造成的损失浪费就高达700亿斤。以农户为例,我国农户储存、晾晒条件不足,储粮环节损失严重。据我国粮食局抽样调查,由于储粮装具简陋,保管技术水平低,受鼠害、虫害和霉变等因素影响,致使每年农户储粮损失在400亿斤左右,平均损失率为8%②。间接性浪费是指成品粮加工产品大量过剩而引发的粮食浪费现象。近年来,由于城镇工业的发展,各种以成品粮为原料加工的产业数量和规模都不断扩增,出现了严重的粮食制成品过剩现象。《粮食法(送审稿)》第五章专门针对"粮食消费与节约"作了规定,但更多的用语为"倡导、引导、支持、鼓励"等原则性规定,例如,第三十八条"国家倡导节约粮食、反对浪费,加强爱粮节粮宣传、教育和舆论监督,提高全社会爱粮节粮意识"。细化粮食消费环节的法律规定,可以使进一步推进粮食储存、运输、加工和消费等各环节的减损和节约的措施有法可依。据专家

---

① 《粮食法(征求意见稿)》第十二条第二款规定:"转基因粮食种子的科研、试验、生产、销售、进出口应当符合国家有关规定。任何单位和个人不得擅自在主要粮食品种上应用转基因技术。"
② "国家粮食局局长:《农户储粮每年损失近400亿斤》",中国粮油信息网: http://www.chinagrain.cn/liangyou/2012/12/11/201212118435250835.html.最后浏览日: 2013年12月5日。

估算,国人在餐桌上浪费的食物每年高达 2 000 亿元,相当于 2 亿多人一年的口粮。对于这种惊人的"餐桌上的浪费",除了节约宣传和自觉遵守外,还应法制化"绿色餐饮、节约粮食"文明规范,加强对消费环节浪费的控制和惩处。

尽管《粮食法(送审稿)》还有许多需要改进的地方,但作为一部维护粮食安全的综合性法律,一改我国粮食法律制度零散、单一的现状,必将为我国粮食安全维护机制开创新的局面。

(三)《气候变化应对法》:绿色农业的保护伞

我国目前已经制定了包括应对气候变化的环境资源领域法律 30 多部,建立了由宪法、环境保护法律、环境保护行政规章和部门规章、地方性环境保护法规和规章、国际公约和条约、司法解释以及配套的标准等所构成的比较完整的框架体系。制定专门应对气候变化的法律是加强生态文明建设的重要保障,也可以实现中国在应对气候变化问题上的国际承诺。一方面通过立法促进我国低碳经济的发展,更好地应对和适应气候变化,减少其带来的负面影响;另一方面还可以向全世界显示中国节能降耗、低碳减排的诚意,提升中国的国际形象。2009 年全国人大常委会颁布的《关于积极应对气候变化的决议》,是世界各国立法机关中第一个专门针对应对气候变化问题的决议,提出要把加强应对气候变化的相关立法作为完善中国特色社会主义法律体系的重要任务之一纳入立法工作议程。2011 年 3 月,我国应对气候变化的立法工作启动,按照国务院要求,国家发展和改革委员会负责研究起草应对气候变化法相关法律草案。据悉,《中华人民共和国气候变化应对法》(建议稿)已于 2012 年完成初稿起草工作[1],其定位是基本法,将统

---

[1] 在国家发展和改革委员会及环境保护部的协调下,由中国社会科学院法学研究所承担的中国—瑞士双边合作项目《中华人民共和国气候变化应对法》(建议稿)于 2012 年完成初稿起草工作,建议稿经征求意见并修改后,将提交至全国人大、国务院法制办、环保部、国家发展和改革委员会。

领我国应对气候变化的各项法律法规,它是一部既要促进我国经济社会可持续发展,又要促进应对气候变化国际合作的与国际接轨的法律,势必对我国走绿色低碳发展之路保驾护航。

(四)应对双重挑战:气候变化应对机制和粮食安全保障体系一体化建设

1. 一体化建设的必要性和可行性

气候变化应对机制与粮食安全保障体系两者之间有千丝万缕的联系。

(1)气候变化和粮食危机是影响人类生存和发展的两大因素。生存和发展是人类一切行为的基础,也只有实现人类基本的生存和发展,社会才能正常运转,人的价值才能得以实现。《世界人权宣言》将生命权作为至高的人权加以规定,强调了生命权在整个人类社会中的核心地位。而第三代人权更是强调了以发展权为核心的人权保护。"人人有饭吃,是人类最基本的生存权利,是一切人权的基础。"[①]气候变化引发的各种极端天气严重影响了人们的生存,阻碍着社会发展,无数生命在频发的自然灾害中消失,生命财产(包括粮食)受到极度毁坏。粮食危机也许不会带来像极端天气那样给局部地区生命财产瞬间的摧毁,但却能够长期威胁到全人类的生存和发展,引发更多的"次生"危害。充分保护和实现生命权和发展权,不但要建立良好的气候变化应对机制,还要重视依法保障粮食安全,两者不可偏废。

(2)完善粮食安全保障法律体系的目的与构建应对气候变化法律体系的目的是一致的。气候变化对粮食安全带来一定损害,农业生产对气候变化也带来一定程度的负面影响,可以说,应对气候变化减少其负面影响有利于粮食安全保障,反过来,保障粮食安

---

① 参见国务院总理李克强 2014 年 10 月 15 日在联合国粮农组织发表的演讲,题为"依托家庭经营推进农业现代化"。

全减少农业化学品投入,也有助于减少温室气体排放。前面有述,气候变化与粮食安全问题两者相互作用相互影响,气候变化影响粮食的产量和质量,气候变化带来的灾害几乎在粮食生产、运储、消费等粮食生命周期的每个环节都对粮食安全构成威胁:由于极端气候事件直接干扰耕地的地力和粮食作物生长环境,容易造成粮食短缺;在粮食运输中,恶劣天气往往增加运输成本,甚至直接造成粮食毁损;在粮食存储环节,粮食容易受到潮湿空气等自然因素的影响,导致发霉变质等影响粮食的效用等,但另一方面,气候变化也为粮食生产带来许多正效应。从理论上说,农业是温室气体的一大排放源,应对气候变化无法避开农业。农田土壤具有显著的固碳减排潜力,农田土壤固碳已经被国际社会接受为改善大气中的二氧化碳浓度的途径之一,而且农业温室气体减排相对成本低,可以通过转换耕作方式、改良土壤等,减少二氧化碳或甲烷等温室气体的释放,改善农业生态环境。农业转变发展方式,发展低能耗、低排放、高碳汇的现代化农业,既是农业减缓和适应气候变化的需要,也是粮食安全保障的要求,从这个角度来说,在粮食安全法律体系中加强对气候变化方面的规定,在气候变化应对法中有规制影响粮食安全因素的内容,在制度设计上两者完全可以统筹兼顾,进行一体化设计,实行制度上的无缝对接。

2. 具体路径

(1) 源头综合防治常规化。保障粮食"量"和"质"的安全,必须从粮食生产的源头抓起。粮食生产有赖于一定的生态环境作为营养源泉,土壤、水资源等对粮食作物生长作用重大,农业基础设施等对农业生产不可或缺。但是,气候变化会严重影响水资源的可获性、土壤质量等,例如使降水和水资源时空分布不均,进而影响粮食产量。研究显示,我国近100年来的年平均气温上升幅度略高于同期全球升温平均值,近50年变暖尤为明显,而且气候变化已经持续影响到我国许多地区的生存环境和发展条件:区域性洪涝和干旱灾害增多增强、低温冰雪和高温热浪等极端天气气候事件频繁发生,对农业基础设施造成破坏,水资源日益短缺,土壤盐渍化,这些无一不对粮食产量构成威胁。此外对农业基础设施建设和运行安全的影响,导致农业生产的不稳定性和成本增加,也影响到农民种粮的积极性。当前我国耕地、淡水资源和环境问题都处于紧绷状态,保障粮食"量"和"质"的安全,必须做好综合性的防治措施,减少大气、土壤、淡水资源等的污染,从源头上减少不利因素的影响以及源头污染对粮食生产环节带来的损害,而减缓气候变化从而减少生态系统破坏就是从源头上保障粮食安全的最佳路径。

(2)粮食生产生态化。保障粮食"质"的安全,必须实现粮食生产的生态化,协调好诸如土壤的生态化、水的生态化、大气的生态化、农药肥料的生态化、种子的生态化等,合理利用资源,实现农业可持续发展。气候变化本质上是人类过度的生产和生活方式消耗物质能源造成的[①]。以高投入高产出和大量消耗能源为特征的现代化"石油农业",提高了农业生产率,在为世界粮食安全做出贡献的同时,也带来了资源锐减与退化、环境污染、生态功能衰减等一系列问题。农业碳排放即农业生产过程中对化肥、农药、能源消费以及农业废弃物处理过程中所直接或间接导致的温室气体的排放,也会加剧气候变暖,另外,导致全球升温的气体中除了二氧化碳外,还有甲烷和一氧化二氮等危害气体,这两者的排放主要是农业活动的结果。不遵循自然生态规律,使原有的生态系统遭到破坏,固体碳等温室气体元素转化成气态形式,影响粮食生态环境。从"石油农业"转向生态农业是减缓气候变化的需要,也是保障粮食"质"的安全的需求。因此把维护生态安全作为粮食安全法律体

---

① 参见洪渡、刘向阳、袁庄朝:《维护生态环境安全是粮食安全的首要选择》,《生态经济(学术版)》2011年第2期。

系的一个出发点,通过制度来推进生态农业进程,依法严格管理农药等化学品的使用,在可行的范围内尽量利用农业废弃物资源实现其循环利用,减量化外源物资投入和提高水土资源质量,利用生物和人工技术防治病虫草害,使农业与畜牧业一体式发展,以便保持将来的粮食生产能力,有效地和可持续耕作。同时让粮食生产绿色化,还可减轻我国环境与生态的压力。

(3) 粮食作物种植科学化。在一定程度上来说气候变化有其客观性,不同的粮食作物对二氧化碳的需求量存在差异,不同的农作物也具有不同的碳汇能力,尊重客观现实寻求适合的农业经济发展方式,选择适合于不同二氧化碳浓度下生长的植物,充分利用农作物生长元素,因地制宜,科学化种植粮食作物,达到适应和减缓气候变化的目的,实现粮食增产增收与保护生态双赢,达到生态、经济和社会效益相统一。

(4) 粮食政策法律化。粮食政策与粮食法律在对粮食管理上各有不同的作用,前者灵活多变,后者稳定性和约束力强。政策法律化指的是当一项政策经过实践证明,它在现在和将来的一段时间内是适用的、有效的、成熟的,因而通过法律的形式将其固定下来[1]。例如,生态补偿政策作为一项环境经济政策,为生态补偿提供了资金保障,它亦是生态环境保护的重要手段之一,为生态环境保护和恢复提供制度保障。与此同时,生态补偿政策也为生态补偿立法起到了试验田的作用,通过政策的执行探索和验证生态补偿方式、方法的可行性和有效性,最大限度地保证科学立法,从而避免盲目立法。将粮食政策法律化,可以增强政策的可操作性和约束力,赏罚分明,使良好的政策得以切实贯彻执行,使粮食管理更加有序。因此,要改变我国主要依靠粮食政策的现状,将应对气

---

[1] 参见崔冬、胡敏:《依法治国视角下环境政策法律化研究》,《中国环境法学评论》2010年第6期。

候变化的政策、保障粮食安全的政策固化为法律,增强其可操作性和强制执行力,有利于解决气候变化与国际粮食贸易中出现的新的法律问题。

### 三、解决气候变化与国际粮食贸易法律问题的具体法律对策

(一)以"立足国内,适度进口"理念构建粮食安全保障法律体系

我国是世界粮食生产和消费大国,粮食生产、粮食储备和粮食进出口是调节粮食国内平衡的三驾马车。粮食安全生产是基础,长期以来,中国一直实行高度自给的粮食安全政策,2013年我国粮食产量达60 194万吨,实现了"十连增",有力地回击了20世纪90年代美国学者莱茵斯特·布朗的"谁来养活中国"的质疑,至2015年粮食产量更是实现了"十二连增",总产量12年间增长了近30%。粮食储备是粮食供求平衡和市场价格平抑的重要手段,在粮食增收和价格偏低时,将粮食收购储存以备粮食歉收和价格异动时供应市场。粮食贸易是维持一国粮食总量平衡的一种重要手段,是政府调节粮食品种维持国内粮食市场供需平衡的重要措施,我国主要粮食的贸易量在世界粮食贸易总量中占据重要份额,且进口所占比重高于出口。尽管粮食产量持续增长,但是仍有部分粮食产品依赖于国际市场。

人们通常用粮食自给率来衡量一个国家的粮食安全水平,亦即,以当年粮食产量占当年粮食消费量的比重来衡量。在我国,多年来一直坚守18亿亩的耕地红线、95%的粮食自给率底线[①]。但粮食安全的保障问题不仅仅是粮食产量的问题,不能只强调粮食自给率而忽视生态环境保护,我国粮食年年增产的背后是沉重的资源代价,将会影响粮食产量增长的可持续性。从某种意义上说,

---

① 我国粮食自给率不低于95%的目标首次在1996年《中国的粮食问题白皮书》提出,2008年《国家粮食安全中长期规划纲要》再次加以明确。

进口粮食相当于进口耕地和水资源。研究部门估计,以 2010 年粮棉油进口量来算,中国进口农产品数量相当于使用了国外大概 7 亿多亩耕地①。我国的粮食产量是靠肥料等堆出来的,很大程度上取决于氮磷钾的投入量。尽管我国是磷矿储备大国,但按现在的消耗量算,磷肥仅够用 30 年。我国严重缺钾肥,现在钾肥自给率不足 15%②。一方面,化肥等的农业投入对土壤环境带来污染,影响粮食品质,一方面又面临国际市场上粮食价格涨跌的难题,难怪存在着中国未来能否保证粮食产量继续增长的疑问。另外,过于追求粮食自给率,将会迫使各类资源转移到经济效益低的粮食生产上从而导致粮食资源配置失当,粮食流通还将会带来粮食跨区域运输的压力和成本上升。根据当今我国的水土资源和环境承载能力条件,完全靠自给自足保障所有农产品的供给,既不可能、也不经济。由此得出结论:中国的粮食需要利用国际市场。

但是国际粮市的"脆弱"又决定着中国不能依赖进口。一则国际粮食产量也受气候变化的影响,继而影响国际粮食价格,如世界最大的粮食出口国美国曾遭遇半个世纪来最严重的干旱造成了粮食减产引发全球粮食价格的波动;二则国际粮食价格还会受国际国内政治局势的影响,如乌克兰局势动荡引起的国际市场粮价不稳。较之其他的货物贸易,粮食的国际贸易量小,通过国际市场调剂的空间十分有限。例如世界粮食贸易量是每年 2.5 亿—2.8 亿吨,目前每年粮食贸易可供最大交易量是 3 亿吨,我国每年消费的粮食在 5.8 亿吨,占国际市场粮食贸易量的半数以上,超过其可供最大交易量。布朗在论述中国粮食安全与世界粮食安全的关系时认为,虽然未来中国有足够的外汇进口其所需的粮食,但没有谁能

---

① 参见刘利平:《中国粮食进口猛增三倍 是否坚持"红线"引争议》,2013 年 1 月 10 日,网易财经,http://money.163.com/13/0110/08/8KRGN0T3002529T0.html. 最后浏览日:2013 年 11 月 5 日。
② 参见李昌平:"粮食安全问题的化解之道——关于中国农业制度的思考",《探索与争鸣》2011 年第 5 期。

够提供如此大规模的粮食供应①。国际上可供应的粮源有限,利用国际市场调剂我国粮食短缺的空间就会受限,假使我们大量采购,必然导致缺粮国家粮价升高,而大规模进口粮食还会受限于国家主权、地缘政治、运输条件等多种因素。此外,随着人类环保意识的不断增强,食物里程和碳足迹等日益影响着人们的消费观,而碳标签制度将会提高粮食成本,最终会将成本随粮食贸易转嫁到消费者身上。靠国际粮食贸易解决 13 亿人的吃饭问题既不现实也不经济,由此可知,依赖粮食进口不可能保障我国的粮食安全。

对此,2014 年中央一号文件提出了解决的方案:一方面,要求严守耕地保护红线,切实保障谷物基本自给、口粮绝对安全;另一方面,又强调合理利用国际市场,实施农业走出去战略。如此,调整我国农业政策,统筹国内和国际两个市场、两种资源,既可缓解我国耕地和水资源约束的压力,有效维护粮食生产能力的永久性,利于保障粮食安全的可持续性,又能将国际粮食市场作为国内粮食需求的调剂和补充,利于市场供求平衡,为我国的粮食安全增加一重保障。但是现实中存在着基层执行不力的现象,或者是重视不够,或者是确有难度,所以应当将农业政策法律化,把"立足国内,适度进口"的理念贯穿于我国粮食安全法律制度中,重构包括《粮食法》在内的粮食安全法律体系,依法扭转以牺牲环境换取粮食产量的传统模式,通过粮食贸易有效利用国际市场和资源。同时进一步完善与粮食外贸有关的法律法规,提高对国际市场粮源、贸易链条的掌控能力,完善粮食进口关税配额管理制度,注重进口品种和粮食进口市场、国别来源的多元化,分散进口风险,注重适度控制进口粮食规模和节奏,减少国际粮食市场波动对国内市场的不利影响,促进国内粮食价格的稳定和提高粮食安全保障水平。另外,完善的法律法规还可以为我国农业走出去战略的实施提供

---

① 参见胡岳岷著:《中国未来粮食安全论》,科学出版社 2006 年版,第 137—138 页。

法律保障。不断探索农业国际合作途径,通过签订政府间双边协议减少风险,鼓励企业进行境外农业投资,建立海外粮食生产基地,推广我国先进的粮食种植经验,增加当地粮食供给,提高全球粮食产量,我国也将会在全球粮食供给安全的大环境下获益。

(二) 维护粮食主权,预防粮食危机

粮食主权的概念最早是从发展中国家提出来的,但什么是粮食主权并没有一个确切的定义。世界自然保护联盟曾于 2004 年 12 月其全会上指出,粮食主权是保持生物多样性、保护文化传统和消除饥饿的有效途径和手段[①]。按照世界粮食与食物问题专家、美国康奈尔大学拉吉·帕特尔博士的观点,人们、国家或者是国家联盟制定自己的农业和食物政策,免受其他国家食物倾销的权利即粮食主权,包括农场主、农民生产食物的权利,消费者能够决定买由谁生产、如何生产以及生产何种食物的权利等[②]。从国家层面看,粮食主权是国家根据自己的客观情况制定符合国情的农业政策、确定自己的粮食和农业体系的权利。粮食主权必须由本国自身加以掌控,因为"随着地方市场不断被破坏而全球市场持续扩展,'自由贸易'的神话和全球经济已经变成了富人窃夺穷人的取食权乃至生存权的一种手段"[③]。粮食主权的丧失,最大的危害是饥饿人口增加、社会动荡、国家动乱。

人类对粮食的刚性需求决定了其地位的不可替代性,粮食主权是国家主权的基础。作为 13 亿人口的发展中大国,中国的粮食安全不仅仅是简单的供需满足,更是粮食主权的保障,必须高度重视。

---

① 赵放、陈阵:《粮食主权与 WTO 农业贸易体制的重新审视》,《中州学刊》2009 年第 4 期。
② [英]拉吉·帕特尔是在其著作《粮食战争:市场、权力和世界食物体系的隐形战争》(东方出版社 2008 年版)中提出这一观点的。
③ [印]范达娜·席瓦著,唐均译:《失窃的收成》,上海人民出版社 2006 年版,第 5 页。

1. 拥有自主知识产权,掌握粮食品种权

粮食安全的核心在于粮食种子的安全。粮种是粮食生命周期的源头,也是跨国粮商竞争的核心,一旦其被别国控制,粮食安全和粮食主权自然会受控于他人。在我国,粮食单产和总产量的大幅度提高主要得益于粮食品种的不断改进,目前,粮食增产除了可以在农田水利基本建设上下功夫外,良种培育、作物栽培等领域的农业科技还有较大的提升空间。我国人口多、耕地少、淡水缺、旱涝灾害多的国情决定了我们必须走科技创新之路,培育出耐高温、耐干旱、抗病虫害、抗冷冻害的作物优良新品种并加以推广应用,切实把握品种的主动权,包括对转基因技术拥有自主知识产权。尽管在转基因是否安全的问题上,两种截然不同的观点一直相持不下,难分伯仲,但国际社会对转基因技术研发势头强劲,发达国家在抢占技术的制高点,许多发展中国家也在积极跟进。发达国家利用转基因技术进行种子培育,客观上增加了粮食产量,主观上导致了他国对本国种子的高度依赖,无形中消灭了购买国原有的种子资源。我国农业部对转基因的态度是"研究上要积极,坚持自主创新;推广上要慎重,做到确保安全",我国已建立了涵盖转基因的研究、试验、生产、加工、经营、进口许可和产品强制标识等各环节的一整套法律法规技术和管理规程,还应当加大监管力度,使转基因技术的利用和推广符合法律规定。

种业安全是粮食安全的基础,拥有高端技术才不至于受制于人。目前我国种子企业已有 6 000 多家,但大都规模偏小且大部分为单纯的种子公司,种子产业整体竞争力薄弱,不具备与跨国公司抗衡的能力。为此,应当一方面提高种子企业的准入门槛,一方面整合种子公司,鼓励骨干企业强强联合加速资源聚集,培育竞争能力强的大企业,引进与培养科技人才组成研发团队,快速提升我国农作物种业科技创新能力,通过实施培育国家重大科技专项与引入社会资本相结合等方式,建立先进的商业化育种体系,形成自己的核心技术、品牌、营销及服务等优势,赢得粮食生产的主动权,提高其国际竞争力。据报道,2016年2月3日,中国化工集团公司斥资近3000亿元收购了全球第一大农药公司瑞士先正达(Syngenta)。先正达公司是世界第一大植保公司、第三大种子公司,中国化工集团公司的成功收购,将大大提升我国在种子基因工程领域的地位和我国的农业科技水平。与跨国公司同台竞技,依旧离不开法律的保驾护航。一方面,要切实加强并有效保护国内种子企业自身的专利权、Know-how等知识产权;另一方面,也要依法对民族种子企业与国外企业的合资形式、农业核心技术的应用等进行监管,对外资种业将其享有专利权的种子与杀虫剂、除草剂等一揽子销售等的行为进行规制,以保护我国种业主权,从源头上保障粮食安全。

2. 加强对粮食流通领域外资的监管,掌握粮食购销话语权

粮食总量有了保障不等于没有市场风险,作为粮食生产的延续,粮食流通也是粮食安全体系的重要组成部分,控制了粮食流通也就控制了粮食安全,必须高度重视粮食流通体系建设。有学者研究,至少有粮食援助、粮食贸易自由化、粮食补贴、生物能源和转基因技术等五种方法使得粮食成为国际战略手段①。ABCD四大跨国粮商通过专利技术向世界各地出售转基因生物改造粮种,控制粮食种植和销售市场。在我国,粮食购销市场2004年放开后,一些跨国粮商抓住商机建厂设点,凭借其雄厚的资金、先进的技术和品牌优势,加紧产能扩张,大举进入加工或流通领域,完成了其粮食战略布局,对我国粮食安全带来了威胁。据悉,2012年外商投资中国粮食流通市场的企业已达600多家。跨国粮企大量并购国内粮食企业,通过并购隐性地突破我国产业政策的限制,进而获取更大的利益。例如,全球最大的食用油生产商及农作物加工商

---

① 周立:《世界粮食危机与粮食国际战略》,《求是》2010年第20期。

ADM公司借参股多家中国公司来收购压榨厂,掌控了进口大豆的定价权。而外资控制了我国食用油的定价权也早已是不争的事实,一方面反映出我国粮食企业的市场竞争力不高、粮食行业抗外来因素侵扰的能力不强,另一方面也与我国粮食流通体制不完善、粮食行政部门监管能力薄弱等分不开。

因此,一方面,我们应当加速粮食流通产业转型升级,建立多元的市场粮食经营主体,积极培育一批我国粮食产业化龙头企业,将现有资源重组整合并形成完备的粮食产业链,积极有效地对抗跨国粮商,主导我国粮食市场化流通,重掌话语权;另一方面,建立健全高效畅通、竞争有序的粮食市场体系,加强对粮食流通领域外资的监管,必要时启动反垄断调查程序。跨国粮企对中国大豆加工和流通领域的控制使我们丧失了大豆定价权,正是这种外资的垄断导致了这种局面,现在,跨国粮企又在关键粮食物流节点布局,如果任由其发展,将会使悲剧重演——我们将失去对粮食市场的话语权,扰乱粮食市场流通领域的竞争秩序。《中华人民共和国反垄断法》明确规定禁止具有市场支配地位的经营者从事滥用市场支配地位的行为。所谓市场支配地位,根据该法第一十七条第二款的解释,是指"经营者在相关市场内具有能够控制商品价格、数量或者其他交易条件,或者能够阻碍、影响其他经营者进入相关市场能力的市场地位"。跨国粮企从种子、农药、化肥等生产环节,到粮食加工、流通等一条龙式的集团化运作,形成了对整个产业链的掌控,具有市场支配地位。一旦其符合我国反垄断法滥用市场支配地位的构成要件,我们应当拿起法律武器。因此,我们必须提高粮食市场预警监测能力,提高粮食行政部门监管能力,确保粮食流通领域竞争有序、合规。

(三)寻求粮食安全约束下的新生物能源发展途径

减少化石能源在农业生产中的消耗,是减少农业碳排放的有效方法,化石能源危机也让人类在寻找可替代能源时对生物质燃料能源情有独钟,以燃料乙醇和生物柴油替代石油,为打破人类过分依赖石化能源的困局提供了新思路,生物燃料还被认为可以减少颗粒物质排放、温室气体排放以及对水体和土壤的污染等,其替代效用和对环境的积极作用使其得到各国政府的大力支持而得以在全球迅速发展。虽然第一代生物燃料对于寻找可再生能源和能源安全发挥了积极作用,但也存在一定缺陷:一是给粮食安全带来挑战。"玉米换石油""机器与人争粮"制造了世界范围的粮食紧缺,引起国际社会的不安与动荡。在我国,尽管燃料乙醇起步比较晚,但已成为世界上第三大生产国,2009 年,我国乙醇总产量 170 万公升,其中 120 万公升来自粮食[①]。对能源作物大量需求的结果消耗了宝贵的可耕土地,以粮食作为基本原料发展生物质能源对于我国这个粮食消费大国而言是不可持续的。二是第一代生物燃料原料成本占比高。据说生物柴油中原料占了其成本的 70%。除了巴西的甘蔗乙醇在没有政府补贴的情况下可以与石油竞争外,很多国家包括美国和欧盟的生物燃料发展离开政府补贴也很难在市场上与传统燃料竞争。美欧国家已转向由农林废弃物、非粮可再生原料生产第二代和第三代[②]先进生物燃料。

所谓第二代生物燃料指的是以麦秆、稻草和木屑等农林废弃物或藻类、纸浆废液为主要原料,使用纤维素酶或其他发酵手段将其转化为生物乙醇或生物柴油的模式[③]。它以低成本的非粮作物和农业废弃物为原料,最大限度地降低了对粮食安全的威胁,还能减少温室气体的排放,根据美国能源部提供的分析数据,以玉米为原料的第一代燃料乙醇,平均可减少约 20% 的温室气体排放,而

---

① 参见崔宗均主编:《生物质能源与废弃物资源利用》,中国农业大学出版社 2011 年版,第 101—102 页。
② 第三代生物乙醇是以藻类作为原料,但因其存在难以突破的技术瓶颈、生产成本较高,目前各国主要还是以生产第一代、第二代生物燃料为主,本文也不探讨第三代生物燃料问题。
③ 向问:《第二代生物燃料前景的分析》,《生物技术世界》2012 年第 3 期。

以纤维素为原料的第二代燃料乙醇,温室气体排放有望减少最高达 96%[①],以植物秸秆、木屑、废纸板等难以降解的原料制成第二代生物燃料,对实现全球可持续性生产生物燃料具有重要作用。此外,第二代生物燃料可以直接和石化燃料混合使用,减少了后者的用量,而且能量密度高、蓄能方便。正是第二代生物燃料的优势使许多国家制定相关计划促进其大力发展。

但是,我国发展第二代生物燃料也存在一些制约因素:一是生产技术难题。纤维素乙醇生产过程复杂,例如,其炼制过程比第一代生物乙醇的合成增加的两个步骤——生物质原料的预处理和纤维素、半纤维素的降解,正是生产的难点之一。二是生产成本高。除了纤维素乙醇在技术上纤维素降解为单糖的过程成本较高外,规模化生产第二代生物燃料在一定程度上受制于原料,尽管纤维质是地球上资源量最丰富的可再生资源,植物秸秆、农作物壳皮等农业废弃物可以轻易从农民和大型农场那里获取,但这些原料季节性强,分布范围广,质量不均,缺少市场收购环节,会增加其收购和储运成本,城市生活垃圾的回收也尚未制度化,回收成本较高,而生物燃料工厂数量惊人的原料需求极可能会导致原料价格的上涨,进而增加生产成本。三是对环境也带来一定的不利影响。第二代燃料乙醇生产技术是以非粮作物为原料生产纤维素乙醇,荒山、盐碱地属宝贵的原始生态系统,盲目种植生物原料,会对生态平衡带来潜在威胁。例如,2007 年 4 月广西推广使用以木薯为原料提炼乙醇汽油标志我国生物能源发展走向"非粮化",木薯虽"不与粮争地",但其种植于山坡上,易造成严重的水土流失问题,破坏生态环境。再如,生物燃料的生产也会因农业操作中的养分流失而导致富营养化进而影响水的质量。此外,尽管能源作物

---

① 参见周勇刚:《中国将大规模推广第二代生物燃料》,《农民日报》2009 年 5 月 12 日第 007 版。

可以利用"边际性土地"进行种植,但如果利用不当,还可能和粮食作物用地形成竞争,例如挤占用于生产粮食作物的耕地、争灌溉水对淡水资源带来压力等。尽管发展第二代生物燃料面临诸多挑战,但是由于其在解决新的替代能源中的地位和作用,以及其在经济、环境方面的正效应和其他的潜在效益,发展第二代生物燃料不失为粮食安全约束下的新生物能源发展的正确选择。为此,我们要做好以下工作:

1. 加强生物能源的研发和利用

我国生物燃料生产工艺相对落后,研究开发、技术创新能力弱,资金投入不足,成为制约第二代生物燃料产业化发展的重要因素。在为第二代生物燃料技术的研究开发投入了大量资金的美国尚存在着一些技术障碍,我国要突破生物燃料关键技术的瓶颈,必须增强对生物能源的研发投入,加大对生物燃料产业的支持力度,缩短从研发到产业化应用的中间环节,降低第二代生物燃料成本,加速生物技术由实验室向工业化的转变。

政府对生物能源技术的政策扶持和政策优惠对生物质能源的应用和发展起着决定性作用,应当对第二代生物能源的社会经济效益、生态环境效益等各方面做综合评估,包括对农业废弃物、林业废弃物等的利用的正负效应,以及因森林、草地边际土地、未利用地向种植能源作物转变对水资源的争夺,所增加的农药、化肥施用量带来的碳排放负效应及其与生物燃料替代化石能源带来的正效应的比较,等等,以便政府决策时全面考量,正确制定并实施国家生物质能源发展战略规划,使我国的生物质能源朝着正确的方向更快更好地发展。同时,做好生物质能源开发和利用的布局工作,因地制宜,既防不顾实际情况一哄而起,又充分发挥不同地区的资源优势,实现经济效益、社会效益和生态环境效益的最大化。

2. 注重能源废弃物的回收利用

废弃物是放错地方的资源,在社会生活中,农业废弃物、林业废弃物、工业废弃物、生活废弃物随处可见,有的占用空间,有的污染环境。我国每年可产生废弃生物质约 20 亿吨,就林业废弃物而言,每年林业生产加工产生的"三剩物"总量达 1.4 亿吨,虽然有部分用于削片、纤维板等生产的加工原料,但还有大量资源尚未得到合理利用,特别是一些林区的采伐剩余物受交通条件和运输成本的限制,基本上没有被利用[①]。农业部的统计显示,我国每年秸秆等农业废料产量在 7 亿吨以上,除去焚烧填埋和生物质直燃消耗等,尚有 3 亿吨以上剩余。将这些废弃物合理回收,形成一个回收市场,加以分类分拣,再输送到生物燃料生产厂家,形成良性市场循环链,变废为宝,既可以生产更多的生物质能源,又能够保护生态环境,避免造成新的耕地污染,从源头上保障粮食安全,也有利于建设资源节约型、环境友好型社会、建设生态文明。可见,节约能源、减少碳排放是我国实现可持续发展的内在需求。

3. 完善立法为新型能源的开发和利用提供法律上的支持

在这方面国外已有成功的经验,例如,美国在发展第二代生物燃料上已经形成了完备的政策法规体系,将具有强制力的法律和指标规定与激励性的财政税收和金融支持政策相结合,将生物燃料的国家标准法律化[②],有效地促进了生物能源的开发、利用和推广。而我国主要是靠可再生能源基金、对研发活动的补贴等方式进行鼓励,缺少相应的完整的政策法规支持体系。

2007 年,国家发展和改革委员会颁布的《可再生能源中长期发展规划》就明确近期发展以薯类、甜高粱等为原料的燃料乙醇技术,和以小桐子、黄连木、油桐、棉籽等油料作物为原料的生物柴油生产技术,为长远谋则要发展以纤维素生物质为原料的生物液体

---

① 参见崔宗均主编:《生物质能源与废弃物资源利用》,中国农业大学出版社 2011 年版,第 27 页。
② 例如,生物柴油的国际标准是 ISO14214A,及 ASTM 国际标准 ASTMD6751,该标准由美国环保局 1996 年在《清洁空气法》中给予了法律确认。

燃料技术。亦即我国重点推进不与粮食争地的非粮食作物作为替代原料发展生物能源,尤其是发展来自非食用类植物如稻草、麦秆等的第二代生物质燃料能源技术。该规划还提出了到2020年生物液体燃料的目标为1 000万吨。我国国民经济和社会发展"十二五"规划纲要明确将单位GDP能源消耗降低16%、单位GDP二氧化碳排放降低17%、非化石能源占一次能源消费比重达到11.4%作为约束性指标。国家能源局《生物质能发展"十二五"规划》提出了生物质能发展的保障措施和实施机制。"十三五"规划纲要提出推动低碳循环发展,建设清洁低碳、安全高效的现代能源体系,提高非化石能源比重,加快发展生物质能等可再生能源。可见,十三五期间我国将加速对化石能源的替代,为新型能源提供了发展契机。在生物柴油的标准制定方面,我国也取得了一定进展。首个柴油机燃料调和用生物柴油的国家标准B100已于2007年正式实施;国家质检总局、国家标准委2010年公布的《生物柴油调和燃料(B5)》标准也于2011年2月1日开始实施;国家能源局于2012年12月成立了两个生物燃料标准化行业技术委员会,制定相关的可持续性发展标准,等等。

中国有自己的国情,不能照搬美国的做法,但可以借鉴其成功经验,在考虑粮食安全约束的前提下,寻求适合自己发展的、行之有效的生物燃料发展模式,制定详细的生物燃料发展政策体系,细化各项优惠政策和支持措施,并通过法律政策手段保障其健康有序发展。由于生物质能的局限性,未来不可能成为单一的也不可能成为主要的替代能源[1],近年来,我国非常重视燃料的多元化发展,除了发展生物质能外,政府还致力于大力发展风能、水能、太阳能、核能等非化石能源,将生物质能源与其他清洁能源做整体布

---

[1] 参见何昌垂:《生物燃料对粮食安全的威胁及政策建议》,《国际关系学院学报》2012年第5期。

局,有选择、有步骤地补充和替代现有的某些行业的化石能源,以逐渐形成以新能源和可再生能源为主体的、可持续的能源体系,减少二氧化碳等温室气体排放、保护环境和促进国内经济可持续发展,应对全球气候变化。

(四)完善农业领域适应气候变化法律体系 减少其对粮食安全的负面影响

在"土地—粮食—生命—发展"的生物圈链条中,土地处于最基础最原始的地位,它为地球满足人类生存提供营养保障。粮食是民生之本,土地是农业之本,耕地保障是维护粮食安全的本原所在。耕地的数量和质量直接决定了粮食的数量和质量,是粮食综合生产能力的体现。对耕地"量"的维护是我国粮食安全保障的客观性因素,受自然灾害损害和非农建设占用等诸多因素的影响,我国18亿亩耕地红线面临严峻挑战。保持现有耕地面积基本稳定,必须依靠法律,健全耕地保护法律法规体系,依法规制土地利用粗放浪费、违法违规用地现象,同时严格执法和监督,从严从快惩处那些违法占地者和违规批售土地的责任人。但是18亿亩耕地红线不仅是要保障耕地的"量",也要保证"质",对耕地"质"的维护也是保障粮食安全和人身安全的题中之义,因为土壤污染会改变土壤元素含量,影响粮食质量,甚至危害人体健康。2013年湖南"镉大米"事件让人们认识到耕地污染与食物链安全间的因果关系,2016年的江苏常外"毒地"事件又使民众陷入"毒地焦虑"[1],土壤污染问题已引起各方关注,耕地安全问题尤其令人担忧。保障粮食安全,应对气候变化,亟待做好下列工作:

---

[1] 2016年4月17日,央视曝光江苏常州外国语学校新校址污染事件,自该校搬新校址后,493名学生检出皮炎、湿疹、支气管炎、血液指标异常等,个别学生查出患有淋巴癌、白血病等恶性疾病。一份项目环评报告指出该地块土壤多种重金属严重超标。

1. 完善耕地土壤污染防治法及其配套法规法规、标准和技术规范

要把保障粮食安全放在首位,就要保护好耕地、从源头治污做起。相比大气污染、水污染等,土壤污染是看不见的污染,其成因纷繁复杂,影响过程更漫长,而所有其他污染的绝大部分如大气沉降、水污染、工业污染等最终都会回归土壤造成污染,进而加大了土壤污染的治理难度。土壤污染防治是一个系统工程,必须强调大气、水、土壤三者的污染协同治理,需要专门的污染防治法律、法规及标准体系加以保障。土壤污染使原本有限的耕地受到污染侵蚀,不断成为"化工污染地""重金属污染地"等,根据环保部和国土资源部2014年对土壤污染状况的摸底,我国近1/5的耕地土壤点位超标,耕地土壤环境质量堪忧。耕地土壤污染与其他土壤污染(如建设用地污染)原因有所不同,除了大气沉降、污水灌溉等将重金属带入外,还有来自农业生产过程中过度使用农药化肥等导致的污染、生活垃圾对耕地土壤的污染等。

现行法律存在短板是我国耕地土壤污染问题难以解决的首要原因。目前我国涉及耕地保护的法律法规除了《宪法》《环境保护法》《农业法》《土地管理法》以外,还有《固体废物污染环境防治法》《水土保持法》以及《基本农田保护条例》《土地复垦条例》《土地管理法实施条例》等,法律法规比较零散,缺乏系统性和针对性,而且法律规定过于原则,仅停留在规范性的建议层面,一些基本内容如耕地土壤污染法律责任和救济方式等规定缺失,实际操作性不强,给执法工作带来一定难度。此外,有关耕地土壤质量保护与污染控制的标准和制度也不健全[1],主要有《土壤环境质量标准》《农田灌溉水质标准》以及《农药安全使用标准》,尚无农药、化肥、地膜等

---

① 例如,我国1995年颁布的《土壤环境质量标准》(GB15618—1995)主要针对农用土壤的质量标准,仅涉及部分重金属和六六六、DDT,且标准中的六六六、DDT等污染物已被禁止生产和使用,而一些新型污染物并未涵盖,已不能满足实际需求。

管理的专门立法和污染防治措施,污染清除与修复的标准及技术规范缺乏,导致实践中耕地土壤污染防治工作缺少有效的法律依据和标准支撑。从根本上解决耕地土壤污染问题,制定土壤污染防治法是非常重要的。目前,国务院《土壤污染防治行动计划》("土十条")已于 2016 年 5 月 28 日公布,规定其主要指标为,受污染耕地安全利用率到 2020 年达到 90％左右,到 2030 年达到 95％以上。《土壤污染防治法》(草案二次审议稿)还在征求意见中。在此建议《土壤污染防治法》设专章规定耕地土壤污染问题,内容包括但不限于:① 完善土壤污染防治行政管理体制,明确管理主体、管理职能和管理流程,加强各部门的权责分工与协作;② 建立土壤污染监测防控体系,建立土壤环境例行监测制度,对耕地土壤中的镉、砷、铜等元素进行监测,加强土壤风险管控;③ 建立耕地土壤污染相关责任的认定与追究及损害赔偿制度,明确承担法律责任的主体,可以是造成耕地土壤污染的企业及其责任人、农业生产经营者,以及政府主管部门及其责任人等;④ 建立公众参与机制,形成政府、企业与农业生产经营者三方合力。公众享有知情权、决策权和诉讼权,政府应定期或不定期公开耕地质量状况,积极引导公众参与和社会监督。政府除了严控企业污染排放,加强对农药、化肥、地膜等的质量监督之外,还应严禁重金属超标化肥进入市场,严控高毒、高残留农药的使用以及推广可降解地膜或可回收地膜,同时应加大宣传力度,引导农民和其他农业生产经营者正确、合理、科学施用农药、化肥、地膜等,减少面源污染。粮食生产者既是耕地土壤污染的受害者,又是耕地土壤污染问题产生的责任者,其积极主动参与土壤环境污染防治工作,使用高效低毒低残留农药,适度施用化肥,增施有机肥,减少农业废弃物,实行农业清洁生产等,对于防止耕地土壤源头污染意义重大。

此外,还要完善与耕地质量保护等有关的配套法规、标准和技术规范,填补法律漏洞,为法律的实施提供有力的技术支撑,并加以严格落实。在国家层面制定相关的法规和技术标准,各地方根据具体情况制定地方法规和地方标准,如耕地土壤环境管理办法、耕地土壤环境标准、关于农药化肥的施用标准(明确残留含量)等,形成一套农业环境保护法律法规体系和农业生态环境标准体系。通过推行绿色环保标准,将农药、化肥、除草剂等的投放量控制在适合的水准。通过实行损害担责原则和补贴鼓励清洁农业生产相结合,引导农民自觉转变农业生产方式,鼓励发展绿色农业,使用有利于环境的生产方法,维护自然资源的自然繁殖性,减少耕地的源头污染,增强农民有效保护耕地质量的主动性和积极性。

徒法不足以自行,相关法规、技术标准等必须加以落实才能发挥积极作用。我国目前还存在着执法不规范等问题,因此,执法机构应加大执法力度,监管机构应不断提高监管能力,加强对耕地土壤的动态监测和跟踪评估,及时了解耕地土壤肥力变化及污染状况。除了加强对耕地排污企业监督检查外,还要严格管控农业生产中的工业品投入和污水灌溉,并要加强对种子、化肥、农药、除草剂等的检验,定期抽查粮食作物中的农药残留量,及时纠偏,以防止造成新的土壤污染。

2. 推行一系列配套实施机制,提高治理成效

(1) 引入耕地土壤污染第三方治理机制。

《中共中央国务院关于加快推进生态文明建设的意见》强调要"加大退化、污染、损毁农田改良和修复力度,加强耕地质量调查监测与评价"。土壤污染自净完全复原周期长,必须进行治理干预,但修复、治理耕地土壤污染是项艰巨任务,耕地污染的隐蔽性、长期性和不易修复等特点,难以使农业生产经营者自觉修复耕地,有必要引进环境污染第三方治理模式,实行"污染者付费、专业化治理"。

所谓环境污染第三方治理,是指排污者通过缴纳或按合同约定支付一定的费用,委托第三方专业环境服务公司进行污染治理

的一种模式。具有利于实现治污集约化、提高治污效率、降低执法成本,利于环保科技创新等优势。通过引入市场机制推行环境污染第三方治理,实现环境污染治理的专业化、社会化服务,达到以市场手段来降低治理成本之目的,也是我国环境管理制度的一大创新。但由于专业环境服务公司门槛低、第三方治理效果的评价标准和体系不明确、环境监管力量不足等问题的存在,都会影响环境污染第三方治理的成效,对此,应当完善环境污染尤其是耕地土壤污染第三方治理的监管体系。

第一,要发挥监管部门和公众的监管监督合力。① 加强环境监管执法。针对一些地方存在监管执法不到位等问题,应当做好以下工作:增强环境执法人员的使命感和责任心,使其"愿意"去管;加强环境执法人员的业务培训,不断提高环境执法人员的业务水平,使其"有能力"去管;增加环境执法的人力、物力和财力投入,不断充实环境执法队伍、更新监管技术和装备,使其"管得了"环境违法行为。在增强监管力量的同时,加大环境执法力度,依法曝光并从严惩处那些超标、超总量排放,以及治理设施不正常运作、弄虚作假等逃避监管的行为,加大对违法责任人的追究力度。② 强化社会监督。环境污染第三方治理是一种市场化、民主化、法治化、多元化的环境治理模式,将公众参与机制引入其中,通过环境决策、环境信访、环境诉讼、社会舆论以及市场消费等各种途径,使公众参与环境治理监督,从而给企业造成一定的社会舆论压力,促使其自行履行环境责任。

第二,完善第三方治理的市场竞争机制和行业自律体系。① 应提高第三方企业准入门槛,完善监督审核机制。环境行政部门应当建立约束机制,定期向社会发布相关第三方专业环境服务公司的运营成效,宣传那些做得好成效显著的公司并计入诚信档案,根据信用等级给予其政策上的优惠;对那些做得不好的环境服务公司给予警告并限期整改,甚至责令其退出环境服务市场,形成

"倒逼机制"净化市场并确保其良性发展。② 应加强环境服务公司的行业自律。环境服务市场主体应当形成行业协会,组织开展能力评估和绩效评估、等级评定、培训教育交流等活动,为会员企业提供信息、数据、研究报告等,便于会员交流污染治理经验、共享客户履行合同支付义务等方面的诚信信息,制定环境服务的行业标准,发挥行业协会对第三方专业环境服务公司的监督作用,建立行规行约和自我约束机制,促进和保障该行业的有序化、规范化运行。

我国在推进耕地污染治理过程中,引入第三方治理模式,一方面要给予政策上和资金的大力支持,另一方面又要及早出台相关的法律制度,堵塞环境污染第三方治理的监管漏洞,使其健康、有序发展。

(2) 建立耕地生态补偿基金制度。

我国污染耕地分布范围广、隐蔽性强的现状,导致治理和修复的费用极其高昂,而且见效慢,还会面临治理修复资金短缺问题,因此耕地生态补偿机制亟待建立健全,而其中重要的一项即是建立耕地生态补偿基金。

2010年国务院组织起草的《生态补偿条例》(草案)未将耕地列于生态补偿的范围中,2016年4月国务院办公厅发布的《关于健全生态保护补偿机制的意见》(国办发〔2016〕31号),要求逐步扩大补偿范围,将耕地生态补偿纳入其中,提出耕地领域的重点任务:"建立以绿色生态为导向的农业生态治理补贴制度,对在地下水漏斗区、重金属污染区、生态严重退化地区实施耕地轮作休耕的农民给予资金补助。""研究制定鼓励引导农民施用有机肥料和低毒生物农药的补助政策。"该意见还提出要多渠道筹措资金,加大生态保护补偿力度。在此建议,建立耕地生态补偿基金为耕地保护补偿提供蓄水池。基金的来源可以是:① 政府投入。粮食具有基础性、公益性,保障粮食安全必须加强公共财政投入和公共技术服务为后盾的生产支持服务体系,公共财政投入应是耕地生态补偿基金的主要来源。国家可以提取一定比例的土地出让收益作为耕地生态补偿基金,还可以开征资源税等将部分税收充实其中。② 污染者付费。工矿企业带来的耕地污染应按照"污染者付费原则"由排放企业承担。国务院于 2013 年印发的《近期土壤环境保护和综合治理工作安排》通知,要求按照"谁污染、谁治理"原则,督促企业落实土壤污染治理资金。为此,应当要求企业每年都要预留一部分资金,可将其分为事前的"预防性费用"和事后的"补偿性费用"两部分。事后的"补偿性费用"用于承担因其污染给特定的受害人民事赔偿的义务,事前的"预防性费用"作为生态补偿费用于承担污染治理与修复耕地的法定义务,每年按一定的数额向"基金"里投放。③ 社会捐助。多方吸纳社会资金,通过企业、社会团体、公民个人等的捐助为基金"输血"。此外,还应不断拓展资金来源渠道,形成多元化的融资机制。耕地生态补偿基金用于预防、修复治理已被污染的耕地,以及救济已发生的污染耕地损害(仅适用于污染者不明或污染者无力承担责任等情况)等,因此,生态补偿的法律法规必须明确补偿范围、补偿标准等,并加强政府对基金的使用监督和耕地生态保护补偿成效的监督。

(3)完善粮农转变农业生产方式激励机制。

我国粮食生产环境成本和经济代价越来越突出,过度使用耕地会影响耕地的地力,造成土壤侵蚀和荒漠化等后果,导致最终不得不弃耕,而过度依赖化肥和农药的农业生产模式是不可持续的,必须转变农业生产方式、发展生态农业,走环境友好型可持续发展之路。

所谓生态农业(Ecological Agriculture,ECO),是指遵循生态经济学原理,利用系统工程方法和现代科学技术开发利用自然资源,使农林牧渔等协调发展,达到既保护农业生态环境又能发展农业经济的新型农业发展模式①。不同于过度依赖化肥和农药的传统农业生产模式,生态农业将经济效益、生态效益和社会效益相统一,主张少用化肥和农药,提倡使用有机肥和生物农药,力求减少甚至避免环境污染和生态破坏等环境问题,减少对公共健康的影响。农业不仅具有固碳作用,还可通过减少化肥使用并由牲畜的粪肥和废弃食物的厌氧消化处理创造可再生能源,使资源得到充分的利用,可防止环境污染,从而减少农业温室气体排放,减缓气候变化的影响。生态农业通过退耕还林还草、减免耕、秸秆还田等保护性耕作方式,极大地增加碳储量,改善农业生态环境,因而更能适应气候变化,也可以提高我国农产品/粮食在国际市场的竞争力。

因此,要形成一种农业发展方式转变的激励机制,鼓励探索现代化生态农业发展道路,因地制宜开发、科学利用自然环境和资源条件,积极促进节能减排,积极改善农业和农村生态环境,实现经济、社会和生态效益三者同步提高的生态农业模式的农业生产经营者;大力扶持率先进行绿色和有机粮食标准化生产、推行减量化生产和清洁生产技术的农业生产经营主体,鼓励其积极开展生态产品认证,并对产品的市场推介给予一定的政策扶持;实行地力补偿制度,政府对采用环保的工艺进行生产、有效提升耕地地力的农业生产经营者给予直接的补贴,奖励那些科学合理地使用农业投入品,多施农家肥、有机化肥和复合肥,使用生物农药,以及进行废物资源化利用的农业环保生产者,避免粮食生产过程中的化肥、农药等要素的过量施用,推进畜禽养殖粪便的资源化利用,严控固体

---

① 生态农业最早是美国土壤学家威廉·阿尔布瑞奇(William Albrecht)于1970年提出,我国农业经济学家叶谦吉先生1981年首次在国内提出的。叶谦吉先生对生态农业下的定义是:按照生态学、经济学和生态经济学原理,运用现代科学技术成果和现代管理手段,以及传统农业的有效经验,以期获得较高的经济效益、生态效益和社会效益的现代化农业发展模式。转引自张蓝水:《"生态农业"与"石油农业"应辩证统一》,《农业技术与装备》2016年第3期。

废物——农村生活垃圾向耕地的转移,等等。通过激励机制,将农业补贴标准与农业生态环境标准体系相挂钩,对符合农业生态环境最低标准的农业生产经营活动进行全额补贴。当然,补贴不一定是现金等直接补贴,也可以是政策倾斜或其他的间接补偿措施如信贷优惠政策、生态农业技术支持和免费知识培训、信息服务等,通过利益驱动鼓励农业生产者转变农业生产方式,实施减量化、无害化生产,实现生态农业的安全、生态、优质、高效目标,减少乃至避免新的耕地污染,促进农业可持续发展。

# 主要参考文献

## 一、论文类

[1] 陈芬菲.关于粮食生产气象灾害现状与对策探讨.农村经济与科技,2011(4).

[2] 陈敬权.欧盟可再生能源政策研究.全球科技经济瞭望,2012(1).

[3] 陈律.美国粮食安全战略对中国的影响及应对之策.湖南人文科技学院学报,2012(2).

[4] 陈鹏.中国经济发展中"拉美化"向的思考.合作经济与科技,2005(5).

[5] 陈戎杰.欧美生物燃料战略与东南亚粮食贸易困境.东南亚研究,2008(6).

[6] 陈亚芸.WTO框架下国际粮食援助与公平贸易——后多哈时代展望.世界贸易组织动态与研究,2013(4).

[7] 陈旸.欧盟转基因产品政策探析.国际研究参考,2013(1).

[8] 陈印军,杨俊彦,方琳娜.我国耕地土壤环境质量状况分析.中国农业科技导报,2014(2).

[9] 成林.我国大豆外贸高依存度发展研究.现代商业,2013(34).

[10] 杜群,王兆平.国外碳标识制度及其对我国的启示.中国政法大学学报,2011(1).

[11] 段红梅,夏青.转基因专利技术：利益与阴谋.中国发明与专利,2011(5).

[12] 冯碧梅.在外贸出口中应加强对低碳壁垒的跟踪和应对.发展研究,2011(10).

[13] 冯相昭,田春秀,任勇.高度重视气候变化与国际贸易关系新动向.环境保护,2008(11).

[14] 高兴霞."碳关税"壁垒的立体透视及对策.会计之友,2010(4).

[15] 何秉松,廖斌.恐怖主义概念比较研究.比较法研究,2003(4).

[16] 何昌垂.生物燃料对粮食安全的威胁及政策建议.国际关系学院学报,2012(5).

[17] 胡明远,孙英辉.美国生物能源战略与粮食危机.北方经济,2009(1).

[18] 胡新成.生物能源对粮食安全的影响分析——中外学者观点之比较.农村经济与科技,2009(3).

[19] 贾云蔚.21世纪美国粮食战略：举措及其政治影响.河北农业大学学报(农林教育版),2013(4).

[20] 江涛,姜荣春,王军.从大豆产业开放及其产业格局演变看粮食安全.国际贸易,2012(2).

[21] 金芜军,贾士荣,彭于发.不同国家和地区转基因产品标识管理政策的比较.农业生物技术学报,2004(1).

[22] 李东卫.粮食金融化：对策与思考.中国粮食经济,2011(5).

[23] 李东卫.我国应对粮食金融化危机的对策与思考.粮食问题研究,2011(3).

[24] 李菊丹.农民留种权利保护比较研究.知识产权,2013(7).

[25] 李黎红,倪建平.国内外种子产业特点和我国水稻种业的发展趋势.中国稻米,2011(6).

[26] 李淑俊.气候变化与美国的贸易保护主义.世界经济与政治,2010(7).

[27] 李淑湘.我国当前粮食安全问题的成因分析与对策研究.马克思主义研究,2011(11).

[28] 李素琴.中国农产品资本化的分析.经济问题探索,2011(12).

[29] 李晓俐.保障粮食安全与发展生物能源.世界农业,2012(4).

[30] 李晓燕,王彬彬.低碳农业:应对气候变化下的农业发展之路.农村经济,2010(3).

[31] 李威.碳关税的国际法与国际机制研究.国际政治研究,2009(4).

[32] 李威.从《京都议定书》到《巴黎协定》:气候国际法的改革与发展.上海对外经贸大学学报,2016(5).

[33] 李艳芳.论中国应对气候变化法律体系的建立.中国政法大学学报,2010(6).

[34] 李援亚.粮食金融化:界定、背景及特征.金融理论与实践,2012(10).

[35] 李秀香,赵越,程颖.粮食贸易的气候变化风险及其应对.国际贸易,2011(11).

[36] 李慧明.全球气候治理新变化与中国的气候外交.南京工业大学学报(社会科学版),2017(1).

[37] 刘建成.粮食安全的命脉——理性认识转基因.中国防伪报道,2011(6).

[38] 刘永胜,张淑荣,兰德平.入世以来我国粮食贸易与粮食安全问题分析.农业经济,2010(8).

[39] 马涛,冯冰,高自立.再起纷争:生物能源 VS 粮食安全.生命世界,2009(9).

[40] 彭水军,张文城.多边贸易体制视角下的全球气候变化问题分析.国际贸易研究,2011(8).

[41] 裘晓东.各国/地区碳标签制度浅析.轻工标准与质量,2011(1).

[42] 秦大河.影响我国的主要气象灾害及其发展态势.中国应急救援,2008(6).

[43] 曲如晓.中国成为贸易强国的战略路径.经济理论与经济管理,2005(5).

[44] 孙杭生,徐芃.影响我国农业生产的气象灾害分析.边疆经济与文化,2009(4).

[45] 孙勇,姜永成,王应宽,郭君,Richard Griffith,Min Min.美国生物质能源资源分布及利用.世界农业,2013(10).

[46] 唐益泰,许永立.粮食是特殊商品吗?.中国粮食经济,2001(9).

[47] 汪赛男,刘旭霞.转基因作物与非转基因作物共存法律制度研究述评.华中农业大学学报(社会科学版),2011(2).

[48] 王飞.国外土壤污染防治法律制度对我国的启示.平顶山工学院学报,2008(1).

[49] 王国飞.析国家作为恐怖主义的主体问题.法律科学,2004(3).

[50] 王晓军.粮食危机与气候变化.世界环境,2008(4).

[51] 王长燕,赵景波,李小燕.华北地区气候暖干化的农业适应性对策研究.干旱区地理,2006(5).

[52] 王志本.从UPOV1991文本与1978文本比较看国际植物新品种保护的发展趋向.中国种业,2003(2).

[53] 武雪平,陈乾坤.粮食外贸依存度变动趋势研究.经济与管理,2011(4).

[54] 薛睿.《巴黎协定》格局下的中国碳市场应对.生态经济,2017(2).

[55] 谢来辉.欧盟应对气候变化的边境调节税.国际贸易问题,2008(2).

[56] 徐振伟.粮食危机与农业的未来.天津师范大学学报(社会科学版),2015(2).

[57] 许蔚.碳标签:国际贸易壁垒的新趋势.经济研究导刊,2011(10).
[58] 许智宏.揭开"转基因"神秘面纱——转基因植物专刊序言.生命科学,2011(2).
[59] 向问.第二代生物燃料前景的分析.生物技术世界,2013(3).
[60] 杨培桐.粮食金融化背景下粮食安全问题研究.世界农业,2013(3).
[61] 于宏源,王健.全球气候治理和发展中国家气候谈判策略研究.毛泽东邓小平理论研究,2009(7).
[62] 余莹.国际粮食贸易规则之演进——对国际粮食贸易的政治经济学解读.太平洋学报,2011(6).
[63] 张蓝水."生态农业"与"石油农业"应辩证统一.农业技术与装备,2016(3).
[64] 张永宏,胡立耘.美欧粮食援助政策对非洲粮食安全的影响.世界农业,2010(2).
[65] 张胜兵.我国粮食供求矛盾及平衡战略.现代经济探讨,2001(4).
[66] 张忠民.欧盟转基因食品标识制度浅析.世界经济与政治论坛,2007(6).
[67] 赵丽红.美国全球粮食战略中的拉美和中国.拉丁美洲研究,2009(4).
[68] 赵亮,穆月英.我国粮食安全的路径依赖分析.农业技术经济,2011(10).
[69] 赵放,陈阵.粮食主权与WTO农业贸易体制的重新审视.中州学刊,2009(4).
[70] 钟庆君.转基因农业:潜在的生态杀手.生态经济,2011(11).
[71] 周寂沫.粮食贸易"金融化"趋势分析及对策研究.社会科学辑刊,2011(2).

[72] 周立.世界粮食危机与粮食国际战略.求是,2010(20).

[73] 周立.美国:这场世界粮食危机中在干什么.华夏星火,2008(5).

[74] 左安磊.UPOV 公约下中国植物新品种法律保护的发展.种业论坛,2012(3).

## 二、著作类

[1] 蔡林海.低碳经济绿色革命与全球创新竞争大格局.经济科学出版社 2009 年版.

[2] 崔宗均.生物战能源与废弃物资源利用.中国农业大学出版社 2011 年版.

[3] 曹荣湘.全球大变暖——气候经济、政治与伦理.社会科学文献出版社 2010 年版.

[4] 窦然.国际贸易地理.复旦大学出版社 2009 年版.

[5] 龚宇.WTO 农产品贸易法律制度研究.厦门大学出版社 2005 年版.

[6] 顾秀林.转基因战争——21 世纪中国粮食安全保卫战.知识产权出版社 2011 年版.

[7] 韩俊主编,陈洁,罗丹副.14 亿人的粮食安全战略.学习出版社、海南出版社 2012 年版.

[8] 何昌垂.粮食安全——世纪挑战与应对.社会科学与文献出版社 2013 年版.

[9] 胡岳岷.中国未来粮食安全论.科学出版社 2006 年版.

[10] 柯坚.环境法的生态实践理性原理.中国社会科学出版社 2012 年版.

[11] 兰花.多边环境条约的实施机制.知识产权出版社 2011 年版.

[12] 李居迁.WTO 贸易与环境法律问题.知识产权出版社 2012 年版.

[13] 李威.气候与贸易的国际法进程研究——以议题交叉与体系协调为视角.法律出版社 2013 年版.

[14] 刘海月.国际粮食垄断资本跨国投资及其影响研究——以大豆产业为例.四川大学出版社 2011 年版.

[15] 刘振环.美国贸易政策研究.法律出版社 2010 年版.

[16] 毛新志.转基因食品的伦理与公共政策.湖北人民出版社 2010 年版.

[17] 那力,何志鹏,王彦志编.WTO 与公共健康.清华大学出版社 2005 年版.

[18] 聂凤英.粮食安全与食品安全研究.中国农业科学技术出版社 2006 年版.

[19] 任晓娜.气候变化与中国粮食生产贸易政策.中国农业科学技术出版社 2012 年版.

[20] 宋俊荣.应对气候变化的贸易措施与 WTO 规则：冲突与协调.上海社会科学院出版社 2011 年版.

[21] 唐颖侠.国际气候变化条约的遵守机制研究.人民出版社 2009 年版.

[22] 万霞.国际环境法资料选编.中国政法大学出版社 2011 年版.

[23] 王树义等.环境法前言问题研究.科学出版社 2012 年版.

[24] 王伟光,郑国光.应对气候变化报告(2013)——聚焦低碳城镇化.社会科学文献出版社 2013 年版.

[25] 王伟光,郑国光.应对气候变化报告(2014)——科学认知与政治争锋.社会科学文献出版社 2014 年版.

[26] 王伟光,郑国光.《应对气候变化报告》(2011)——德班的困境与中国的战略选择.社会科学文献出版社 2011 年版.

[27] 肖国安,王文涛.中国粮食安全报告——预警与风险化解.红旗出版社 2009 年版.

[28] 徐海根等.外来物种入侵生物安全遗传资源.科学出版社 2004

年版.

[29] 易雪玲.国际环境贸易协调机制.知识产权出版社 2008 年版.

[30] 尹成杰.粮安天下——全球粮食危机与中国粮食安全.中国经济出版社 2009 年版.

[31] 尤利群.中国粮食国际贸易政府管制研究.经济管理出版社 2011 年版.

[32] 于宏源.环境变化和权利转移——制度、博弈和应对.上海人民出版社 2011 年版.

[33] 于志达.国际贸易地理.清华大学出版社 2006 年版.

[34] 曾北危.转基因生物安全.化学工业出版社 2004 年版.

[35] 张国庆.话语权：美国为什么总是赢得主动?.江苏人民出版社 2011 年版.

[36] 张建中.贸易、投资与环境协同发展的机制研究——以 CAFTA 为例.中国社会科学出版社 2013 年版.

[37] 张令玉.生物低碳农业——高价值创新的低碳农业革命.中国经济出版社 2010 年版.

[38] 周阳.美国海关法律制度研究.法律出版社 2010 年版.

[39] [美] 艾尔弗雷德·W·克罗斯比著,郑明萱译.哥伦布大交换——1492 年以后的生物影响和文化冲击.中国环境出版社 2010 年版.

[40] [美] 保罗·R·伯特尼,罗伯特·N·史蒂文斯著,穆贤清,方志伟译.环境保护的公共政策.上海三联书店、上海人民出版社 2004 年版.

[41] [美] 保罗·克鲁格曼主编,海闻等译.战略性贸易政策与新国际经济学.中信出版社 2010 年版.

[42] [美] 比尔·麦吉本著,林丽冠译.《幸福经济——从"更多"到"更好".南海出版社 2010 年版.

[43] [美] 布鲁斯·琼斯,卡洛斯·帕斯夸尔,斯蒂芬·约翰·斯

特德曼著,秦亚青,朱立群,王燕,魏玲译.权力与责任——构建跨国威胁时代的国际秩序.世界知识出版社2009年版.

[44] [美]德内拉·梅多斯,乔根·兰德斯,丹尼斯·梅多斯著,李涛,王智勇译.增长的极限.机械工业出版社2013年版.

[45] [美]杰弗里·M·史密斯著,苏艳飞译.转基因赌局.江苏人民出版社2011年版.

[46] [美]克利奥·帕斯卡著,钱峰译.新一轮全球博弈——环境、经济及政治危机将如何改变世界格局.中信出版社2011年版.

[47] [美]罗伯特·芬斯拉特,魏尚进主编,鞠建东,余淼杰主译.全球贸易中的中国角色.北京大学出版社2013年版.

[48] [美]帕特里克·韦斯特霍夫著,申清,郭兴华译.粮价谁决定——食品价格中的经济学.机械工业出版社2011年3月版.

[49] [美]威廉·恩道尔著,赵刚,胡钰,旷野,刘淳译.粮食危机——运用粮食武器获取世界霸权.世界知识出版社2008年版.

[50] [美]约翰·马德莱.贸易与粮食安全.商务印书馆2005年版.

[51] [加]詹姆斯·霍根,理查德·里都摩尔著,展地译.利益集团的气候"圣战".中国环境科学出版社2011年版.

[52] [捷克]瓦茨拉夫·克劳斯著,宋凤云译.环保的暴力.世界图书出版社公司北京公司出版社2012年版.

[53] [印]范达娜·席瓦著,唐均译.失窃的收成——跨国公司的全球农业掠夺.上海人民出版社2006年版.

[54] [英]安东尼·吉登斯著,曹荣湘译.气候变化的政治.社会科学文献出版社2009年版.

[55] [英]拉吉·帕特尔.粮食战争:市场、权力和世界食物体系的隐形战争.东方出版社2008年版.

[56][英]尼古拉斯·斯特恩著,武锡申译.地球安全愿景——治理气候变化,创造繁荣进步新时代.社会科学文献出版社2011年版.

[57] The World Bank 著,廖玫主译.国际贸易与气候变化——经济、法律和制度分析.高等教育出版社2010年版.

## 三、外文文献

[1] Ahmed M, Lorica M H. Improving developing country food security through aquacultu development-lessons from Asia [J]. Food Policy, 2002, 27(2): 125 - 141.

[2] Beck, U., Risk Society: Toward a New Modernity. London, 1992.

[3] Brown, L.R."Who Will Feed China?"World Watch, 1994.

[4] Campbell B, et al. Agriculture and Climate Change: A Scoping Report[J]. Meridian Institute, 2011(6): 2.

[5] Carbon Trust. Carbon Footprint Measurement Methodology [R]. version 1.1, 2007.

[6] Daniel A. Farber. "Eco-pragmatism", University of Chicago Press, 1999.

[7] Gary Clyde Hufbauer etc. "Global warming and the world trading system", Peterson Institute for International Economics, 2009.

[8] Jim Kleinschmit. Agriculture and Climate: The Critical Connection[R]. Institute for Agriculture and Trade Policy, December 2009.

[9] Kamle S, Ali S. Genetically Modified Crops: detection strategies and biosafety issues[J]. Gene, 2013, 522(2): 123 - 132.

[10] Katherine E. White, "An Efficient Way to Improve Patent Quality for Plant Varieties", Northwestern Journal of Technology and Intellectual Property, Fall, 2004.

[11] Koo. Won. The impacts of China's aceession into the WTO on the U. S. wheat industy. Agricultural Eeonomies Report. No. 440, June 2000.

[12] Minten B, Barrett C B. Agricultural Technology, Productivity, Poverty and Food Security Madagascar[J]. World Development, 2008, 36(5): 797–822.

[13] Murphy D. Encouraging a Triple Dividend in Agriculture: Increasing Food Security, Improved Adaptive Capacity and Reduced Emissions[J]. International Institute for Sustainable Development, 2011(11): 1–2.

[14] Nicholas Stern. "Stern Review on the Economics of Climate Change", Cambridge University Press, 2007.

[15] Robert L. Paarlberg, "Food as an Instrument of Foreign Policy", Academy of Political Science, Vol. 34, No. 3, Food Policy and Farm Programs, 1982.

[16] Simon Maxwell, Food security: a post-modern perspective, Food Policy, Volume 21, issue 2, May 1996.

[17] Stephen S. Rosenfeld, "The Politics of Food", Foreign Policy. No. 14. 1974.